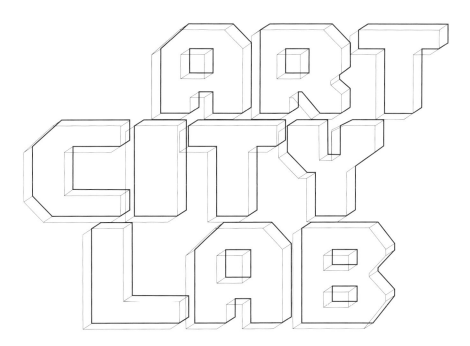

ART CITY LAB

NEUE RÄUME FÜR DIE KUNST · NEW SPACES FOR ART

HERAUSGEBER · EDITOR

raumlaborberlin

IN KOOPERATION MIT · IN COOPERATION WITH
Senatsverwaltung für Stadtentwicklung und Umwelt, Berlin
Berufsverband Bildender Künstler Berlin (bbk berlin)

VORWORT
FOREWORD

Kunst braucht Räume. Diese Erkenntnis ist nicht neu, hat aber an Bedeutung gewonnen, weil Raum in den Städten immer knapper, und damit immer teurer wird. Gleichzeitig haben KünstlerInnen eine enge Beziehung zur Stadt. Sie finden hier die meisten ihrer Themen und Vernetzungen.

Was hat sich geändert und warum müssen wir heute neu darüber nachdenken, wie KünstlerInnen zu Ateliers, zu Produktions- und Arbeitsräumen in der Stadt kommen? KünstlerInnen haben immer wieder die Nische in der Stadt gesucht und gefunden. Häufig dort, wo sich Städte im Niedergang befanden, Industrien und Infrastruktur aufgegeben wurde. In Berlin gab es nach dem Fall der Mauer viele ungeklärte Orte, die von der Kunst genutzt und belebt wurden. Kunst war willkommen, um neue Impulse in vernachlässigte Quartiere zu bringen. Kunst hat andere Aktivitäten nach sich gezogen, Orten einen neuen Sinn gegeben. Häufig war allerdings mit dem Erfolg dieser Initiativen verbunden, dass KünstlerInnen wieder verdrängt wurden, sich neue Orte suchen mussten. Heute gibt es immer weniger ungenutzte Immobilien, die sonst keiner mehr bewirtschaften will, wenig Orte in der Stadt, die unentdeckt geblieben sind und nur selten Nischen, die KünstlerInnen für ihre Arbeit besetzen können. Daher wird der Ruf nach „Neubau" auch in der Kunst laut. Doch was heißt eigentlich „Neubau"? Dieser Frage geht *Art City Lab* nach, und es zeigt sich, dass es eine große Zahl von Möglichkeiten gibt, „Neubau" zu realisieren, ohne allen kostspieligen Regeln des herkömmlichen Bauens zu folgen.

Art City Lab ist eine Untersuchung aus dem Blickwinkel von KünstlerInnen. Viele Aspekte können sich dabei mit den Fragen anderer kreativer Berufsgruppen überschneiden. Gemeinsam ist ihnen, dass sie auf der Suche nach bezahlbaren Produktions- und Arbeitsräumen sind, um auch weiterhin in der Stadt bleiben und schöpferisch tätig sein zu können. Am Anfang dieser Untersuchung stand die Befragung von Berliner KünstlerInnen nach ihren jeweiligen Vorstellungen eines Ateliers, daraus wurde mit *Art City Lab* eine Studie über Anforderungen, Beispiele und Modelle für Ateliers und Atelierwohnungen in städtischen Räumen. Eine große Anzahl der hier dargestellten Beispiele, Räume für die Kunst neu zu „erfinden", stammt aus Berlin. Das kommt nicht von ungefähr.

Art needs space. This insight is hardly new, but it has gained significance as space in cities has grown ever scarcer, and ever more expensive. Artists, meanwhile, have a close tie to the city, the source of most of their themes and networks.

What has changed and why must we now rethink how artists come by studios, production venues and workspaces in the city? Artists have always sought and found a niche in the city, often where cities are in decline, where industry and infrastructure have been abandoned. After the fall of the Wall, there were many dissolute locations in Berlin that were used and revived by art. Art was welcomed to create new stimulus in neglected neighborhoods. Art drew additional activities, giving locations a new meaning. Yet the success of these initiatives often resulted in the artists being driven out, and once again forced to search for new locations. Today, there are fewer and fewer unused properties once spurned by developers, fewer locations in the city that remain undiscovered; and rare are the niches that artists can occupy for their work. Thus the call for "new construction" in the arts. But what does "new construction" actually mean? *Art City Lab* pursues this question, and reveals that there are a great number of possibilities to realize "new construction" without following all of the costly rules of traditional building.

Art City Lab is an investigation from the perspective of the artist. Many aspects may overlap with the issues of other groups of creative professionals. Common to them all is the search for affordable production and workspace that would allow them to remain in the city and continue their creative activities. This investigation began with a survey of Berlin artists, which sought their respective ideas on the studio. The result is *Art City Lab*, a study – with examples and models – on the requirements of studios and studio spaces in the urban realm. A large number of the presented examples of "reinvented" spaces for art are located in Berlin, and not without reason. Berlin has a particularly high number of artists who get by on modest incomes, yet are searching for a way to afford the skyrocketing costs of the city.

Nevertheless, this is not a theme that is particular to Berlin. The many examples from other cities and

Berlin ist eine Stadt, in der besonders viele KünstlerInnen mit geringem Einkommen leben – und einen Weg suchen, dennoch in der Stadt mit ihrem „teuren Pflaster" bleiben zu können.

Dennoch wird hier kein Berliner Spezialthema abgehandelt. Die vielen Beispiele aus anderen Städten und Ländern belegen, dass es sich hier um eine global interessierende Frage handelt. Dabei belegen gerade Beispiele aus anderen Ländern, wie ein kreativer Umgang mit Ressourcen selbst dort Möglichkeiten schafft, wo wenig Mittel vorhanden sind. Intelligente Lösungen für den künstlerischen Produktionsort sind gefragt. Das bedeutet zuerst: räumliche Intelligenz. „Raum ist in der kleinsten Hütte", sagt ein deutsches Sprichwort. Allerdings muss dieser Raum die größtmögliche Entfaltung erlauben. Und es geht nicht nur um den „Grundriss", es geht um die geschickte bauliche Konfiguration von Grundstücken. Daher behandelt eine Reihe von Projekten die Frage, wie man kleine Teilräume in bestehender Bebauung nutzen kann. Zweitens ist Materialintelligenz gefragt. Die Wiederverwendung von bereits Benutztem ist eine ganz zentrale Komponente. Das kann die Wiederverwendung von bereits baulich gestaltetem Material sein, aber auch der Gebrauch von Elementen oder ganzen Gebäuden einer ehemals anderen Zweckbestimmung – dem Container, dem Gewächshaus oder der Fertiggarage. Häufig ist die Materialintelligenz verbunden mit eigenem Bautalent. Das eigene Atelier wird selbst zum Gestaltungsobjekt. Schließlich geht es um die Intelligenz des Temporären. „Nichts ist so beständig wie das Provisorium" wird gerne gesagt. Auch KünstlerInnen sind keine geborenen „Nomaden", wollen verlässliche Wohn- und Arbeitsräume. Dennoch kann auch die temporäre, flüchtige bauliche Organisation von hohem Reiz sein.

Art City Lab arbeitet exemplarisch. Das Einheitsatelier wird hier nicht propagiert, wohl aber die Multiplikation unterschiedlicher Erfahrungen. *Art City Lab* hat das KünstlerInnen atelier als Thema. Und doch zeigen die vielen Beispiele, wie sehr die Frage nach dem optimalen Raum auch in der Kunst heute sehr unterschiedlich beantwortet werden muss. Dies hat mit den Veränderungen der künstlerischen Praxis zu tun. Es ist ein Unterschied, ob Kunst als die Bearbeitung von Material betrieben wird, ob Paletten und Leinwände als Arbeitsmittel genutzt werden oder aber ein Computerequipment in einem digitalen Studio. Damit ist *Art City Lab* ein Beitrag, der weit hineinreicht in die Lebenswelten sehr vieler Kreativer und deren neue Ansprüche an die Stadt, ihre Räume und Gebäude. *Art City Lab* ist ein wichtiges Buch für die Zukunft der Kunst und gleichzeitig eine spannende Auseinandersetzung mit der Stadt von morgen.

federal states prove that this issue is of global relevance, as they show how the creative handling of resources can create opportunities when access to funds is limited. There is a need for intelligent solutions concerning locations for artistic production. Of utmost importance is spatial intelligence. There is a German saying: "Raum ist in der kleinsten Hütte," which means, more or less, that there is always space for one more. However, this space should allow for as much development as possible, and not only in terms of "layout." Perhaps even more important is the adroit structural configuration of the properties. Thus, a series of projects addresses the question of how small divisions of space in existing developments or existing buildings can be used most productively. Also in required is material intelligence. The recycling of previously used materials is a key component. This can mean the reuse of already formed structural materials, as well as the use of elements or entire buildings that once served very different purposes – a container, greenhouse or pre-fabricated garage. Material intelligence is often tied to particular construction skills. One's own studio becomes a design object in itself. And finally there is the intelligence of the temporary. It is often said that nothing is as constant as a stopgap solution. Even artists are not born nomads; they also want reliable spaces where they can live and work. Nevertheless, temporary – indeed fleeting – structural organization can have great charm.

The strategy of *Art City Lab* is exemplification. Our study does not promote a standard studio, but rather the proliferation of a range of learned knowledge. The subject of *Art City Lab* is the artist's studio. The numerous examples show to what degree the question of optimal space – in the art world as elsewhere – must now be answered in a myriad of ways. This relates to the changes in the practice of art. It is significantly different whether art is being made through the processing of materials, with palette and brush, or by computer in a digital studio. *Art City Lab* thus probes deeply into the working and living environments of creative artists, their spaces, their buildings and their new requirements of the city. *Art City Lab* is both an important book for the future of art and an exciting discussion on the city of tomorrow.

Michael Müller
Senator für Stadtentwicklung und Umwelt

Michael Müller
Senator for Urban Development and the Environment

GENIUS LOCI ODER:
DER RAUM MACHT DIE KUNST
GENIUS LOCI OR: THE SPACE MAKES THE ART

WIE BERLIN ZUR METROPOLE
DER BILDENDEN KUNST WURDE

Berlinkrise 1958, Mauerbau 1961, Kubakrise 1962: Viele BerlinerInnen, vor allem die, die es sich leisten können, verlassen den Westteil der Stadt. Sie hinterlassen ein Überangebot an Wohnungen, besonders an großen Altbauwohnungen. Langsam werden diese damals sehr billigen Wohnungen nicht nur zu studentischen Wohngemeinschaften, sondern auch zu Räumen für künstlerisches Arbeiten.

Zugleich – teils aus denselben Gründen, teils aufgrund eines allgemeinen Strukturwandels – beginnt in West-Berlin das Sterben vieler Kleingewerbe- und Handwerksbetriebe. Bald stehen in Altbauquartieren der Innenstadt auch zahlreiche Gewerbeetagen und Gebäude leer. Sie bieten erst recht bezahlbaren Raum für Kunst. Produzentengalerien entstehen. Die Kunst wird großformatig. In den 60er, 70er und 80er Jahren ist Kunst von KünstlerInnen aus Berlin national und international stilprägend. Nochmals neue Räume schaffen in diesem Zeitraum die Auseinandersetzungen um Städte- und Wohnungsbau, die Hausbesetzerbewegung und die „behutsame Stadterneuerung".

Die Wohnungsnot im Ostteil Berlins wird um den Preis verfallender Altbauquartiere mit großen Neubaukomplexen bekämpft. Insbesondere seit Beginn der 70er Jahre können viele alteingesessene Privatunternehmen nicht mehr fortgeführt werden. So werden vor allem die Altbauquartiere von Prenzlauer Berg zu Lebens- und Arbeitsplatzen von KünstlerInnen. Prenzlauer Berg ist Mitte der 80er ein künstlerisches und geistiges Zentrum in Mitteleuropa.

Mit dem Fall der Mauer explodieren die Mieten – zunächst vor allem für Gewerbeflächen – im Westteil der Stadt fast unmittelbar, im Ostteil immer dort, wo Restitution und/oder Privatisierung entsprechende Rahmenbedingungen schaffen. Der bbk berlin setzt zu Beginn der 90er Jahre die erste systematische Atelierförderung in Berlin – und in Deutschland überhaupt – durch. Mit einem „Anmietsofortprogramm" und der Integration des Atelier- und Atelierwohnungsbaus in die Förderung der Stadterneuerung kann die Infrastruktur für die bildende Kunst in Berlin einigermaßen aufrechterhalten werden. Zugleich öffnen sich in der

HOW BERLIN BECAME
THE CITY OF VISUAL ART

The Berlin Crisis of 1958, the construction of the Berlin Wall in 1961, the 1962 Cuban Missile Crisis: in this era, many Berliners – especially those who could afford it – left the western half of the city, leaving behind a surplus of apartments, in particular large ones dating back to the nineteenth century. These very inexpensive apartments slowly became not only communal student housing, but studio spaces for artists as well.

At the same time – partly for the same reasons and partly due to a general process of structural change – many workshops and small companies in West Berlin began to die out. Soon, older inner-city neighborhoods and countless commercial spaces and buildings were deserted, which created ideal conditions for artists seeking affordable space to work. Producers' galleries arose. Art took on a larger format. In the 1960s, 70s and 80s, art by Berlin artists became influential on a national and international scale. And once again, new spaces led to disputes over urban development and housing construction, the squatters' movement and "cautious urban renewal."

East Berlin sought to combat its housing shortage by constructing large-scale residential complexes at the expense of decaying neighborhoods filled with older buildings. At the beginning of the 1970s, many long-established private companies could no longer continue to operate. As a result, neighborhoods of old buildings, particularly Prenzlauer Berg, became places for artists to live and work. By the mid-1980s, Prenzlauer Berg had become an artistic and spiritual center of Central Europe.

After the Berlin Wall came down, rental rates exploded – for commercial properties, in particular – in the former West Berlin. The same occurred at those locations in the East where restitution and/or privatization created suitable conditions for rent increases. At the beginning of the 1990s, bbk Berlin implemented the first systematic studio subsidies in Berlin and in Germany as a whole. With an *Anmietsofortprogramm* (Rent-now-program) and the integration of studio and studio-apartment construction into aid for urban renewal, Berlin was able to somewhat sustain its infrastructure for the

Innenstadt nach dem Ende der DDR über einen Zeitraum von zehn Jahren viele attraktive Räume, die von der Kunst besetzt werden können. Was jedoch nicht durch erhebliche öffentliche Förderung etabliert wird, stirbt.

Ab Mitte der 90er Jahre haben Zahl und Internationalität der KünstlerInnen in Berlin eine kritische Masse überschritten. Aufgrund der Vielfalt und Qualität der Szene ziehen immer mehr von ihnen nach Berlin. Den KünstlerInnen folgen GaleristInnen. Auch das art forum (1996) macht Berlin zu einem Hotspot der Kunst. Berlins besondere Geschichte hat an dieser Entwicklung den wichtigsten Anteil. Der Beitrag der Politik ist gering, aber nicht zu unterschätzen: Ohne die Infrastrukturförderung der Atelierprogramme und die Werkstätten des bbk-Kulturwerkes, die öffentlich gefördert werden, wäre sie so nicht möglich gewesen.

Heute haben wir eine neue Situation. Berlin hat zehn Jahre lang auf jede strukturierte Stadtentwicklungs- und Wohnungsbaupolitik verzichtet. Bislang offene Räume schließen sich. Mieten, gerade auch Wohnungsmieten, steigen; Berlin wird immer teurer, zu teuer für Menschen mit geringem oder geringerem Einkommen, also auch für die meisten KünstlerInnen. Die Geschichte aller Metropolen zeigt: Die Kunst, die KünstlerInnen brauchen die Stadt und ihre Infrastruktur. Dabei verwerten sie alles, was für künstlerische Arbeit verwertbar ist: auch Rest- und Nebenflächen. Bedingung ist aber: eine Umgebung, deren Urbanität und Nähe zu den Orten der professionellen Kommunikation nachhaltige künstlerische Produktion ermöglicht. Umgekehrt braucht auch die Metropole die Kunst: Für Berlin ist sie geradezu der Rohstoff, von dem die Stadt lebt. Ohne Kunst, ohne KünstlerInnen gäbe es kein Tourismus, keine Kulturwirtschaft, keine Neuansiedlungen von Medien-, Unterhaltungs-, Mode- und Werbeunternehmen mit ihren Arbeitsplätzen in Berlin.

Jetzt geht nichts mehr von allein. Die Herstellung bezahlbarer Arbeits- und Lebensorte für KünstlerInnen, die Urbanität ebenso schaffen wie voraussetzen, muss ein Bestandteil der Stadtentwicklung und der Stadtentwicklungspolitik werden. Kostengünstiger, modulhafter und fantasiereicher Neubau von Produktions- und Wohnflächen für KünstlerInnen ist ein lohnendes Ziel einer neuen Baupolitik in Berlin. Unsere Studie legt dafür einen Grundstein.

visual arts. Thus, in a period of ten years after the end of the GDR, the inner city of Berlin saw the emergence of many attractive spaces that could be occupied by art. However, spaces not established via considerable public funding did not survive.

Starting in the mid-1990s, the number and international range of artists in Berlin exceeded a critical mass. The scene's diversity and quality continued to attract more and more artists. And gallery owners followed. In 1996, Artforum made Berlin a "Hot Spot" for art. Berlin's peculiar history played a most significant role in this development, while policy played a minor one. Yet it should not be underrated: without the infrastructural support of the studio program and the bbk Kulturwerk workshops, which are publicly funded, it would not have been possible in this way.

Today we face a new situation. For ten years, Berlin went without a structured urban development and housing construction policy. Today, the last open spaces are being filled. Rents, especially for apartments, are rising; Berlin is becoming increasingly expensive, too expensive for people with low or lower incomes, i.e. most artists. The history of all major cities shows: art and artists need the city and its infrastructure. They make use of everything at their disposal for their artistic work, including any residual and ancillary spaces. The prerequisite for this, however, is an environment whose urbanity and proximity to the locations of professional communication enables sustainable artistic production. But big cities need art as well: for Berlin, art is the life-giving raw material on which it thrives. Without art and without artists, there is no tourism and no cultural industry: without art, no new media, entertainment, fashion and advertising firms will bring their companies and employment opportunities to Berlin.

Nothing today can exist on its own. Establishing affordable places to work and live for artists who create as well require urbanity must be a component of urban development and urban development policy. The new, inexpensive, modular and imaginative construction of production and living spaces for artists is a worthwhile goal of a new building policy for Berlin. Our study lays a foundation for such a policy.

Herbert Mondry

Herbert Mondry

DIE ZUKUNFT DER BERLINER ATELIERFÖRDERUNG
THE FUTURE OF BERLIN STUDIO FUNDING

Seit meinem Amtsantritt als Atelierbeauftragter im März 2014 hat sich in den Medien der Begriff „Ateliernotstand" etabliert. Nichts Neues, könnte man meinen, denn seit einigen Jahren ziehen die Mieten in Berlin rasant an und die Knappheit an Atelierräumen war schon lange zuvor im Gespräch. Dennoch markiert 2014 einen neuen Höhepunkt: im Vergleich zu den Vorjahren gehen so viele traditionelle Atelierstandorte verloren wie nie zuvor. Für die ca. 8000 in Berlin ansässigen KünstlerInnen werden die gut 800 Ateliers der Berliner Atelierförderung zum letzten Refugium, denn Ersatzraum ist nicht zu finden. Und noch etwas ist besonders: Die betroffenen KünstlerInnen schließen sich zusammen, um auf ihre Lage aufmerksam zu machen, und sind bereit, im Sinne der Selbsthilfe als Entwickler neuer Atelierstandorte aufzutreten. Bereits zu Beginn der 90er Jahre traten KünstlerInnen für die Atelierförderung auf den Plan. Ergebnis war die Einrichtung des Atelierbüros und des Ateliersofortprogramms. Doch in der aktuellen Situation ist es nur bedingt sinnvoll, davongaloppierenden Mieten hinterherzusubventionieren. Zum anderen ist die von der Politik vorgegebene Lösung, landeseigene Liegenschaften anzumieten ein Unterfangen, das deutlich zu lange Planungsabläufe (von zwei bis vier Jahren) mit sich bringt.

Doch an alternativen Modellen mangelt es nicht. Ein vielversprechender Ansatz ist der in dieser Studie vorgestellte Neubau von modularen Atelierbauten. Dieser kann sowohl auf öffentlichen als auch auf privaten Flächen stattfinden. Sowohl reine Ateliernutzungen, wie auch Wohnnutzungen sind denkbar. Permanent abgesicherte Nutzungen sind ebenso sinnvoll wie Zwischennutzungen, zum Beispiel über 15 Jahre.

Voraussetzung bei allen Varianten ist, dass die Kosten unter Kontrolle bleiben. Sollte es gelingen, ohne laufende Förderung bezahlbare Ateliers herzustellen, könnte dies einen wahren Atelierneubauboom auslösen. Die Zukunft der Atelierförderung liegt jedoch in der Vielfalt der Modelle. Der modulare Atelierneubau kann dabei ein wesentlicher Baustein sein. Bei allen im Folgenden angerissenen Modelle sind, wie auch beim Atelierneubau, verschiedene Formen der Umsetzung denkbar, unabdingbar ist bei allen die frühzeitige Einbeziehung von ateliersuchenden KünstlerInnen in Planungsprozesse.

Since my instatement as the Berlin Senate representative for artists' studios in March 2014, the term "studio crisis" has taken hold in the media. Yet it is hardly a new idea: for several years, rents have been rising sharply in Berlin and the shortage of studio space has been an ongoing topic of debate. Nevertheless, 2014 has marked a new high point, as traditional studio locations are now disappearing more rapidly than ever before. For the roughly 8,000 artists living and working in Berlin, the more than 800 studios funded by Studio Program Berlin are a last refuge, as available workspaces for artists have all but dried up. And what's more, the artists affected are joining together to draw attention to their plight, and are prepared – for the sake of self-initiative alone – to step up as developers of new studio locations. Already at the beginning of the 1990s, artists were on the scene and eager for studio subsidies. The result was the establishment of the Studio Office and the Ateliersofortprogramm (studios-now program). Yet, under the current conditions it makes only partial sense to subsidize skyrocketing rents. On the other hand, the solution prescribed by policymakers – first and foremost to rent out state-owned properties – involves a planning process that is much too long (two to four years).

But there is no shortage of alternative models. One promising approach, presented in this study, is the new construction of modular studio complexes, which could be implemented on either public or private land. Exclusive use as studios, as well as a live-work combination are conceivable. Both a permanent use as studios and a temporary one – for a minimum of fifteen years – have their merits.

A prerequisite for all variants is that costs remain under control. Should it be possible to build affordable studios without ongoing financial support, this could trigger a veritable boom in new studio construction. The future of a studio program, however, lies in a diversity of models. The construction of modular studios could be a vital component. In all the models outlined below, including the building of new studios, various forms of implementation are conceivable; yet indispensible to all of them is the early involvement of studio-seeking artists in the planning process.

URBANITÄT DURCH KUNST – ATELIERS FÜR WOHNUNGSBAUGESELLSCHAFTEN

Die Bestände der Berliner Wohnungsbaugesellschaften sind gewaltig, ihre Neubaupläne ehrgeizig. Ob im Neubau oder Bestand: Es empfiehlt sich, zum gegenseitigen Nutzen von KünstlerInnen und Gesellschaften Ateliers bei der Sicherung von bezahlbarem Wohnraum mit zu berücksichtigen. Zum einen, weil KünstlerInnen eine einkommensschwache Gruppe sind, für welche die Wohnungsbaupolitik in sozialer Verantwortung steht. Zum anderen, weil ihre Aktivitäten in ihr sozialräumliches Umfeld abstrahlen und die Lebensqualität stärken.

MISCHKALKULATIONEN BEI HAUSKONZEPTEN IM NEUBAU

Im Zuge der neuen Liegenschaftspolitik werden öffentliche Grundstücke zukünftig vermehrt über Konzeptverfahren verkauft oder verpachtet werden. Mischkalkulationen beim Neubau könnten Kunst und Kultur und damit bezahlbare Ateliers einschließen. Besonders einträgliche Nutzungen könnten die Ateliers querfinanzieren. Würde zum Beispiel ein Atelierraumanteil von etwa fünf Prozent als Bedingung in den Konzeptverfahren verankert, wäre bereits ein guter Schritt zur Auflösung des Notstands getan.

LANDESEIGENE BESTANDSGEBÄUDE BEWIRTSCHAFTEN

Kultur stiftet Identität. Landeseigene Immobilien sollten deshalb vermehrt in das Kulturvermögen des Senats überführt werden. Statt diese Grundstücke anzumieten, ließen sie sich zu Betriebs- und Investitionskosten als Bestandteil des Kulturvermögens bewirtschaften. Hierdurch wäre eine Umschichtung von Mitteln innerhalb des Senats überflüssig, paßgenauere Nutzungen möglich und eine permanente Bindung für Ateliernutzung gegeben.

DAS ANMIETPROGRAMM AUSBAUEN

Unersetzlich bleibt trotz der gegebenen Alternativen die Aufstockung der Mittel für das städtische Anmietprogramm. Denn nur über die Anmietung von privaten Flächen können momentan ohne lange Vorläufe Ateliers geschaffen werden. Eine Ausweitung des Programms ist daher ebenso sinnvoll wie notwendig.

Die aufgezeigten Modelle sind ebenso vielseitig wie ihr Potenzial groß ist. Die Herausforderung liegt darin, diese der Politik zu vermitteln, damit sie diesen Weg mit verschiedenen Förderansätzen unterstützt. Mit der vorliegenden Studie hoffen wir, hierzu ein probates Mittel in der Hand zu haben.

URBANITY THROUGH ART – STUDIOS FOR HOUSING ASSOCIATIONS

The stock of Berlin housing associations is vast, their plans for new construction ambitious. Whether in new constructions or existing buildings, it is advisable to consider studios – for the mutual benefit of artists and commerce – in the process of safeguarding affordable housing. On one hand, artists are a low-income group for which housing policy is socially responsible. On the other, artists' activities radiate throughout their social and spatial surroundings and generally heighten the local quality of life.

MIXED CALCULATIONS IN BUILDING CONCEPTS FOR NEW CONSTRUCTION

As part of new government property policy, public property is increasingly sold or leased through concept procedures. Mixed calculations in new construction could include art and culture by stipulating affordable studios. Particularly profitable uses could cross-finance the studios. For instance, if concept procedures included the condition of a 5% allotment for studio space, this would already constitute a significant stride towards solving the studio shortage.

CULTIVATING EXISTING STATE-OWNED BUILDINGS

Culture begets identity. State-owned real estate should thus increasingly be treated as cultural assets of the Berlin Senate. Rather than renting out these properties, let them be cultivated as cultural assets at operating and investment costs. As a result, a redeployment of funds within the Senate would become unnecessary, perfectly matched usage would become possible, and permanent commitment to studio use would be forged.

EXPANDING THE STUDIO LEASE PROGRAM

An increase in funding for the Berlin Studio Lease Program remains indispensible, despite the given alternatives. Only by renting out private spaces can studios currently be created without great lag times. An expansion of the program is thus as sensible as it is necessary.

The presented models are as diverse as their potential is great. The challenge lies in implementing these concepts with policy that can facilitate this path through various forms of funding. With this study, we hope to have an effective means of doing so.

Florian Schmidt
Atelierbeauftragter und Leiter
des Atelierbüros im Kulturwerk des bbk berlin

Florian Schmidt
Berlin Senate representative for artists' studios and director
of the Studio Office of the Kulturwerk des bbk berlin

INHALT
TABLE OF CONTENTS

EINLEITUNG
INTRODUCTION

GEGENSTAND

SUBJECT

Mit den mittlerweile 8000 in Berlin lebenden und arbeitenden bildenden KünstlerInnen hat sich die Stadt zu einer Weltmetropole der Kunst entwickelt, deren Anziehungskraft sich auf alle Bereiche auswirkt, nicht zuletzt auf die Immobilienwirtschaft und den Tourismus. Der noch anhaltende Zuzug von nationalen und internationalen KünstlerInnen prägt das Bild Berlins.

Einer der maßgeblichen Gründe für diese Entwicklung sind die in der Nachwendezeit in großem Maße vorhandenen günstigen innerstädtischen Produktions-, Ausstellungs- und Lebensräume für die in großer Mehrheit wirtschaftlich prekär agierenden KünstlerInnen. Mittlerweile fehlen derartige Möglichkeiten aber in dramatischem Umfang. Denn während sich die ökonomische Lage der KünstlerInnen nicht verbessert hat, lastet ein zunehmender Verwertungsdruck auf dem Altbaubestand innerstädtischer Gebiete. Im Ergebnis führen die Wertsteigerungen in der Immobilienwirtschaft, die unter anderem durch die KünstlerInnen mit bedingt sind, zu deren eigener Verdrängung.

Art City Lab soll Wege aufzeigen, wie diese nicht nur für die Kunst, sondern auch für die Stadtentwicklung und für die Perspektive Berlins insgesamt negative Entwicklung gebrochen werden kann. Kann überhaupt gewährleistet werden, dass trotz des massiven Zuzugs nach Berlin auch im Bereich der inneren Stadt eine soziale Durchmischung und Vielfalt erhalten bleibt?

Eine Antwort darauf gibt diese Studie. Sie untersucht die architektonischen, wirtschaftlichen, stadtplanerischen und kulturpolitischen Aspekte des Neubaus von Ateliers und Atelierwohnungen für professionelle bildende KünstlerInnen in Berlin.

With the 8,000 visual artists now living and working in Berlin, the city has become a global center of art, whose gravitational pull is felt by the entire city, not least the real estate industry and tourism. The constant influx of national and international artists continues to define Berlin's image.

One of the most significant reasons for this development is the great amount of possibilities for cheap inner-city production, exhibition and living spaces that were available after the fall of the Berlin Wall for artists, a group that, for the most part, lives under economically precarious conditions. This source of possibilities, however, has dried up in dramatic fashion: while the economic state of artists has not improved, there has been increased pressure to exploit the stock of pre-war buildings in inner-city areas. As a result, inflated values in the real estate industry, which have in part been caused by the artists, are driving their own exodus.

Art City Lab should indicate how this development – which is, by and large, not only detrimental to art, but to the general urban development and outlook of Berlin – can be stopped. Is it possible, despite the massive immigration to Berlin, to ensure the continuance of a socially diverse mix in inner-city areas?

This study provides an answer. It examines the architectural, economic, urban development and politico-cultural aspects involved in the construction of new studios and studio apartments for professional visual artists in Berlin.

KANN ÜBERHAUPT GEWÄHRLEISTET WERDEN, DASS TROTZ DES MASSIVEN ZUZUGS NACH BERLIN AUCH IM BEREICH DER INNEREN STADT EINE SOZIALE DURCHMISCHUNG UND VIELFALT ERHALTEN BLEIBT?

IS IT POSSIBLE, DESPITE THE MASSIVE IMMIGRATION TO BERLIN, TO ENSURE THE CONTINUANCE OF A SOCIALLY DIVERSE MIX IN INNER-CITY AREAS?

Art City Lab gliedert sich in zwei inhaltlich aufeinander aufbauende Teile. Im ersten Teil werden im Rahmen einer Recherche Beispiele existierender Atelierhäuser vorgestellt und untersucht. Zusammenfassend werden die aus den Untersuchungen resultierenden Erkenntnisse dargestellt, bewertet und in drei prototypischen Entwürfen zusammengefasst. Die Best-Practice-Recherche gliedert sich in die Schwerpunkte *Interagieren*, *Konzentrieren*, *Reduzieren* und *Interpretieren*. Aus den daraus abgeleiteten Prinzipien werden drei Prototypen entwickelt. Zuvor erfolgt eine knappe Auswertung der Ergebnisse der bbk-Umfrage 2012, die zu Anforderungen an Atelierräume unter 754 KünstlerInnen Berlins durchgeführt wurde. Darüber hinaus werden grundsätzliche Überlegungen zur räumlichen Organisation von Produktionsräumen unter dem Aspekt der Kostenoptimierung angestellt.

Unter dem Begriff **INTERAGIEREN** setzen wir uns stichpunktartig mit der Rolle der KünstlerInnen in der Stadt auseinander. Besonderes Interesse gilt dabei der Periode der Nachwendezeit bis heute. Obwohl die Rolle der Kunst und der Kunstszenen in Städten bis heute weitestgehend unerforscht ist, gibt es eine Vielzahl von Bewertungen der KünstlerInnen in ihrer Funktion als Generatoren für Stadtentwicklung – sowohl auf nachbarschaftlicher als auch auf größerer stadträumlicher Ebene. Hierzu werden einige Beispiele im Bereich der Kunst- und Stadtentwicklung vorgestellt.

Das Kapitel **KONZENTRIEREN** stellt porträtartig Atelierhäuser, Projekträume und Kunstinstitutionen vor und ordnet sie besonderen Untergruppen – *Insel*, *Nomade* und *Schnittstelle* – zu. Dabei werden neben allgemeinen Informationen die jeweils spezifischen Qualitäten der Institutionen einander gegenübergestellt und evaluiert.

Im Kapitel **REDUZIEREN** werden unterschiedliche Prinzipien kosteneffektiven Bauens erläutert. Die ausgesuchten Architekturbeispiele beschränken sich nicht auf Kunsträume, sondern untersuchen nach den Kategorien *Unvollendet*, *Regal*, *Maximierung*, *Modul*, *Einzelteile*, *Do-It-Yourself* und *Recycling* die architektonischen Möglichkeiten kostenminimierten Bauens.

Die Möglichkeiten des kosteneffizienten Bauens auf der Basis von vorgefertigten Bauteilen, Bausystemen

Art City Lab comprises two parts that build on one another in terms of content. Part one presents and examines existing studio buildings in the framework of a research study. The findings of these examinations are collectively presented, evaluated and consolidated into three prototypical drafts. The *best-practice research* is broken down into four categories: *Interact*, *Focus*, *Reduce* and *Interpret*. The three prototypes are developed from the principles derived from this research. There is an initial, concise evaluation of the results of a bbk survey conducted in 2012, which questioned 754 Berlin artists about to their needs for studio space. The study also includes basic thoughts on the spatial organization of production facilities in terms of cost optimization.

The **INTERACT** section addresses the role of artists in the city. Of particular interest is the period from the fall of the Berlin Wall to today. Although the role of art and art scenes in cities has not yet been thoroughly researched, there have been a number of examinations of artists in their function as an engine for urban development – both at the neighborhood level and on the greater urban stage. Several examples will be presented from the areas of art and urban development.

The **FOCUS** chapter presents portraits of studio buildings, project spaces and art institutions and designates each as belonging to one of three particular subgroups: *Island*, *Nomad* and *Interface*. In addition to general information, specific qualities of the institutions are juxtaposed and evaluated.

The **REDUCE** chapter elucidates various principles of cost-effective construction. The selected architecture samples are not limited to art spaces, but rather examine the possibilities of cost-minimized architecture in the categories: *Unfinished*, *Shelf*, *Maximization*, *Module*, *Individual Parts*, *Do-It-Yourself* and *Recycling*.

The **INTERPRET** chapter researches the possibilities of cost-efficient construction using prefabricated components, construction systems and room modules. The examined constructions systems in the *Shelf*, *Module* and *Maximization* categories are contrasted and evaluated, initially as single-system constructions, based on available information concerning their cost-efficiency, spatial possibilities and their applicability as studio structures. Since the majority

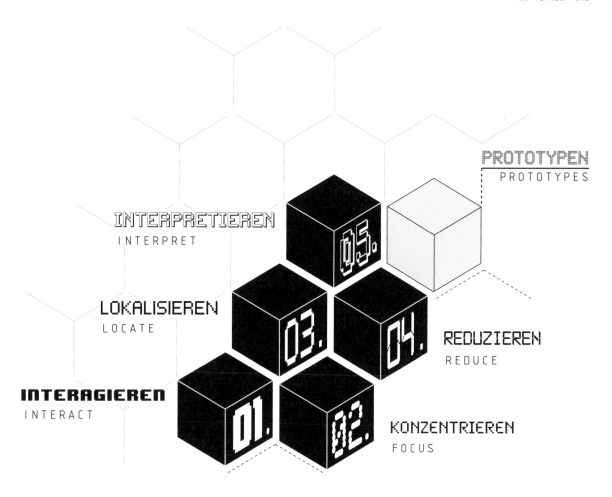

PROTOTYPEN
PROTOTYPES

INTERPRETIEREN
INTERPRET

05.

LOKALISIEREN
LOCATE

03.

04.

REDUZIEREN
REDUCE

INTERAGIEREN
INTERACT

01.

02.

KONZENTRIEREN
FOCUS

und Raummodulen zu erforschen, ist Inhalt des Kapitels **INTERPRETIEREN**. Die untersuchten Bausysteme in den Kategorien *Regal*, *Modul* und *Maximierung* werden anhand der verfügbaren Informationen bezüglich ihrer Kosteneffizienz, ihrer räumlichen Möglichkeiten und ihrer Anwendbarkeit für Atelierbauten vorerst als systemreine Konstruktionen gegenübergestellt und bewertet. Da der überwiegende Teil der Systeme nicht so konzipiert ist, dass eine energetisch nachhaltige Ateliernutzung möglich ist, werden zusätzlich prinzipielle Überlegungen zur Nutzung zwischen den Polen Effizienz und Suffizienz angestellt.

Im Kapitel **TRANSFORMATION** werden die Kombinationstypen der vorher untersuchten Bausysteme dargestellt. Den ersten Teil der Studie schließen drei experimentelle Prototypen als Ergebnis der vorangegangenen Untersuchungen ab

of the systems are not designed for environmentally sustainable use as a studio, basic observations are provided showing where the use of a given system would fall on a scale between "efficient" and "sufficient."

The **TRANSFORM** chapter presents combinations of previously examined construction systems. Three experimental prototypes resulting from the preceding examinations round out part one.

DIE BEST-PRACTICE-RECHERCHE GLIEDERT SICH IN DIE SCHWERPUNKTE INTERAGIEREN, KONZENTRIEREN, REDUZIEREN UND INTERPRETIEREN

THE BEST-PRACTICE RESEARCH IS BROKEN DOWN INTO FOUR CATEGORIES: INTERACT, FOCUS, REDUCE AND INTERPRET

01. INTERACT

INTERAGIEREN

„IM populärsten und im beliebtesten Werk von Franz Carl Spitzweg, *Der arme Poet*, nimmt der Ofen eine prominente Position ein; auch ist er in vielen weiteren Atelierdarstellungen zu finden. Hier ist er Symbol für die oft elenden Umstände, unter denen eine Vielzahl von Künstlern zu leiden hatte, liegen doch die Werke des dargestellten Dichters vor dem Ofen als Heizmaterial bereit. Für dieses Klischee vom verarmten Künstlern, der sich ungeachtet dessen auf seine Arbeit konzentriert, hat Carl Spitzweg einen Prototypen geschaffen, der oft parodiert, in Zeitungen karikiert und von zeitgenössischen Künstlern oder Grafikern verfremdet wird. Das heute so geschätzte Bild wurde bei seiner ersten Ausstellung heftig kritisiert, da es nicht dem idealisierten Künstlerbild entsprach. Spitzweg war von den Reaktionen so schockiert, dass er daraufhin seine Werke nicht mehr mit seinem Namen, sondern mit einem Monogramm in Form einer stilisierten Spitzwecke signierte. Bereits in der Renaissance setzten sich Künstlern mit ihrer Arbeitsumgebung, dem Atelier, auseinander. Seit dem frühen 19. Jahrhundert wurde die Atelierdarstellung als Ort künstlerischer Schöpfung zu einem zentralen Bildthema in der Kunst. Als sakralisierter Rückzugsort in der Romantik [...], als Zuflucht gesellschaftlich geächteter Künstlern im Atelier [...] oder aber als prunkvoller Repräsentationsraum von Malerfürsten [...] erfährt das Künstleratelier lim Laufe des 19. Jahrhunderts eine nahezu kultische Aufwertung, die unmittelbar mit dem neuen Autonomieverständnis des Künstlers zusammenhängt. Das Atelier dient als Ausgangspunkt der Selbstreflexion und der Selbstdarstellung." (1)

Die auf der Website der Stuttgarter Staatsgalerie veröffentlichten Textteile und Werke der Ausstellung *Mythos Atelier* reflektieren zum einen die Sicht der jeweiligen KünstlerInnen auf ihre Arbeitswelt und Position in der Gesellschaft und transportieren „zum anderen" Klischees sowie deren Wahrnehmung in der Gesellschaft. Wie alle Klischees hat auch das des verarmten Künstlers (Spitzweg) einen realen Ursprung. Mit einem durchschnittlichen verfügbaren Einkommen von ca. 12.000 Euro jährlich leben viele KünstlerInnen am Rande der Armutsgrenze in wirtschaftlich prekären Verhältnissen.

Aktuell werden KünstlerInnen gerne instrumentalisiert, vor allem, wenn es um Stadtentwicklungspolitik im globalen Wettbewerb der Städte geht. Die Ansiedlung von KünstlerInnen soll den Rahmen bieten, damit die marktkonform qualifizierte „creative class" nachzieht – die WerberInnen, GamedesignerInnen, DesignerInnen, ArchitektenInnen, IT-SpezialistenInnen und schließlich die „high potentials": WissenschaftlerInnen, ÄrztInnen, Finanzjongleure und AnwältInnen. Das erzeugt ein weiteres Dilemma für die KünstlerInnen: Es wird ihnen die Rolle der Raumpioniere einer Gentrifizierung zugeschrieben und sie werden dabei gleich selbst mitverdrängt. In Berlin kann man diese sich beschleunigende Entwicklung in den letzten Jahren prototypisch beobachten. Berlin als pulsierende Kunstmetropole frisst seine eigenen Kinder.

„Die Enteignung des Gemeinwesens kann sich beinahe über Nacht vollziehen. (...) Hauptgrund ist vielmehr, dass der Gesellschaft die Gründe dafür auszugehen scheinen, ihr eigenes Gemeinwesen zu erhalten. Aus Mangel an Vorstellungen von dem, was sie sein könnte, schafft sich die Gesellschaft selbst ab – wird dabei aber dennoch nicht müde, in höchsten Tönen von Innovation und Kreativität zu schwärmen, um die Implosion des Gemeinwesens zu überspielen, innerhalb dessen all diese Begriffe überhaupt erst eine Bedeutung erhalten könnten." (2)

Was heute Berlin und seine Anziehungskraft ausmacht, hat sich größtenteils gegen und ohne Stadtplanung und Stadtentwicklungspolitik entwickelt. Wie Niklas Maak treffend beschreibt: „Die autoritäre Geste, mit der in Berlin ein halbgarer Fassadennostalgismus als

Carl Spitzweg
Der arme Poet (1839)
[The Poor Poet]
Neue Pinakothek, München

allein seligmachendes urbanistisches Dogma zementiert wurde, erinnerte an das pathologische Verhalten von Eltern, die ihrem Kind die erste eigene Wohnung nach ihrem Geschmack möblieren – und so sieht Berlins Zentrum mit seinen öden Sandsteinregalen nun auch aus. Die Chance, die Stadt sozial, räumlich, ästhetisch neu zu definieren, wurde vertan."(3) Diese Entwicklung erzeugte Gegendruck. Durch die unvergleichliche Situation nach der Maueröffnung entstand eine Vielzahl von Freiräumen und damit der Nährboden für eine vielseitige kreative Kulturlandschaft, die in der Folge städtisches Leben im besten Sinne generiert hat und zum Attraktor für eine Vielzahl von KunstimmigrantInnen sowohl national als auch aus der ganzen Welt wurde. Die sogenannte kreative Szene im Allgemeinen und KünstlerInnen im Besonderen spielten hierbei eine bemerkenswerte Rolle.

Ein Hauptgrund für den Zuzug vieler KünstlerInnen und Kulturschaffender war die günstige Miete für Wohn- und Atelierräume. Weitere Motive waren ein

Tacheles
Dezember 2012
December 2012

unvergleichliches liberales und urbanes Umfeld. Die sich weiterhin lebhaft entwickelnde Kunstszene und das kunstinteressierte Publikum prägten so mehr und mehr das Image Berlins als einzigartiger Standort für aktuelle Kunstproduktion. Dazu boten sich in der Nachwendezeit mitten im neuen Zentrum der Stadt freie Flächen, Ladengeschäfte und ganze Häuser, die vereinnahmt und für die Kunstpraxis genutzt werden konnten. Es bildeten sich förmliche und informelle Netzwerke und eine für die künstlerische Produktion und Distribution maßgebliche Infrastruktur aus kommerziellen und Produzentengalerien, Kunsthäusern, Atelierhäusern und Projekträumen – oft auf selbstorganisierter Basis.

Seit einigen Jahren vollzieht sich in Berlin aber ein dramatischer Wandel, was die Rahmenbedingungen für KünstlerInnen betrifft. Durch den immer stärkeren Verwertungsdruck in allen innerstädtischen Bezirken werden die oft auf ökonomisch wackligen Beinen stehenden Kunstinstitutionen verdrängt. Für die KünstlerInnen und für die von ihnen aufgebaute

Infrastruktur wird es zunehmend schwerer, wirtschaftlich zu überleben, da sich gleichzeitig an ihrer Einnahmensituation nichts zum Positiven verändert und der Kunstmarkt nur einen Bruchteil von ihnen ernährt. Aufgrund der nach wie vor miserablen Arbeitsmarktlage in Berlin und der entsprechend niedrigen Entlohnung ist auch der Brotnebenerwerb erschwert, während die Lebenshaltungskosten kontinuierlich steigen. Das Land Berlin, das in seiner Außendarstellung nicht müde wird, die Attraktivität Berlins durch seine vielfältige Kunst- und Kulturszene zu betonen, ist gut beraten, gemeinsam mit den Betroffenen Instrumente zu entwickeln, durch die sich die Situation für die AkteurInnen der Berliner Kunstszene verbessert. Ein mächtiges Instrument hierzu hat es in der Hand. Durch die Kontrolle bzw. den Besitz nach wie vor großer Teile des städtischen Raumes und einer Vielzahl von Immobilien, hat das Land Berlin die Möglichkeit, den Wert der noch verbliebenen Räume als Nährboden für eine zukünftig künstlerisch prosperierende Stadt anzuerkennen. Die zuständigen Regierungsvertreter könnten diese gemeinsam mit den Akteuren der Kunstszene entwickeln – jenseits der Logik kurzfristigen ökonomischen Interesses. Der Ausverkauf der Stadt muss beendet werden!

Eine vielfältige Kunstszene und ihre AkteurInnen sind für Großstädte nicht nur symbolisches Kapital, sondern eine treibende Kraft ihrer kulturellen und (nachhaltigen) ökonomischen Entwicklung. Gerade Berlin ist für diese Entwicklungsperspektive ein gutes und weltweit beachtetes Beispiel.

In bestimmten Quartieren können grundsätzliche Voraussetzungen geschaffen werden, künstlerische Praxis langfristig zu sichern und ein attraktives Umfeld für Kreative zu schaffen. In Berlin gab es aufgrund der Teilung der Stadt günstige Voraussetzungen in den innerstädtischen Randlagen. Nach der Wende dann wanderte die „Pionierkarawane" von Kreuzberg Ende der 80er Jahre über Mitte, Prenzlauer Berg, Friedrichshain nach Neukölln. Die für die KünstlerInnen vorteilhaften Bedingungen sind in den Innenstadtgebieten nicht mehr gegeben, und so stellt sich die Frage, ob derartige Entwicklungen nicht auch in Teilen planbar sind und in der Stadtentwicklung mitberücksichtigt werden sollten. Oftmals wird das Schlagwort der „Kreativstadt" als reines Marketing-instrument eingesetzt. Dies ist nicht nur ineffektiv, sondern führt in den meisten Fällen auch zu starkem Widerstand der sich instrumentalisiert fühlenden Kunst-szene.

Als ein Beispiel für ein bis dato recht er-folgreiches Stadtentwicklungsprojekt soll hier das Gelände der ehemaligen NDSM-Werft in Amsterdam genannt werden. Dort wurden KünstlerInnen und Kultur-schaffenden in einer ehemaligen Werft-halle, die mit vergleichsweise geringen Mitteln saniert wurde, langfristig Räume zur Verfügung gestellt (siehe auch Best Practice/*Schnittstelle* Seite 43). Mittler-weile hat sich dort ein vielfältiges kultu-relles Angebot entfaltet, das als Motor für das angrenzende Entwicklungsgebiet funktioniert.

Die Erfahrung aus diesem und ande-ren erfolgreichen Beispielen der Stadt-entwicklung mit einer Kreativszene als Motor hat gezeigt, dass es eben nicht darum geht, für die KünstlerInnen ein Umfeld zu planen, sondern vielmehr offene Strukturen mit der notwendigen Infrastruktur zur Verfügung zu stellen, die für die Betreffenden finanziell trag-bar sind, und diese nach deren Vorstel-lungen – wenn notwendig – weiterzu-entwickeln. Diese Erkenntnis haben sich auch die ArchitektInnen des Berliner Büros Teleinternetcafe zu eigen gemacht und mit ihrem Wettbewerbsbeitrag für das Kreativquartier an der Dachauer Straße in München Ventile für den dort vorherrschenden Investitionsdruck ge-schaffen, um an anderer Stelle vorhan-dene Strukturen des kreativen Milieus zu erhalten, zu stärken und partizipativ weiterzuentwickeln.

Bezogen auf Berlin bleibt festzuhalten, dass sich durch den Verkauf landeseige-ner Immobilien und Grundstücke zwar kurzfristige Rendite erwirtschaften las-sen. Über einen längeren Zeitraum be-trachtet erweisen sich diese Geschäfte aber als scheinprofitabel, da sie geradezu zerstörerisch wirken: Zukunftschancen für eine nachhaltige Stadtentwicklung werden vertan.

"IN the most popular and best-loved work by Franz Carl Spitzweg, *Der arme Poet* (The Poor Poet), the oven takes a prominent position; it also appears in numerous other studio depic-tions. Here, it is a symbol for the often miserable conditions under which many artists suffered: the works of the por-trayed poet lie before the oven to be burned as fuel. For this cliché of the im-poverished artist, who is nonetheless concentrating on his work, Carl Spitz-weg has created a prototype that is of-ten parodied and carica-tured in newspapers, yet one that is unfamiliar to contemporary artists and graphic designers work-ing today. This painting, which today is cherished, was heavily criticized at its first exhibition, as it did not correspond to the idealized image of the artist. Spitzweg was so shocked by the reactions that he stopped signing his paintings with his name, opting instead for a monogram in the form of a stylized Spitzwecke (a diamond-shaped bread roll). As early as the Ren-aissance, artists began addressing their work environment, the studio, in their creative output. Since the early nine-teenth century, depictions of the studio as a place of artis-tic creation became a central visual theme in art. As a sacralized haven in the Romantic period by Caspar David Friedrich or Carl Gustav Carus, a refuge for socially ostra-cized artists in the studio of Frédéric Bazille, or as a pompous representational space for master painters such as Hans Makart or Franz von Lenbach, the artist's studio experienced

an almost cultish appreciation over the course of the nineteenth century, which closely correlated to the artist's new understanding of autonomy. The studio serves as a point of departure for self-reflection and self-depiction." (1)

For a start, this text from the Stuttgar-ter Staatsgalerie website and works from the *Mythos Atelier* exhibition reflect the respective artists' views of their work-ing environments and position in so-ciety, while propagating clichés about artists and their perception by society.

WAS HEUTE BERLIN UND SEINE ANZIEHUNGSKRAFT AUSMACHT, HAT SICH GRÖSSTENTEILS GEGEN UND OHNE STADTPLANUNG ENTWICKELT

Like all clichés, that of the impoverished artist (Spitzweg) has an actual origin. With an average disposable income of about €12,000 per year, many artists live under economically precarious conditions at the edge of poverty.

Current artists are willingly instrumentalized, especially when it concerns urban development policy in the global competition between cities. An influx of artists provides appeal so that the qualified "creative class" – in keeping with the market – follows suit. This includes ad people, game designers, designers, architects, IT specialists and, finally, the "high potentials": scientists, lawyers, doctors and financiers. This produces a further dilemma for the artists: they are assigned the role of space pioneers for gentrification, and are themselves soon squeezed out. In recent years, this accelerating process can be prototypically observed in Berlin; as a pulsating art metropolis, the city is feeding on its own children.

"The dispossession of the Commons can happen quickly and the damage can be irreversible. ... The main reason is that the society's grounds for maintaining its own Commons are eroded. Society eliminates itself due to a lack of imagination regarding what it could be – but it doesn't become fatigued from doing so. It can still swarm around in high-pitched innovation and creativity in order to gloss over the destruction of the Commons which gave meaning to these concepts in the first place." (2)

What currently constitutes Berlin and its appeal has for the most part developed contrary to and without urban planning and urban development policy. As Niklas Maak aptly described in 2008: "The authoritarian gesture with which an urbane dogma of half-baked façade nostalgia has bricked up the city of Berlin is comparable to the pathological behavior of parents who furnish their child's first flat according to their own tastes – which is exactly what the center of Berlin now looks like; occupied by dreary sandstone blocks. A chance to socially, spatially and aesthetically redefine the city has been wasted. ..." (3) This development creates counterpressure. The incomparable situation after the fall of the Berlin Wall gave rise to a multitude of open spaces, creating the breeding ground for a multifaceted, creative cultural landscape

03.

that generated urban life in the best sense of the term and became a magnet for a vast art immigration, within Germany as well as from all over the world. The "creative scene" in general and artists in particular played an exceptional role in this process. A chief reason for the influx of so many artists was the affordable rents for living and studio spaces. Additional motives were the incomparably liberal and urban environment and cheap living conditions. The still briskly developing art scene and the art-hungry public increasingly defined the image of Berlin as a unique location for contemporary art production. Berlin's appeal for artists after the fall of the Wall was only further enhanced by the new center of the city, which

offered open spaces, retail shops and entire buildings that could be appropriated and used for the practice of art. Formal and informal networks arose, as well as infrastructure critical to artistic production and distribution – such as commercial and collective galleries, art houses, studio buildings and project spaces, often as the fruits of self-organization.

For several years, the general conditions for artists in Berlin have been undergoing a dramatic transformation. The continually increasing exploitation pressure in all inner-city neighborhoods is displacing art institutions, which often rest on shaky economic foundations. For artists and the infrastructure they established, it is increasingly difficult to survive commercially: artists' incomes are not on the rise, while the art market nourishes but a fraction of them. Because of Berlin's continually high employment figures and correspondingly low wages, side jobs are more and more difficult to find, while the cost of living is consistently on the rise. The Federal State of Berlin, which is untiring in its public campaign to emphasize the appeal of Berlin by touting its diverse art and cultural scene, would be well advised to develop *together* with its affected parties, whereby the situation for the actors of the Berlin art scene

WHAT CURRENTLY CONSTITUTES BERLIN AND ITS APPEAL HAS FOR THE MOST PART DEVELOPED CONTRARY TO AND WITHOUT URBAN PLANNING

would improve. In this regard, the city possesses a powerful tool. Through its control or ownership – now as before – of a large segment of the urban space and a multitude of real estate properties, the Federal State of Berlin has the possibility to identify the spaces that still remain and recognize their value as fertile ground for the city's future artistic prosperity. The responsible government officials could develop these jointly with the actors of the art scene, while looking past the allure of short-term economic gain. The sell-off of the city must come to an end!

A diverse art scene and its actors are not only symbolic capital for a large city, but also a driving force behind its cultural and (sustainable) economic development. Berlin itself is a good – and globally acclaimed – example of this development perspective.

In specific neighborhoods, basic preconditions can be met to safeguard long-term artistic practice and to create an attractive environment for artists and creatives. Because of its division during the Cold War, Berlin offered favorable conditions within the inner-city perimeter. After the fall of the Wall in 1989, the "pioneer caravans" migrated from Kreuzberg, through Mitte, Prenzlauer Berg and Friedrichshain, and on to Neukölln. These conditions can no longer be found in Berlin's inner-city areas, which begs the question of whether such developments cannot in part be planned, and should be taken into account in urban development. In many cases, the watchword *Kreativstadt* (creative city) is used as marketing tool. This is not only ineffective, but most often leads to strong resistance from members of the art scene, who are bound to feel exploited.

An example of a thus far rather successful urban development project is the grounds of the former NDSM wharf in Amsterdam. Long-term spaces were made available to artists and other creatives in a former wharf warehouse, which had been renovated at comparatively low cost (see Best Practice/*Interface*, page 43). The project has since developed into a hub of diverse cultural activities, which functions as a motor for its neighboring development zone. The experience from this and other examples of effective urban development,

with a creative scene as a driving force, has shown that success derives not just from planning an environment for artists, but by providing open structures – ones that are affordable for creative tenants – along with the necessary infrastructure and then, if necessary, further developing them according to the their ideas. The Berlin architectural office Teleinternetcafe also embraced this idea in their competition entry for Munich's Dachauer Straße creative quarter; they established valves for the prevailing investment pressure in order to obtain and strengthen available structures of the creative milieu located elsewhere, and to further develop them collectively.

Concerning Berlin, it must be noted that, although the sale of state-owned property may generate short-term gains, the long-term perspective shows that these transactions have an overall deleterious effect, as future opportunities for sustainable urban development will be wasted.

(1)
MYTHOSATELIER
Ausstellung
der Staatsgalerie
Stuttgart
MYTHOSATELIER
Exhibition at the
Staatsgalerie Stuttgart

(2)
MANIFEST
Haben und Brauchen
www.habenundbrauchen.de

(3)
ACTING IN PUBLIC
raumlaborberlin

03. Kreativquartier
München
Creative quarter
Munich

04. Leipziger
Baumwollspinnerei
Baumwollspinnerei
Leipzig

BIOTOP (WEST-)BERLIN

BIOTOP (WEST) BERLIN

Demografisch, wirtschaftlich und politisch bedeutete der Mauerbau einen tiefe Zäsur für West-Berlin. Viele bedeutende Unternehmen wanderten nach 1961 nach West-Deutschland ab und mit ihnen Management, ganze Forschungsabteilungen und FacharbeiterInnen. Der Altersdurchschnitt der Bevölkerung stieg im Verhältnis zu den bundesdeutschen Städten steil an. Daran konnten auch massive Geldspritzen, Investitionszulagen und Steuerermäßigungen nichts ändern.

Aber es entstand in dieser eingeschlossenen Stadt auch ein eigenes kulturelles Klima, das AbenteurerInnen und KünstlerInnen und gerade junge Menschen aus der Bundesrepublik und dem Ausland anzog. Es gab billige Wohnungen und die Lebenshaltungskosten lagen unter dem bundesdeutschen Durchschnitt. West-Berlin wurde in den 60er Jahren auch zu einem Zentrum der Studierendenproteste. Es gab weiterhin ein überreiches Angebot an kultureller Produktion. So entstand eine Subkultur, die ins das Bundesgebiet ausstrahlte, inklusive einer Anarcho-Punk-Szene.

Es entwickelten sich die für West-Berlin so typischen alternativen Milieus, vor allem in Kreuzberg, allerdings nicht nur in der Kulturszene, sondern auch in der Hausbesetzerbewegung. West-Berlin lebte immer von kreativen Ideen und aufrührerischer Veränderung.

The construction of the Wall represented a deep demographic, economic and political caesura for West Berlin. Many important companies fled to West Germany after 1961, and with them their management personnel, skilled workers and entire research departments. The average age of Berliners rose sharply in comparison to those living in West German cities, a trend that even massive money infusions, investments and tax reductions could not change.

Yet the enclosed city also gave rise to a unique cultural climate that attracted adventurers, artists and especially young people from West Germany and abroad. There were cheap apartments and the cost of living was lower than in the Federal Republic. West Berlin in the 1960s soon became a center of student protests. There was also an overabundance of cultural production. Thus arose a subculture, including an anarcho-punk scene, which radiated throughout all of West Germany.

The alternative milieu so typical of West Berlin originated above all in Kreuzberg, yet not only in the cultural scene, but among the squatter movement as well. West Berlin always lived from creative ideas and rebellious change.

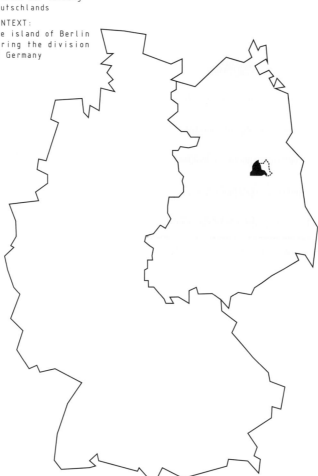

KONTEXT

Insellage Berlins
während der Teilung
Deutschlands

CONTEXT:
The island of Berlin
during the division
of Germany

DIE FÜR WEST-BERLIN SO TYPISCHEN ALTERNATIVEN MILIEUS, VOR ALLEM IN KREUZBERG, BILDETEN SICH ALLERDINGS NICHT NUR IN DER KULTURSZENE, SONDERN AUCH IN DER HAUSBESETZERBEWEGUNG

THE ALTERNATIVE MILIEU SO TYPICAL OF WEST BERLIN ORIGINATED ABOVE ALL IN KREUZBERG, NOT ONLY IN THE CULTURAL SCENE, BUT AMONG THE SQUATTER MOVEMENT AS WELL

Brachfläche
Berlin, Schlesische Straße
mit Wandgemälde von
Street Artist Blu
Abandoned spaces:
Schlesische Straße in
Berlin, with mural by
the street artist, Blu

STANDORTANFORDERUNGEN: IN WELCHEN RÄUMEN ENTSTEHT KREATIVITÄT?

Die Anforderungen an Räume, die für künstlerische Produktion geeignet und prädestiniert sind, sind recht klar zu benennen. Generell können wir von im besten Sinne urbanen Räumen sprechen. Selbst im polyzentrisch organisierten Berlin sind die Innenstadtzentren mittlerweile geprägt von hohen Grundstücks- und Mietkosten sowie den üblichen hochpreisigen Nutzungen wie Büroflächen, oder gehobener Einzelhandel global agierender Konzerne: Kaffeeketten, Flagshipstores, Restaurants für Touristen, Entertainment etc. Die Peripherie mit ihren monofunktional geprägten Strukturen von Wohnen oder gewerblichen und industriellen Nutzungen ist ebenfalls wenig geeignet für Experimente mit neuen Formen der Urbanität und liegt außerdem in zu großer Entfernung von den städtischen Zentren. Folglich nehmen innerstädtische Brachen den meisten Raum ein – darunter industriell geprägte Flächen entlang der Wasserstraßen, Flächen entlang vorhandener oder aufgelassener innerstädtischer Infrastruktur (Bahnflächen etc.), kriegsgeschädigte Gebiete sowie Brachen entlang des Mauerstreifens.

von alten entwickeln. Ehemalige Hafen- und Bahnflächen gehören zu den Standorten, wo derartige neue Lebensformen entstehen. In vielen Städten gibt es Hinweise, dass solche Gebiete letztendlich den Begriff Urbanität, so wie wir ihn gerne sehen, retten und ihm neue Inhalte verleihen. Diese Qualität entsteht aus verschiedenen Faktoren wie zentrumsnahe Lage, gutes Erschließungspotenzial, charakteristische Mischung aus historischen und zeitgenössischen Elementen beziehungsweise größeren und kleineren Maßstäben. Dies ermöglicht, dass sich unterschiedliche Nutzungen in einer Symbiose von kulturellen, alltäglichen und kommerziellen Aktivitäten sowohl informell als auch offiziell entwickeln können." (1) Interessant ist hier besonders die Übertragung des Begriffs Loft auf den städtischen Raum. Für die stadträumliche Untersuchung wählen wir deshalb solche Orte, die uns für eine Aneignung im städtischen Maßstab geeignet erscheinen. Im Fokus stehen dabei die Entwicklungspotenziale spezifischer Räume künstlerischer Produktion, die als Neubauten durch kostengünstige Bausysteme konzipiert sind.

DIE PERIPHERIE MIT IHREN MONOFUNKTIONAL GEPRÄGTEN STRUKTUREN VON WOHNEN ODER GEWERBLICHEN UND INDUSTRIELLEN NUTZUNGEN IST EBENFALLS WENIG GEEIGNET FÜR EXPERIMENTE MIT NEUEN FORMEN DER URBANITÄT UND LIEGT AUSSERDEM IN ZU GROSSER ENTFERNUNG VON DEN STÄDTISCHEN ZENTREN

THE PERIPHERY, WITH ITS MONOFUNCTIONAL STRUCTURES FOR HOUSING OR COMMERCIAL AND INDUSTRIAL USE, IS NOT WELL SUITED FOR NEW AND EXPERIMENTAL FORMS OF URBANITY AND FURTHERMORE TOO FAR FROM THE CITY CENTER

Kees Christiaanse führt in seinem Vortrag *Stadt als Loft* aus: „Leonardo Benevolo definiert in *Die Geschichte der Stadt* den Übergang vom Dorf zur Stadt mit dem Moment, in dem Menschen spezifische Berufe ausüben – mit anderen Worten, wenn komplexe Netzwerke entstehen. Analog könnten wir jetzt, tausende Jahre später, unsere Idee von Urbanität definieren als den Moment, in dem sich neue oder unerwartete Netzwerke aus der Kombination

(1)
DIE STADT ALS LOFT
Kees Christiaanse
CITY AS A LOFT
Kees Christiaanse

LOCATION REQUIREMENTS: WHICH AREAS SPAWN CREATIVITY?

The requirements for spaces suited and predestined for artistic production are quite easy to pinpoint. These are generally found in what are called – in the best sense of the term – urban spaces. Even in polycentric Berlin, the inner-city centers are characterized by high property and rental costs, and are often occupied by high-value entities such as offices or high-end retail outlets of global corporations: coffee chains, flagship stores, restaurants for tourists, entertainment venues, etc. The periphery, with its monofunctional structures for housing or commercial and industrial use, is not well suited for new and experimental forms of urbanity and furthermore too far from the city center. Consequently, we are left with fallow lots in the inner-city – including former industrial areas along waterways, areas bordering current or abandoned inner-city infrastructure (railroad grounds, etc.), vestiges of wartime destruction and abandoned spaces along the former path of the Berlin Wall.

As Kees Christiaanse explains in his discourse *City as a Loft*: "In *The History of the City* Leonardo Benevolo defines the transition from village to city as the point when people begin to practise different professions – in other words, when complex networks develop. By analogy we could now, a thousand years later, define our idea of urbanity as the point when new or unexpected networks arise from the combination of old ones. Among the places where new forms of city life develop are former harbour and railway sites. In many cities there are indications that such areas are ultimately salvaging the concept of urbanity as we like to see it and are giving it new content. Their ability to do so derives from various factors such as a location close to the city centre, a good potential for access, and a characteristic mixture of historic

and contemporary elements and larger and smaller scales. They allow different uses to develop both informally and officially in a symbiosis of cultural, everyday and commercial activities." (1) Of particular interest here is Christiaanse's idea of urban space as Loft. In our examination of urban space, we choose the sort of locations that seem to us to be suited for appropriation on an urban scale. The focus is on the development potential of specific spaces for artistic production, which are envisioned as new buildings constructed using cost-effective systems.

KONZENTRIEREN

IM Folgenden werden Beispiele existierender Atelierhäuser unter verschiedenen Gesichtspunkten untersucht. Dabei geht es uns nicht darum, das ideale Atelierhaus vorzustellen und eine umfassende Bewertung der Funktionalität oder der Potenziale der Beispiele vorzunehmen. Ausschlaggebend war es vielmehr Qualitäten und Potenziale der gewählten Atelierbeispiele zu erfassen, darzustellen und für unser weiteres Vorgehen zu nutzen. Bei unserer Auswahl handelt es sich vorwiegend um Atelierhäuser aus Berlin. Weitere Beispiele fanden wir in Deutschland und im europäischen Ausland. Ob es sich dabei um Altbauten, Neubauten oder Umnutzungen bestehender Gebäude handelt, spielte für die Betrachtungen ebenso wenig eine Rolle wie die ökonomischen Faktoren. Natürlicherweise gibt es bei den ausgewählten Beispielen Schnittmengen und eine Vielzahl weiterer Aspekte, die hier vorerst aber nicht interessieren sollen. Auch konnten Kombinationstypen von Atelierhaus und Projektraum nicht im Einzelnen berücksichtigt werden. Die Einordnung erfolgt somit eher nach tendenziellem Grad als nach purer Form. Die Beispiele gliedern sich in drei Kriterien.

Als *Insel* werden Atelierhäuser oder Kombinationen aus Atelierhäusern und Projekträumen angesehen, die zu beträchtlichem Teil die Funktion des Atelierhauses erfüllen und ausschreiben und eventuell darüber hinaus höchstens beschränkt – das heißt bezogen auf eine oder mehrere KünstlerInnenszenen – agieren. Auch sei darauf hingewiesen, dass es sich bei der Betrachtung um Momentaufnahmen handelt. Das bedeutet, dass der *Inselcharakter* auch über strukturelle und personelle Veränderungen mehr oder weniger stark ausgeprägt sein kann. Es ist auch anzunehmen bzw. wurde uns in einigen der betrachteten Fälle bestätigt, dass sich Selbstverständnis und die Wahrnehmung durch unterschiedliche Teilöffentlichkeiten in dieser Hinsicht stark unterscheiden können.

Der Kategorie *Nomade* bezeichnet Atelierhäuser, Projekträume, Kulturräume und Bauten, die mobil sind und die Räume zeitlich flexibel besetzen können.

In der Kategorie *Schnittstelle* stellen wir Beispiele vor, deren Charakter sich dadurch definiert, dass sie in beträchtlichem Ausmaß mit einer Umgebung interagieren, die sich von lokal bis global erstrecken kann.

THE following is an examination of some existing studio buildings from various perspectives. Our focus is not to present the ideal studio building or a comprehensive evaluation of functionality, or to evaluate the potential effectiveness of the examples, but rather to filter out individual criteria in order to determine and depict the quality and potential of the examples and use them in our further proceedings. Our selection predominantly focused on studio buildings in Berlin, yet also included those from other parts of Germany and Europe. Whether the examples were pre-war buildings, new constructions or conversions of existing buildings played less of a role in our considerations than did the economic factors. There are of course overlaps in the selected examples, along with a multitude of additional aspects that will not concern us at this point in time. Often there are combinations of studio building and project space, which could not be considered as separate from one another. The classification thus proceeds according to the tendency to one form or another. The examples are divided into three categories.

The *Island* category comprises studio buildings or combinations of studio buildings and project spaces that fulfill a substantial part of the function of the studio building, invite tenders, and are perhaps limited in their operation to, at most, one or a few artist scenes. It should also be noted that these are simply snapshots – i.e., that the island character can be more or less strongly pronounced through structural and personnel changes. It is also assumed, or was confirmed by us in several of the cases, that an organization's self-perception and the perception by various segments of the public may vary strongly in this regard.

The *Nomad* category designates studio buildings, project spaces, cultural spaces and structures that are mobile, and can occupy spaces temporarily and flexibly.

The *Interface* category shows examples whose character is defined by a substantial degree of interaction with their environment, whether it be local or global.

DIE BEISPIELE GLIEDERN SICH IN DREI KRITERIEN

INSEL
ISLAND ——————— • KUNSTFABRIK AM FLUTGRABEN
Berlin-Treptow

NOMADE
NOMAD ——————— • PLATOON
Berlin-Mitte

SCHNITTSTELLE
INTERFACE ——————— • EXROTAPRINT
Berlin-Wedding

THE EXAMPLES ARE DIVIDED INTO THREE CRITERIA

INSEL
ISLAND

STANDORT   BERLIN
LOCATION   TREPTOW

KUNSTFABRIK AM FLUTGRABEN E.V.

DER TEXT BASIERT
AUF EINEM GESPRÄCH
ZWISCHEN RAUMLABOR
UND INGA ZIMPRICH,
MITGLIED DES
VORSTANDS DES
FLUTGRABEN E.V.

Die Kunstfabrik liegt direkt an der ehemaligen Mauergrenze, östlich des Flutgrabens, der die Bezirke Kreuzberg und Treptow voneinander trennt. Nur einen Steinwurf vom „goldenen Westen" entfernt, war das Gebäude wiederholt Ausgangsort spektakulärer Mauerfluchten, bis die DDR-Machthaber es in den 80er Jahren zu einem Beobachtungsposten umfunktionierten. Seite an Seite mit den Grenzern residierte hier der VEB OLW, eine Reparaturwerkstatt für Omnibusse und Lastkraftwagen. Noch heute sind zahlreiche Spuren der wechselvollen Geschichte auf dem Gelände sichtbar, seien es die Reste der Signalanlagen, die verschlossenen Treppenhäuser oder die auf dem Dach der Fabrik befindliche Steganlage für patrouilliere Grenzsoldaten.

Der gemeinnützige Verein Kunstfabrik am Flutgraben e.V. wurde 1996 gegründet.

Vereinszweck war es, im Rahmen einer professionellen und basisdemokratischen Selbstverwaltungsstruktur im Gebäude am Flutgraben die Voraussetzungen für künstlerische Produktionen zu schaffen und Ateliers für KünstlerInnen zur Verfügung zu stellen.

Nach dem Auszug der vorübergehend ansässigen KFZ-Instandsetzungsbetriebe GmbH konnte das Gebäude mit Hilfe aus dem Ateliersofortprogramm des bbk in ein Atelierhaus ungenutzt werden, die Eigentümerin gewährte einen langfristigen Mietvertrag zu günstigen Konditionen. Der Verein kümmerte sich um die Instandsetzung sowie den notwendigen Einbau einer Heizungsanlage. Im Jahr 2000 konnte außerdem die Eingangsfassade mithilfe des Landesdenkmalamtes und aus Eigenmitteln denkmalgerecht saniert werden.

THE TEXT IS BASED ON
A CONVERSATION
BETWEEN RAUMLABOR
AND INGA ZIMPRICH,
MEMBER OF THE BOARD
OF FLUTGRABEN E.V.

The Kunstfabrik (art factory) sits directly at the former Berlin Wall, east of the *Flutgraben* (flood channel) that separates Kreuzberg from Treptow. Only a stone's throw from the "Golden West", the building was repeatedly a point of departure for spectacular attempts to flee the East until the GDR authorities converted it to a lookout post in the 1980s. Residing side by side with the border guards was the VEB OLW, a repair shop for busses and trucks. Many traces of the site's varied history are still

visible today, such as the remains of the signal station, a sealed-off stairwell and a raised wooden footpath on the roof of the factory for patrolling soldiers.

The non-profit association Kunstfabrik am Flutgraben e.V. was founded in 1996. The purpose of the association was to create ideal conditions for artistic production, and to make studios available to artists via a professional, grass-roots, democratic and self-governing structure in the building on the Flutgraben.

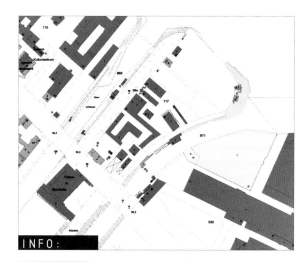

INFO:

GESAMTFLÄCHE	3400 m²
SURFACE AREA	3,400 m²
ANZAHL ATELIERS	44
NUMBER OF STUDIOS	
ATELIER MIETE	4,20 EUR/m² kalt
STUDIO RENT	4.20 EUR/m² excl. heat
ORGANISATIONSFORM	e.V.
ORGANIZATIONAL FORM	
FINANZIERUNG	Mieteinnahmen
	Investitionskostenüberschüsse aus
	Kulturhaushalt
	Stiftungen
FINANCING	Rental Income
	Investment surpluses of cultural budget
	Foundations
WEITERE NUTZUNGEN	Kunstprojekte
ADDITIONAL USES	Art projects
GEMEINSCHAFTSRÄUME	Projektraum
	Maschinenhalle
	Gemeinschaftsküche
	Dachterrasse
COMMON AREAS	Project space
	Machine hall
	Communal kitchen
	Roof terrace

Heute gibt es im Haus 44 Ateliers in verschiedenen Größen zwischen zwölf und 170 Quadratmetern Fläche. Ein Projektraum und die ehemalige Maschinenhalle stehen als erweiterte Produktionsräume, für und Projekte zur Verfügung. Dazu kommen eine Dachterrasse sowie Verwaltungs- und Projektbüros.

Bis 2005 bestand der Verein aus drei Gremien (Vorstand, Ateliervergabe/Galerie und Projektraumgruppe). Heute ist die Gremienarbeit im Vorstand gebündelt. Das Haus am Flutgraben inklusive seiner Verwaltung finanziert sich überwiegend über die Ateliervermietung. Die Gemeinschaft trägt die Grundfinanzierung der Gemeinflächen (Projektraum, Dachterrasse) und der Büros. Gelder für Ausstellungen und Projekte werden von den jeweiligen ProjektleiterInnen und KuratorInnen akquiriert.

Neben den selbst initiierten Projekten beteiligt sich der Verein an erfolgreichen Veranstaltungen des Berliner Kulturlebens. Mit Unterstützung der GASAG nahm der Verein 2002 bis 2006 mit seinen Projekten am Art Forum Berlin, einer der wichtigsten deutschen Messen für zeitgenössische Kunst, teil. Hier präsentierte der Verein neben ausgewählten Künstlerinnen der Kunstfabrik die aktuellen PreisträgerInnen des GASAG-Kunstpreises und beteiligte sich mit Talks, Performances und Begleitveranstaltungen am Messegeschehen.

Das erste Anliegen des Vereins ist es, am Standort Flutgraben langfristig bezahlbare Atelierräume zur Verfügung zu stellen und so für die Potenziale und die Entwicklung der im Haus arbeitenden KünstlerInnen einen Rahmen zu bieten. Hierzu werden auch in der Zukunft weitere Baumaßnahmen nötig sein, die der

After the temporary tenants – KFZ-Instandsetzungsbetriebe GmbH – moved out, the building was converted to a studio block with support from the bbk's Ateliersofortprogramm; the owner granted a long-term lease at favorable conditions. The association was responsible for the subsequent renovations and the necessary installation of a heating system. In 2000, the entrance façade was renovated in keeping with regulations for listed buildings with support from the Berlin Monument Authority and the

association's own funds. Today the building houses forty-four studios of between 12 and 170 square meters A project space and the former machine hall are available as additional production spaces for events and special projects. There is also a roof terrace, as well as administrative and project offices.

Until 2005, the association comprised three committees – the governing board, the studio allocation gallery and the project-space group. Today, all commit-

tee work is handled by the governing board. The building on the Flutgraben and its management are largely financed by means of studio rents. The community provides basic funding for offices and common areas, including the project space, the multipurpose space and the roof terrace. Funding for exhibitions and projects is obtained by respective project directors and curators. Beyond its self-initiated projects, the association participates in successful events within the cultural sphere of Berlin. From

Erhaltung und Erweiterung des Gebäudes dienen und zugleich der denkmalgeschützten Architektur und der Geschichte dieses Ortes Rechnung tragen.

Das Spielbein des Kunstvereins bilden dessen Projekte. Zugleich hat er sich durch seine aktiven AkteurInnen als erfolgreiche KünstlerInnenselbstverwaltung und als innovativer Veranstalter im Bereich Kunst und Kultur etabliert. MitarbeiterInnen und Verantwortliche weiterhin kontinuierlich beschäftigen zu können, ist dem Verein ein großes Anliegen. Nur so können auf längere Sicht eine erfolgreiche Projektentwicklung sowie Kooperationen mit regionalen, nationalen und internationalen Institutionen fortgeführt und ausgebaut werden.

01.

2002–2006, with the assistance of GASAG, projects by the association took part in Art Forum Berlin, one of Germany's most important trade fairs for contemporary art: in addition to selected artists from the Kunstfabrik, the association showcased the current recipients of the GASAG Art Prize and contributed with talks, performances and accompanying events at the trade fair.

The association's main objective is to provide affordable, long-term studio spaces at the Flutgraben location and thus a framework to develop the potential of the artists working there. This will require future building measures that will serve the site's upkeep and expansion, while honoring the landmark architecture as well as the building's history.

The association's projects form its so-called free leg. Its active members have simultaneously established the association as a successful case of artist self-administration, and as an innovative event organizer within the sphere of art and culture. Keeping employees and responsibility bearers continually busy is a major objective of the association, and in the long run a critical one if successful project development and collaborations with regional, national and international institutions are to continue and expand.

HEUTE GIBT ES IM HAUS
44 ATELIERS MIT GRÖSSEN
VON ZWÖLF BIS 170
QUADRATMETERN FLÄCHE

TODAY THE BUILDING
HOUSES FORTY-FOUR STUDIOS
OF BETWEEN 12 AND 170
SQUARE METERS

01. Blick vom Flutgraben
View of Flutgraben

02. Gemeinschaftlich
genutzte Werkhalle
Communal workshop

03. Typisches Atelier
Typical studio

KUNSTQUARTIER BETHANIEN

STANDORT	BERLIN
LOCATION	KREUZBERG

GESAMTFLÄCHE	ca. 12.000 m²
SURFACE AREA	ca. 12,000 m²

ANZAHL ATELIERS	17
NUMBER OF STUDIOS	

ATELIER MIETE	–
STUDIO RENT	–

ORGANISATIONSFORM	gGmbH
ORGANIZATIONAL FORM	

FINANZIERUNG	Landeseigenes Objekt ohne Liegenschaftszins Mieteinnahmen und Zuwendungen aus dem Atelierprogramm
FINANCING	State-owned property with no property rate Rental income and grants from the studio program

WEITERE NUTZUNGEN	Druckwerkstatt Ausstellungsraum Café/Restaurant Musikschule & Freiluftkino
ADDITIONAL USES	Printing house Cafe/restaurant Exhibition space Music school

GEMEINSCHAFTSRÄUME	Projektraum
COMMON AREAS	Project space

UFERHALLE · UFERSTUDIOS

STANDORT	BERLIN
LOCATION	WEDDING

GESAMTFLÄCHE	ca. 20.000 m²
SURFACE AREA	ca. 20,000 m²

ANZAHL ATELIERS	60 Ateliers zzgl. 14 Studios
NUMBER OF STUDIOS	60 ateliers and 14 studios

ATELIER MIETE	3,60–6,00 EUR/m² kalt
STUDIO RENT	3.60 to 6 EUR/m² excl. heat

ORGANISATIONSFORM	Uferhallen AG, Uferstudios GmbH
ORGANIZATIONAL FORM	

FINANZIERUNG	Mieteinnahmen Stiftung Klassenlotterie
FINANCING	Rental income Foundation Class lottery

WEITERE NUTZUNGEN	Tanzstudios Ausstellungshalle Piano Salon
ADDITIONAL USES	Dance studios Exhibition spaces Piano salon

GEMEINSCHAFTSRÄUME	Außenraum Café
COMMON AREAS	Exterior areas Café

Mit der Stilllegung des Krankenhauses 1970 begann ein „Kampf um Bethanien". Der geplante Abriss und eine Neubebauung mit sozialem Wohnungsbau wurden durch Bürgerinitiativen und Denkmalschützer verhindert. Seit 1973 arbeiten im Hauptgebäude vorwiegend kulturelle, künstlerische und soziale Institutionen.

A "Battle for Bethanien" began in 1970 with the closing of the hospital there. The planned demolition of the buildings – to make way for a new social housing complex – was prevented by citizens' initiatives and historical preservationists. Since 1973, the main building has primarily housed cultural, art and social institutions.

Die Uferhallen AG kaufte das Gebäude von der BVG. Als neue Eigentümergesellschaft vermietet sie vorwiegend an Künstler und bietet Ausstellungsflächen an. Mit der Uferstudios GmbH hat sie einen Erbbaurechtsvertrag für 198 Jahre geschlossen.

Uferhallen AG purchased the property from the BVG in 2008. As the new owner, the company rents predominantly to artists and offers exhibition space. It currently has a 198-year leasehold agreement with Uferstudios GmbH.

PARKHAUS PROJECT

STANDORT LOCATION	BERLIN MITTE
GESAMTFLÄCHE SURFACE AREA	– –
ANZAHL ATELIERS NUMBER OF STUDIOS	6
ATELIER MIETE STUDIO RENT	2,40–4,00 EUR/m² kalt 2.40 to 4 EUR/m² excl. heat
ORGANISATIONSFORM ORGANIZATIONAL FORM	Selbstorganisiert von Künstlern Self-organized by artists
FINANZIERUNG FINANCING	Mieteinnahmen Rental income
WEITERE NUTZUNGEN ADDITIONAL USES	Ausstellungsraum Exhibition space
GEMEINSCHAFTSRÄUME COMMON AREAS	– –

BLO-ATELIERS

STANDORT LOCATION	BERLIN LICHTENBERG
GESAMTFLÄCHE SURFACE AREA	ca. 20.000 m² ca. 20,000 m²
ANZAHL ATELIERS NUMBER OF STUDIOS	ca. 50
ATELIER MIETE STUDIO RENT	– –
ORGANISATIONSFORM ORGANIZATIONAL FORM	Lockkunst e.V.
FINANZIERUNG FINANCING	Mieteinnahmen Rental income
WEITERE NUTZUNGEN ADDITIONAL USES	Gastatelier für internationale Künstler Guest studios for international artists
GEMEINSCHAFTSRÄUME COMMON AREAS	Teeküchen Mulitfunktionsraum Tea kitchen Multifunctional space

Parkhaus Project war ein von KünstlerInnen betriebener Ausstellungsort. Ursprünglich ein Parkhaus für Beamte der DDR, war es über mehrere Jahre (2008–2012) sowohl Parkhaus als auch Arbeitsraum für KünstlerInnen. Der renovierte und umgebaute Ausstellungsteil bestand unter anderem aus einem Rampenraum des Parkhauses mit 30 Meter hohem Leerraum und bot einmalige räumliche Begebenheiten für spezifische Arbeiten.

Parkhaus Project was an artist-operated exhibition space. Originally a parking garage for East German government officials, from 2008 to 2012 it served as both a parking garage and a workspace for artists. The renovated and converted exhibition space included the ramp area of the former garage and offered a unique spatial environment for specific works.

Das ehemalige Bahnbetriebswerk Berlin Lichtenberg Ost (BLO) wird nach einem Ideenaufruf des RAW-Tempel e.V. wiederentdeckt. 2003 wurde der Lockkunst e.V. als Rechtsträger des Projekts BLO-Ateliers gegründet. 2004 erfolgreicher Abschluss eines zehnjährigen Mietvertrags mit der Deutschen Bahn. Bis 2014 temporäre Zwischennutzung als selbstständige Ateliergemeinschaft.

The former railroad depot for Berlin Lichtenberg Ost (BLO) was rediscovered through a brainstorming competition organized by RAW-Tempel e.V. In 2003, Lockkunst e.V. was founded as the legal entity of the BLO-Atelier project, and in 2004 a ten year rental contract was signed with Deutsche Bahn. The spaces are temporarily being used through 2014 as an independent studio collective.

INSEL

WAGENHALLEN

STANDORT LOCATION	**STUTTGART**

GESAMTFLÄCHE SURFACE AREA	– –
ANZAHL ATELIERS NUMBER OF STUDIOS	ca. 65
ATELIER MIETE STUDIO RENT	– –
ORGANISATIONSFORM ORGANIZATIONAL FORM	
FINANZIERUNG FINANCING	– –

WEITERE NUTZUNGEN ACTUAL USE	– –

GEMEINSCHAFTSRÄUME	Veranstaltungsräume
COMMON FACILITIES	Event spaces

INSEL

KAUS AUSTRALIS

STANDORT LOCATION	**ROTTERDAM**

GESAMTFLÄCHE SURFACE AREA	ca. 2800 m^2 ca. 2,800 m^2
ANZAHL ATELIERS NUMBER OF STUDIOS	10
ATELIER MIETE STUDIO RENT	4,00–5,50 EUR/m^2 kalt 4 to 5.50 EUR/m^2 excl. heat
ORGANISATIONSFORM ORGANIZATIONAL FORM	Stiftung Foundation
FINANZIERUNG FINANCING	Mieteinnahmen Rental income

WEITERE NUTZUNGEN ACTUAL USE	– –

GEMEINSCHAFTSRÄUME	Außenraum Küche
COMMON FACILITIES	Exterior areas Kitchen

Das KünstlerInnenareal der Wagenhallen befindet sich auf dem Nordbahnhof, einem alten Bahngelände in Stuttgart. 2003 stellte die Stadt die ehemalige Lokomotivenremise auf der Stuttgarter Prag – heute Wagenhallen – inklusive An- und Wohnbauten KünstlerInnen als Atelierräume zur Verfügung. Seitdem hat sich das Gelände (zusammen mit den Wagenhallen-Waggons) zu einem Areal für Kunst und Kultur entwickelt.

The artists' area of Wagenhallen is located at the Nordbahnhof, an old railroad yard in Stuttgart. In 2003, the city made the locomotive shed – today's Wagenhallen – in the Auf-der-Prag district available to artists as studio space, including annexes and housing. The grounds have since been developed into an area for art and culture.

Kaus Australis ist ein Atelierwohnhaus. Der Neubau besteht aus industriellen Fertigteilen. Die Ateliers sind teilweise langfristig an lokale KünstlerInnen, teilweise als Wohnungen vermietet. Der Baugrund befindet sich im Besitz der Stadt Rotterdam, das Gebäude wurde von den dort lebenden KünstlerInnen finanziert.

Kaus Australis is a live-in studio building. The building was newly constructed using prefabricated components. Some of the studios are rented long term to local artists, while others are used for residencies. The property is owned by the city of Rotterdam; the building was financed by the artists living there.

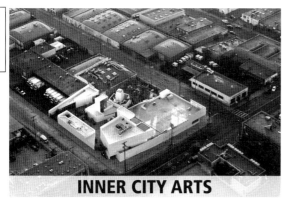

INSEL

INNER CITY ARTS

STANDORT   **LOS ANGELES**
LOCATION

GESAMTFLÄCHE   ca. 3600 m²
SURFACE AREA   ca. 3,600 m²

ANZAHL ATELIERS   _
NUMBER OF STUDIOS   _

ATELIER MIETE   _
STUDIO RENT   _

ORGANISATIONSFORM   _
ORGANIZATIONAL FORM   _

FINANZIERUNG   Spenden
              Fördergelder
FINANCING   Donations
              Grants

WEITERE NUTZUNGEN   Theater
                 Parkhaus
ADDITIONAL USES   Theater
                 Parking garage

GEMEINSCHAFTSRÄUME   Garten/Hof
                  Kantine
COMMON AREAS   Garden/courtyard
                  Cafeteria

Inner City Arts ist eine Bildungseinrichtung in Los Angeles, die sozial benachteiligten Kindern und Jugendlichen den Zugang zu kultureller Bildung ermöglicht. Ihre campusartige Anlage bildet eine Oase der Ruhe und der Konzentration in der Stadt. Inner City Arts besteht aus mehreren Studios, einem gemeinschaftlichen Garten und einem Blackboxtheater.

Inner-City Arts is an educational institution in Los Angeles that gives disadvantaged children and youths access to arts education. The campus-like facility is an oasis of tranquility and concentration in the city. Inner-City Arts comprises several studios, a communal garden and a black box theater.

SCHNITTSTELLE
INTERFACE

EXROTAPRINT

DER TEXT BASIERT
AUF EINEM GESPRÄCH
ZWISCHEN RAUMLABOR
UND LES SCHLIESSER,
GESCHÄFTSFÜHRER DER
EXROTAPRINT GGMBH

Die gemeinnützige GmbH ExRotaprint wurde 2007 mit dem Ziel gegründet, das ehemalige Firmengelände des Druckmaschinenherstellers Rotaprint im Stadtteil Berlin-Wedding zu neuem Leben zu erwecken. Das Areal besteht aus mehreren teils denkmalgeschützten Bestandsbauten, die von der gemeinnützigen GmbH zu je einem Drittel an entweder soziale, produzierende oder kreative NutzerInnen vermietet werden. ExRotaprint benötigt keine öffentlichen Fördermittel, Gelände und laufender Betrieb tragen sich selbstständig durch die Mieteinnahmen. Das Grundstück ist im Besitz eines politisch unabhängigen Erbbaurechtsträgers. Im Unterschied zu klassischen Atelierhäusern möchte ExRotaprint durch eine Mischnutzung auf vielfältigen Ebenen in die Entwicklung des ökonomisch, sozial und kulturell schwierigen Stadtteils eingebunden sein. Zugleich will man eine

hohe Arbeitsaktivität auf dem Gelände selbst fördern. Diese Nutzervielfalt hat viele positive Effekte, doch es entstehen dadurch auch immer wieder Konflikte, bei denen zwischen den unterschiedlichen AkteurenInnen vermittelt werden muss. ExRotaprint versteht aber auch diese Verhandlungen als wesentlichen Teil des künstlerischen Schaffens am Standort Wedding.

Ihren Ursprung hat die ExRotaprint-Gesellschaft in einem Atelierhaus des bbk in der Brunnenstraße. Aufgrund zunehmenden Platzbedarfs wanderte eine Gruppe KünstlerInnen aus dem Atelierhaus in die damals preisgünstigen Räume auf dem ehemaligen Rotaprintareal ab. Dort entwickelten sie eine Liebe zur spezifischen Architektur des Geländes. Nach und nach ergab sich die Möglichkeit, weitere frei werdende Räumlichkeiten

THIS TEXT IS BASED
ON A CONVERSATION
BETWEEN RAUMLABOR
AND LES SCHLIESSER,
A MANAGING PARTNER
OF EXROTAPRINT GGMBH

The non-profit GmbH ExRotaprint was founded in 2007 with the goal of bringing new life to the former premises of the printing press manufacturers Rotaprint in Berlin-Wedding. The area comprises several listed buildings that are rented out by the non-profit GmbH; of the rental spaces, one-third each are used for social, manufacturing and creative purposes. ExRotaprint requires no public funding, as rents are sufficient to cover the operating and property costs. The land is owned by a politically

independent holder of hereditary building rights. In contrast to traditional studio buildings, ExRotaprint is eager to integrate itself on many levels into the development of the economically, socially and culturally challenging district through its mixed-use leasing strategy. It also seeks to foster a high level of work activity on the site. This tenant diversity has many positive effects, yet continually causes conflicts that must then be mediated by the various parties involved. ExRotaprint sees these negotiations as

```
INFO:

GESAMTFLÄCHE              10.000  m²
SURFACE AREA             10,000  m²

ANZAHL ATELIERS          25
NUMBER OF STUDIOS

ATELIER MIETE            3,00-3,50 EUR/m²  kalt
STUDIO RENT              3 to 3.50 EUR/m²  excl. heat

ORGANISATIONSFORM        gGmbH - e.V.
ORGANIZATIONAL FORM

FINANZIERUNG             Mieteinnahmen
                         Stiftungen
FINANCING                Rental income
                         Foundations

WEITERE NUTZUNGEN        Soziale Einrichtungen
                         Produzierendes Gewerbe
ADDITIONAL USES          Social institutions
                         Manufacturing

GEMEINSCHAFTSRÄUME       Projektraum
                         Kantine
COMMON AREAS             Project space
                         Cafeteria
```

zu mieten. Der damals sehr schlechte Ruf der Umgebung des Rotaprintgeländes und des Wedding generell erlaubte sehr günstige Bodenpreise. Ursprünglich sollte das Areal im Paket mit weiteren Grundstücken in der Umgebung an einen isländischen Immobilienfonds verkauft werden, der aber mangels Vermarktungsperspektive absprang.

Die KünstlerInnen Daniela Brahm und Les Schliesser formulierten 2005 ein Konzept zur Übernahme des Geländes durch die MieterInnen vor Ort. Der Verein ExRotaprint wurde als Interessenvertretung der MieterInnen gegründet. Drei Jahre dauerten die Verhandlungen mit Liegenschaftsfonds, Senat und Bezirk, doch schließlich gelang es der neu gegründeten ExRotaprint gGmbH 2007, das Gelände aus dem Immobilienpaket herauszulösen. Um die Haftung der GesellschafterInnen zu begrenzen, wurde die gemeinnützige GmbH als Organisationsform dem Verein vorgezogen. ExRotaprint darf aber keine Ausschüttungen an die GesellschafterInnen vornehmen.

Um singulärer Interessendurchsetzung einzelner BesitzerInnen entgegenzuarbeiten und das Risiko einer Ausgrenzung anderer NutzerInnen auf dem Gelände zu vermindern, wurde das Grundstück trotz seines günstigen Kaufpreises nicht von ExRotaprint, sondern über zwei Stiftungen erworben, was mittels Erbbaurecht die gGmbH für 100 Jahre zum Pächter des Grundes und zum Besitzer der Gebäude macht. Um die historische Bausubstanz erhalten zu können, war die Aufnahme eines hohen Kredits notwendig. Seine Tilgung schluckt momentan den Großteil der Mieteinnahmen, er wird aber nach 30 Jahren abbezahlt sein; die Einnahmen der vermietbaren Fläche (jährlich bis zu 250.000 Euro)

an essential part of the artistic process at the Wedding location.

The ExRotaprint Society traces its origins to a bbk studio building on Brunnenstraße. Due to an increasing need for more space, a group of artists from the studio building roamed around the – at that time – inexpensive spaces on the former Rotaprint grounds. They soon developed a love for the specific architecture of the site. The possibility gradually arose to rent additional spaces as they

became vacant. At that time, the extremely poor reputation of the neighborhood surrounding the Rotaprint grounds – and of Wedding in general – provided for very inexpensive rental rates. The area was initially to be sold to an Icelandic real estate investment trust as part of group of properties, but this fell through due to a lack of marketing prospects.

In 2005, artists Daniela Brahm and Les Schliesser formulated a concept for the tenants at that time to take over the

grounds. The ExRotaprint association was formed as a body representing of the tenants' interests. Negotiations with the Liegenschaftsfonds Berlin, the Senate and the district lasted three years, yet in 2007 the newly founded ExRotaprint gGmbH ultimately succeeded in extracting the site from the real estate package. To limit the liability of the individual members, it was decided to transform the association into non-profit GmbH. However, ExRotaprint may not disburse dividends to the members of the

würden dann für die Förderung von Kunst und Kultur frei.

Die gGmbH ist in Entscheidungen frei und übernimmt die Rolle des Kümmerers und sucht als Kurator passende MieterInnen für das Areal aus. Während bei den kreativen Ateliernutzungen durchgehend genug Nachfrage besteht, muss bei sozialen und produzierenden Gewerben aktiv nach MieterInnen gesucht werden. Momentan befinden sich auf dem Areal eine Deutschschule, eine Initiative zur Qualifizierung von Langzeitarbeitslosen, eine Schule für Schulschwänzer, Tischlereien, ein Elektrobetrieb, eine Gebäudereinigung, eine Siebdruckwerkstatt, Büros von ArchitektInnen, DesignerInnen und BiologInnen sowie 16 Atelierräume für KünstlerInnen. Bei Übernahme des Geländes waren 40 Prozent vermietet, aktuell gibt es keinen Leerstand mehr. Die Mieten betragen zwischen 3,00 Euro pro Quadratmeter für KünstlerInnen und 4,50 pro Quadratmeter für Gewerbetreibende. Den Kreativen wird also im Vergleich eine günstigere Miete eingeräumt, da die gGmbH als gemeinnütziges Ziel neben dem Erhalt des Baudenkmals Rotaprint die Förderung von Kunst und Kultur verfolgt.

ExRotaprint will als urbane Schnittstelle im Weddinger Alltag wahrgenommen werden. Im klassischen Atelierhaus mit monofunktionaler MieterInnenstruktur sehen die Gesellschafter die Gefahr einer sozialen Endhaltestelle. Sie setzen auf die These, dass viele Menschen viele Oberflächen erzeugen. Als Lagerräume und für Zwischennutzungen werden die Räume nicht vermietet. Das Ziel, einen langfristigen Standort für eine heterogene Nutzung zu schaffen, wird neben

der Schwerpunktstreuung in Soziales, Arbeit und Kunst durch einen Projektraum unterstützt, der nach Bedarf an einzelne MieterInnen des Geländes vermietet wird. Hinzu kommt eine öffentliche Kantine, die viele Gäste von außerhalb anzieht und als Treffpunkt im Stadtteil fungiert.

01.

association. In order to limit the assertion of the individual owners' interests and to minimize the risk of excluding other users from the site, the property was not purchased by ExRotaprint – despite its modest price – but by two foundations. The hereditary building rights included in the arrangement render the gGmbH a tenant of the property and owner of the buildings for one hundred years. The acquisition of a large loan was necessary to ensure that the stock of historical buildings could be maintained. The

majority of the rental income currently goes to its repayment, but after thirty years it will be paid off. Earnings from the leasable spaces (an annual sum of up to €250,000) would then be available for the promotion of art and culture.

The gGmbH comprises nine members, whereby the ninth member is the ExRotaprint association itself. Since all tenants have the possibility of becoming owners, each rental party can theoretically influence the association with its vote.

In its capacity as caretaker of the property, the gGmbH is unrestricted in its power to choose appropriate tenants to whom to lease. While there is always an ample supply of potential creative tenants, social and manufacturing tenants must be actively sought. The site is currently home to a German language school, an initiative focusing on qualifications for the long term unemployed, a school for *Schulschwänzer* (truants), carpentry shops, an electrical plant, a silk-screening workshop, an

02.

03.

01. Werkstatt im
Erdgeschoss
Ground-floor
workshop

02. Kantine
Cafeteria

03. Typischer Arbeitsraum
A typical workspace

industrial cleaner, offices for architects, designers and biologists, as well as sixteen studio spaces for artists. Upon taking over the site, only 40% of the space was rented out. There are currently no vacancies. Rents are between €3/m² for artists and €4.50/m² for commercial tenants. Thus, the creative tenants pay comparatively less than the others, in following with the gGmbh's communal goal – along with preserving the historical Rotaprint buildings – of promoting art and culture.

ExRotaprint would like to be known as an urban interface in the everyday life of Wedding. The members see a traditional studio building with a monofunctional tenant structure as a potential social terminus – i.e., as an undesirable outcome. They adhere to the belief that many people produce many surfaces. The spaces are never rented out as storage areas or for temporary use. The goal of establishing a longterm heterogeneous use of the location – which is fostered by the allotment of rental spaces for

social, commercial and artistic purposes – is supported further by a project room that can be rented by individual tenants of the site when needed. There is also a public canteen that draws many guests from beyond the site and functions as a neighborhood meeting point.

ZK/U ZENTRUM FÜR KUNST UND URBANISTIK

STANDORT	BERLIN
LOCATION	MOABIT

GESAMTFLÄCHE	2000 m²
SURFACE AREA	2,000 m²
ANZAHL ATELIERS	13
NUMBER OF STUDIOS	
ATELIER MIETE	8,00–10,00 EUR/m² kalt
STUDIO RENT	8 to 10 EUR/m² excl. heat
ORGANISATIONSFORM	Gemeinnütziger Verein, e.V.
ORGANIZATIONAL FORM	Non-profit association
FINANZIERUNG	Projektförderungen Miete
FINANCING	Rental income Project funding
WEITERE NUTZUNGEN	Symposien Filmvorführungen Konzerte Ausstellungen
ADDITIONAL USES	Symposia Film screenings Concerts Exhibitions
GEMEINSCHAFTSRÄUME	Projektraum Küche Überdachter Bahnsteig Produktionsflächen Freifläche
COMMON AREAS	Project space Kitchen Roofed railroad platform Exterior and Production spaces

Das 2012 im umgebauten ehemaligen Güterbahnhof Moabit eröffnete ZK/U versteht sich als Schnittstelle von Stadtforschung und künstlerischen Formaten im öffentlichen Raum und als Plattform für Experimente und Diskussionen. Ein Pachtvertrag über 40 Jahre für kulturelle, gemeinnützige Zwecke macht es unabhängig. Das KünstlerInnenkollektiv KUNSTrePUBLIK betreibt den Standort mit Räumen für Veranstaltungen und Residenzen.

Open since 2012 at the converted former Moabit train depot, ZK/U sees itself as an interface between urban research and artistic formats in the public realm, as well as a platform for experimentation and discussion. With a forty year lease at its Moabit site, it has established itself as an independent cultural and non-profit institution. The artist collective KUNSTrePUBLIK operates the location with spaces for events and residencies.

BAUMWOLLSPINNEREI

STANDORT	LEIPZIG
LOCATION	

GESAMTFLÄCHE	60.000 m²
SURFACE AREA	60,000 m²
ANZAHL ATELIERS	100
NUMBER OF STUDIOS	
ATELIER MIETE	–
STUDIO RENT	–
ORGANISATIONSFORM	Verwaltungsgesellschaft mbH
ORGANIZATIONAL FORM	Verwaltungsgesellschaft mbH (Management company)
FINANZIERUNG	Mieteinnahmen
FINANCING	Rental income
WEITERE NUTZUNGEN	Galerien Theater und Kino
ADDITIONAL USES	Galleries Theater and cinema
GEMEINSCHAFTSRÄUME	Werkstätten Druckerei
COMMON AREAS	Workshops Printing house

Aus der ehemaligen Fabrikstadt wurde am Beginn des 21. Jahrhunderts eine der interessantesten Produktions- und Ausstellungsstätten für zeitgenössische Kunst und Kultur in Europa, die auch in der Leipziger Stadtentwicklung eine wichtige Rolle spielt.

At the beginning of this century, the former factory complex gave rise to one of the most interesting production and exhibition spaces for contemporary art and culture in Europe. The institution is also playing an important role in the urban development of Leipzig.

SCHNITTSTELLE

NDSM WERF

STANDORT / LOCATION	**AMSTERDAM**
GESAMTFLÄCHE / SURFACE AREA	ca. 27.000 m² / ca. 27,000 m²
ANZAHL ATELIERS / NUMBER OF STUDIOS	ca. 40
ATELIER MIETE / STUDIO RENT	ca. 8,00 EUR/m² kalt / ca. 8 EUR/m² excl. heat
ORGANISATIONSFORM / ORGANIZATIONAL FORM	Projektträger: Stadt Amsterdam / Project sponsor: City of Amsterdam
FINANZIERUNG	Fonds
FINANCING	Endowment
WEITERE NUTZUNGEN	Skateanlage Außenbereich für Performance Musikstudios
ADDITIONAL USES	Skating facility Exterior performance space Music studios
GEMEINSCHAFTSRÄUME	Halle Außenraum
COMMON AREAS	Halls Exterior space

SCHNITTSTELLE

KAAPELI

STANDORT / LOCATION	**HELSINKI**
GESAMTFLÄCHE / SURFACE AREA	- / -
ANZAHL ATELIERS / NUMBER OF STUDIOS	250
ATELIER MIETE / STUDIO RENT	- / -
ORGANISATIONSFORM / ORGANIZATIONAL FORM	Stadt Helsinki / City of Helsinki
FINANZIERUNG	Mieteinnahmen
FINANCING	Rental income
WEITERE NUTZUNGEN	Schulen Theater Museum
ADDITIONAL USES	Schools Theater Museum
GEMEINSCHAFTSRÄUME	Bandräume Café/Restaurant Info/Shop
COMMON AREAS	Rehearsal rooms Café/Restaurant Info/Shop

Die NSDM-Werft ist ein Zentrum der alternativen Kunst und Kultur-industrie mit einem vielfältigen Nutzungsspektrum. Im Umfeld sind auch andere „kreative Unternehmen" wie MTV angesiedelt.

NDSM Werf is a center of the alternative art and culture industry with a broad spectrum of use. Other creative companies, such as MTV, have also settled in the immediate vicinity.

Die ehemalige Kabelfabrik wurde 1991 von der Stadt Helsinki über-nommen. Kaapeli ist eigenfinanziert. Die meisten Räume werden zu einem Preis vermietet, der den Wartungskosten entspricht. Um Geld für größere Reparaturen zu sammeln, werden einige Räume zu Markt-preisen an Unternehmen im kreativen Sektor vermietet.

The city of Helsinki took ownership of the former cable factory in 1991. Kaapeli is equity financed. Most of the spaces are rented at a price corresponding to their maintenance costs. To finance larger repair projects, some spaces are leased at market value to companies in the creative sector.

NOMADE
NOMAD

DER TEXT BASIERT
AUF EINEM GESPRÄCH
ZWISCHEN RAUMLABOR
UND CHRISTOPH FRANK,
MITBEGRÜNDER PLATOON

PLATOON

Der englische Begriff *Platoon* ist dem militärischen Vokabular entliehen. Er bezeichnet hier die kleinste selbstorganisierte taktische Einheit. Die InitiatorInnen von Platoon verstehen sich als eine Art "Befreiungsarmee", die alle Kompetenzen auf wenigen Schultern verteilt und gemeinsam zur Durchsetzung bringt.

Platoon startete im Jahr 2000 in einem leerstehenden Bestandsgebäude in Berlin-Mitte. Im ersten Jahr erwirtschafteten die InitiatorInnen genug Mittel für die ersten Überseecontainer, die auf einer Brachfläche in der Weinmeisterstraße aufgestellt wurden. Die Container von Platoon funktionieren auf mehreren Ebenen. Gegenüber den Berliner GrundbesitzerInnen wird Mobilität proklamiert. Durch ihre direkte Straßenlage zeigen sie Präsenz, statt in einem Hinterhof ungesehen zu bleiben. Als transpor-

table Behälter stehen sie metaphorisch für den globalen Waren- und Wissensaustausch.

Die Kunsthalle von Platoon ist kein Atelierhaus – ebenso wenig wie Platoon ein KünstlerInnenkollektiv ist. Man bezeichnet sich als "Kommunikationsagentur mit einem kunstorientierten Netzwerk". Laut den Verantwortlichen wird dabei ein gesellschaftskritischer Ansatz verfolgt, der davon ausgeht, dass alle gesellschaftlichen Prozesse der Gegenwart von wirtschaftlichen Interessen und Konsumverhalten bestimmt werden. Die eigentlich hässliche Realität, so Platoon auf der eigenen Website, werde im Alltag einer durchdesignten, aber langweiligen und illusionären Hyperrealität geopfert. Platoon will diese Hyperrealität kontrastieren, Fragen aufwerfen und alternative Realitäten vermitteln.

THIS TEXT IS BASED
ON A CONVERSATION
BETWEEN RAUMLABOR AND
CHRISTOPH FRANK, A
COFOUNDER OF PLATOON

The military term "platoon" is deployed here to mean the smallest possible self-organized tactical unit. The initiators of Platoon see themselves as a type of liberation army, placing all responsibilities on a few shoulders and carrying them out together.

Platoon began in the year 2000 in a vacant building in Berlin-Mitte. In the first year, the initiators obtained enough money for the first containers, which were erected on an abandoned lot on

Weinmeisterstraße. The Platoon containers function symbolically on several levels. With respect to Berlin property owners, they proclaim mobility. Their placement directly on the street shows presence, as opposed to remaining unseen in a back courtyard. As transportable enclosures, the containers are a metaphor for the worldwide exchange of goods and knowledge.

The Platoon Kunsthalle (art hall) is not a traditional studio building, just as Pla-

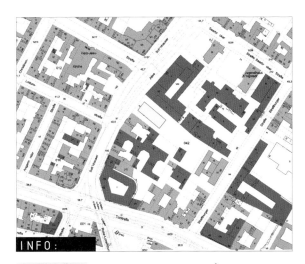

INFO:

GESAMTFLÄCHE	ca. 1600 m²
SURFACE AREA	ca. 1,600 m²
ANZAHL ATELIERS	4
NUMBER OF STUDIOS	
ATELIER MIETE	-
STUDIO RENT	-
ORGANISATIONSFORM	Einzelunternehmen Christoph Frank
ORGANIZATIONAL FORM	Sole ownership by C. Frank
FINANZIERUNG	Einnahmen aus Agentur
	Mieteinnahmen Halle
	Grunderwerb durch gemeinnützige
	Schweizer Stiftung
FINANCING	Income from the agency
	Rental income from the hall
	Land acquisition by a Swiss
	non-profit foundation
WEITERE NUTZUNGEN	Agenturbüro
	Halle für Veranstaltungen
ADDITIONAL USES	Agency office
	Event halls
GEMEINSCHAFTSRÄUME	Cafeteria/Bar
	Halle
COMMON AREAS	Cafeteria/Bar
	Hall

Seit 2012 ist die Platoon-Kunsthalle temporäre Mieterin auf einem Grundstück in der Schönhauser Allee. Ein zweiter Standort in Korea wurde vor einigen Jahren eröffnet, ein weiterer in Mexiko-Stadt ist in Planung. Langfristig sollen mit der gleichen Strategie weltweit vier bis fünf Container-Kunsthallen entstehen. Das Finanzierungskonzept von Platoon ist mit den räumlichen Bedingungen verknüpft. Das Gebäude beherbergt die Büroräume der Agentur und bietet mit der Halle eine charakteristische, vermietbare Fläche für Veranstaltungen. Einige Container werden als sogenannte Artist Labs vergeben. Eine Cafeteria mit angeschlossenem "Rekrutierungsraum" im Eingangsbereich bildet die Schnittstelle nach außen. In der Halle finden dreimal pro Woche Veranstaltungen statt. Dabei werden auch kommerzielle Veranstaltungen zugelassen, auf deren Inhalte Platoon keinen Einfluss nimmt, darunter Firmenveranstaltungen und Markenevents. Mit diesem kommerziellen Kofinanzierungsmodell hofft Platoon auch langfristig seine Unabhängigkeit wahren zu können. Eine öffentliche Kulturförderung lehnt das Kollektiv ab.

Als gebautes Zeichen bildet die Halle ein sichtbares Forum für die Verbreitung eigener Inhalte. Der Containerbau ist dabei nicht wirtschaftlicher als ein Gebäude in konventioneller Bauweise, er hat aber für Platoon den entscheidenden Vorteil der Sichtbarkeit. Die Artist Labs bieten vier KünstlerInnen aus dem Platoon-Netzwerk für maximal ein halbes Jahr kostenlosen Arbeitsraum, um dort eigene Projekte durchzuführen. Die Projekte werden nach Abschluss des Aufenthalts von den KünstlerInnen in der Halle ausgestellt und präsentiert. Die fortlaufende Kommunikation von Inhalten und Kunstpraktiken zwischen

toon is not a traditional artists' collective. It considers itself a communications agency with an art-oriented network. Pursuant to this definition is a critical approach to society, one that holds that all of today's societal processes are determined by economic interests and consumer behavior. The actual and ugly reality, as Platoon explains on its website, is displaced in everyday life by a stylized, yet boring and illusory hyper-reality. Platoon wants to contrast this hyper-reality, raise questions and

broker alternative realities. The goal is in communication, not conversation. Since 2012, the Platoon Kunsthalle has been temporarily renting a property on Schönhauser Allee. A second location in Korea was opened a few years ago, while another is in the works for Mexico City. The long-term plan is to use the same strategy to erect four or five container art halls worldwide. Platoon's financing concept is closely linked to its spatial formulation. The building houses the office spaces for the agency; the

hall provides a characteristic, leasable area for events. Several containers are allocated as so-called Artist Labs. In the entrance area, a cafeteria with an attached "recruiting room" forms the interface with the outside. Three events take place each week in the hall. Also permitted are commercial events – e.g. for corporations or brands – over whose content Platoon holds no influence. With this commercial cofinancing model, Platoon hopes to preserve its independence for years to come. As a result,

KünstlerInnen und Publikum soll dabei im Vordergrund stehen.

Langfristig besteht der Wunsch, dass die NutzerInnen in den Atelierräumen auch Unterrichts-programme organisieren. Ein *teacher in residency* kann mehr bewegen als eine Künstlerin, die sich in ihr Projekt vertieft, so die Theorie von Platoon. Platoon sieht sich in einer Rolle als Mediator zwischen KünstlerInnen und Firmen, als Schnittstelle zwischen Subkultur und Konsumgesellschaft. Die These lautet, dass nicht die klassische Hochkultur, sondern Brands und deren Image unsere Kultur bestimmen. Brands und deren Vermarktung gestalten sub-jektive Bilder von dem, was unsere gegenwärtige Realität ist, so Platoon. In-novation komme zwar aus der Subkultur, werde aber von ProduktdesignerInnen zur Imagebildung ihrer Marken genutzt und so für einen gewissen Zeitraum gefördert. Insbesondere weil Platoon sich gerne als Freiheitskämpfer stilisiert, finden seine Konzepte und Handlungs-strategien nicht überall Zuspruch. Die Offenheit jedoch, mit der Platoon seine Markenaffinität bekennt, und das Mo-tiv, hierdurch vor allem Unabhängigkeit erreichen zu wollen, bringen den Ma-cherInnen aber auch Sympathien ein.

01.

the collective declines all public cultural funding.

As a constructed symbol, the hall pro-vides a visible forum for the distribution of the collective's output. The container building is no more commercially viable than a conventionally constructed build-ing, yet for Platoon it has the decisive ad-vantage of visibility. For up to a half year, four artists from the Platoon network can use the Artist Labs as free workspace to carry out their own projects. After the completion of each residency, the artist exhibits and introduces his or her project in the hall. The focus is on the ongoing communication of content and art practices between artists and public.

The ultimate hope is that users of the studio spaces organize instructional pro-grams. Platoon's theory is that a teacher-in-residence can have greater impact than an artist submerged in a project. Platoon sees itself as a mediator be-tween artists and firms, as an interface between subculture and consumer so-ciety. The assertion holds that it is not traditional high art that determines our culture, but rather brands and their im-age. Platoon maintains that brands and their marketing create subjective imag-es of our current reality. Although inno-vation comes from subculture, it is used by product designers to shape the im-age of their brands, thus it is promoted for a certain time frame. Particularly be-cause Platoon sees itself as a freedom fighter, its concepts and strategies for

PLATOON SIEHT SICH
IN EINER ROLLE ALS
MEDIATOR ZWISCHEN
KÜNSTLERINNEN UND FIRMEN,
ALS SCHNITTSTELLE
ZWISCHEN SUBKULTUR UND
KONSUMGESELLSCHAFT

PLATOON SEES ITSELF
AS A MEDIATOR BETWEEN
ARTISTS AND COMPANIES,
AN INTERFACE BETWEEN
SUBCULTURE AND CONSUMER
SOCIETY

action are not always warmly received.
However, the candor with which Platoon
acknowledges its brand affinity, coupled
with its recurring and primary desire for
independence, generates a considerable
amount of support.

01. Platoon
Eingangsbereich
Platoon:
entrance area

02. Früherer Standort
Alte Schönhauser Straße
Previous location:
Alte Schönhauser Straße

03. Artist Labs
Hinterer Bereich des
Grundstücks
Artist Labs at the
back of the property

NOMADE

WAGENHALLEN-WAGGONS

STANDORT	STUTTGART
LOCATION	

GESAMTFLÄCHE	17 Eisenbahnwaggons
SURFACE AREA	17 railroad cars
ANZAHL ATELIERS	17
NUMBER OF STUDIOS	
ATELIER MIETE	–
STUDIO RENT	–
ORGANISATIONSFORM	–
ORGANIZATIONAL FORM	–
FINANZIERUNG	–
FINANCING	–
WEITERE NUTZUNGEN	Grillplatz
ADDITIONAL USES	Grill area
GEMEINSCHAFTSRÄUME	Freiraum
COMMON AREAS	Exterior space

NOMADE

DAS LETZTE KLEINOD

STANDORT	SCHIFFDORF
LOCATION	NIEDERSACHSEN

GESAMTFLÄCHE	9 Eisenbahnwaggons
SURFACE AREA	9 railroad cars
ANZAHL ATELIERS	Raum für 16 KünstlerInnen
NUMBER OF STUDIOS	Space for 16 artists
ATELIER MIETE	Nicht zu mieten
STUDIO RENT	Not a rental property
ORGANISATIONSFORM	GbR
ORGANIZATIONAL FORM	GbR (partnership under civil law)
FINANZIERUNG	EFRE-Mittel
	Metropolregion Hamburg
FINANCING	ERDF funds
	Hamburg metropolitan region
WEITERE NUTZUNGEN	–
ADDITIONAL USES	–
GEMEINSCHAFTSRÄUME	Küche
	Probenraum
	Werkstatt
COMMON AREAS	Kitchen
	Rehearsal room
	Workshop

Das Künstlerareal der Wagenhallen-Waggons befindet sich auf dem Nordbahnhof, einem alten Bahngelände in Stuttgart. In 17 ehemaligen Eisenbahnwaggons arbeiten dort seit 1999 KünstlerInnen.

The Wagenhallen-Wagons artist colony is located at Nordbahnhof, an old railroad property in Stuttgart. Artists have been working there since 1999 in seventeen former railroad cars.

Das Theater Das Letzte Kleinod führt Inszenierungen mit eigenen Eisenbahnwaggons durch. Heimatbahnhof des Zuges und Probenstätte des Theaters ist der denkmalgeschützte Bahnhof Geestenseth in der Gemeinde Schiffdorf. Von hier aus wird der Ozeanblaue Zug zu den Spielorten im Elbe-Weser-Dreieck geschickt.

Das Letzte Kleinod (the last gem) creates theater with its own railroad cars. The train's home station and the location of the theater's rehearsal space is the landmarked Geestenseth Bahnhof in Schiffdorf, from where the Ozeanblaue Zug production disembarked for its shows in the Elbe-Weser Triangle.

NOMADE

BASISLAGER

| STANDORT | **ZÜRICH** |
| LOCATION | |

GESAMTFLÄCHE   ca. 20.000 m²
SURFACE AREA   ca. 20,000 m²

ANZAHL ATELIERS   135 (Ziel: 180)
NUMBER OF STUDIOS 135 (goal: 180)

ATELIER MIETE   16,00 CHF/m² warm (ca. 13,00 EUR)
STUDIO RENT   16 CHF/m² incl. heat (ca. 13 EUR)

ORGANISATIONSFORM   Freie Künstler/Swiss Life AG
ORGANIZATIONAL FORM Freelance artists/Swiss Life AG

FINANZIERUNG   Swiss Life AG
                 Mieteinnahmen
FINANCING   Swiss Life AG
                 Rental income

WEITERE NUTZUNGEN Ausstellungsraum
ADDITIONAL USES   Exhibition space

GEMEINSCHAFTSRÄUME -

COMMON AREAS   -

Das Basislager ist ein mobiles Containerdorf für junge und kreative Unternehmen in Zürich. Die Container werden im Rohbau angeboten, zentrale sanitäre Einrichtungen sowie Internetanschlüsse sind vorhanden. Die MieterInnen können sich für mindestens zwei Jahre einrichten. Das gesamte Dorf hat bereits einmal den Standort gewechselt.

A mobile *Containerdorf* (container village) for young and creative companies in Zürich. The containers are offered as bare shells; central sanitary facilities and Internet access are provided. Renters can stay for at least two years. The entire village has already changed location once.

KÜNSTLERINNEN IN EINEM HAUS

Die näher vorgestellten Atelier- und Kunsthäuser funktionieren in ihren Ausrichtungen und Organisationsformen auf unterschiedliche Art und Weise. Ihnen gemein sind jeweils verantwortliche AkteurInnen, deren Anliegen es ist, den Betrieb und die Entwicklung der Immobilien und der in ihnen stattfindenden Programme möglichst langfristig und nachhaltig zu gestalten. Die Bereitstellung von Atelierräumen auf einer stabilen Basis ist dabei ein grundsätzliches Ziel. Die Motivation der AkteurInnen, teilweise steinige Wege zu beschreiten, um eine erfolgreiche Entwicklung zu begünstigen, speist sich aber immer auch aus dem Interesse, die eigene künstlerische oder wirtschaftliche Entwicklung damit zu verknüpfen und zu befruchten.

> KUNSTRÄUME, WIE WIR SIE VERSTEHEN, SOLLTEN GERADE EINEN RAHMEN BIETEN, DER AUCH PRODUKTIONEN, ENTWICKLUNGEN UND AUSEINANDERSETZUNGEN ZULÄSST, DIE SICH NICHT EINER MARKIWIRTSCHAFTLICHEN LOGIK UNTERORDNEN

Eine weitere Parallele zwischen den Fallbeispielen ist darin zu sehen, das die Verantwortlichen jeweils die Kontrolle über alle Bereiche der jeweiligen Institution innehaben und so auch die innere Struktur und das Profil maximal beeinflussen können. Der Erfolg der jeweiligen Herangehensweise ist dabei sowohl von der selbst entwickelten inneren Struktur abhängig als auch von äußeren, weniger beeinflussbaren Faktoren. Darüber hinaus sind alle hier vorgestellten Projekte so angelegt, dass sich die Basisstruktur wirtschaftlich selbst trägt. Das ist im Falle von ExRotaprint dadurch begünstigt, dass sowohl Grund und Boden als auch die Immobilien darauf zu einem sehr günstigen Preis erworben werden konnten, beim Flutgraben e.V. ist eine Bedingung hierfür die günstige Miete der Immobilie. Für beide ist es natürlich auch relevant, dass die Entwicklungskonzepte langfristig angelegt sind, und primär durch den Atelierbetrieb keine Profite erwirtschaftet werden müssen und sollen.

Platoon nimmt bei den vorgestellten Kunst- und Kulturhäusern eine Sonderrolle ein, da es inhaltlich grundsätzlich andere Ziele ansteuert und mit seinem Markenzeichen der temporären Architektur (gestapelte Überseecontainer) sich selbst als Stadtnomade definiert und somit für die Entwicklung von langfristigen Produktionsmöglichkeiten für KünstlerInnen nicht als beispielhaft angesehen wird. Auch wird von den MacherInnen ein Kulturbegriff definiert, der mit Sicherheit einen relevanten und den aus unserer Sicht für die Zielgruppe dieser Studie bedeutenderen Teil der Kunst- und Kulturproduktion ausklammert. Kunsträume, wie wir sie verstehen, sollten gerade einen Rahmen bieten, der auch Produktionen, Entwicklungen und Auseinandersetzungen zulässt, die sich nicht einer marktwirtschaftlichen Logik unterordnen. Platoon schafft es aber mittlerweile als Vernetzer und Kommunikator global Kulturschaffende verschiedenster Bereiche zu verbinden und Plattformen für vielfältige Auseinandersetzungen zur Verfügung zu stellen.

Der Flutgraben e.V. ist von den näher vorgestellten Atelierhäusern das am längsten bestehende Projekt, obwohl weder der gemeinnützige Verein als Basisstruktur noch der Standort mit einem immer größeren Verwertungsdruck in der direkten Nachbarschaft stabile Rahmenbedingungen bieten. Die einzigartige Lage des Hauses am Flutgraben und seine Umzingelung mit Veranstaltungs- und Gastronomieangeboten für den internationalen Partyjetset hängen wie ein Damoklesschwert über der Standort- und Bestandssicherung des Atelierhauses. Die Struktur des gemeinnützigen Vereins bedeutet für die Vorstände jeweils eine unbegrenzte persönliche Haftung für alles, was in deren Verantwortungsbereich geschieht. Die basisdemokratische Struktur ermöglicht zum einen die inhaltliche und auch personelle Erneuerung in der Entwicklung des Vereins, führt aber auch zu Schwierigkeiten bei langfristiger Planung und Umsetzung. Gründe für die als besondere Qualität angesehene Kontinuität sind zum einen die positive Entwicklung der Geschäftsbeziehungen zwischen Vermieterin und Verein. Zum anderen tragen die aufopferungsvolle Arbeit der jeweiligen Verantwortlichen und die Unterstützung verschiedener staatlicher Institutionen auf ideeller und auch auf monetärer Ebene zum Erfolg des Flutgraben e.V. bei.

Die GründerInnen von ExRotaprint haben sich bewusst für ihren Standort im Wedding sowie für die ihrem Vorhaben zugrunde liegende besondere Struktur entschieden. Ausschlaggebend für diese Entscheidungen ist das Anliegen, sich aus privatwirtschaftlichen, gewinnorientierten Strukturen herauszulösen und so eine Grundlage für eine langfristige und gesunde Entwicklung der Immobilien zu schaffen, als Ort für künstlerische und gewerbliche Produktion mit der Tendenz zu arbeitsintensiven „Manufakturen" und für soziale Einrichtungen. Von der Einbindung dieser Bereiche versprechen sich die MacherInnen größere (lokale) gesellschaftliche Relevanz, die mögliche Vernetzung der unterschiedlichen AkteurInnen untereinander und die Einbindung und Interaktion mit der Nachbarschaft. Darüber hinaus besteht die Möglichkeit, zwischen den ökonomisch unterschiedlich starken AkteurInnen quer zu finanzieren. Die Gesellschaftsform der gemeinnützigen GmbH gestattet eine Haftungsbeschränkung für die neun GesellschafterInnen, verhindert privatwirtschaftliches Gewinnstreben und ermöglicht dennoch eine effektive Führung des Projekts. Die Zielsetzungen der AkteurInnen und die von ihnen angewandten Strategien werden als positiv und erfolgreich eingeschätzt. Für die Zielsetzungen dieser Studie können sie als Modell von Nutzen sein.

Für die Umsetzung von Atelierneubauten bzw. von einem Atelierhaus als Neubau sind die ablesbaren positiven und negativen Erfahrungen von AkteurInnen und NutzerInnen in diesem Bereich sehr wertvoll und sollten in jedem Fall in eine zukünftige Praxis mit einbezogen werden. Baulich und räumlich ist als Fazit aus diesem Kapitel festzuhalten, dass die Architektur sowohl des Bestandes (ExRotaprint, Flutgraben) als auch von neu konzipierten Kunsthäusern (Platoon) eine maßgebliche Rolle spielt. Die denkmalgeschützten Gebäude bieten einerseits auf funktionaler Ebene beträchtliche Reibungsflächen und sind vor allem auf der Ebene der Energieeffizienz nur schwer zu verbessern. Andererseits stellen sie aber außergewöhnliche Möglichkeiten und Atmosphären bereit, was sich bei allen gezeigten Beispielen durch eine spürbare emotionale Bindung der jeweiligen Betreiber offenbart. Wichtig erscheint bei den Beispielen auch das Vorhandensein eines zusätzlichen Raumangebots, das unprogrammiert bleibt und damit offen für vielfältige temporäre Nutzungen oder – gemeinschaftlich nutzbar – Möglichkeiten für Austausch und Auseinandersetzung bereithält. Kombinationen mit ausgesuchten anderen Nutzungen wirken sich positiv auf die Entwicklungsfähigkeit und Diversität insgesamt aus und ebenso auf die Einbindung und die Interaktion mit dem näheren Umfeld. Darüber hinaus kann hierüber auch eine gewisse Flexibilität in Finanzierungsangelegenheiten erreicht werden. Ein entscheidender Faktor könnten bei den Beispielen die AkteurInnen sein. Somit wäre es voraussichtlich sinnvoll, Atelierneubauprojekte nicht nur unter architektonischen und bauwirtschaftlichen Aspekten zu planen, sondern partizipativ mit den zukünftigen NutzerInnen und später verantwortlichen AkteurInnen (die man auch erst finden muss) zu entwickeln.

ARTISTS IN ONE BUILDING

The studio and art buildings presented here in greater detail function in varying ways in terms of their orientations and organizational forms. What they have in common are responsible actors determined to develop their enterprises – along with the properties and their organization's artistic programs – as sustainably and for as long as possible. In doing so, the provision of studio spaces on a stable basis is a fundamental objective. The incentive for actors to tread a somewhat difficult path to further an organization's successful development also feeds on an interest in promoting their own artistic or economic development through association with the organization.

IN OUR UNDERSTANDING, ART SPACES SHOULD DIRECTLY OFFER A FRAMEWORK FOR PRODUCTION, DEVELOPMENT AND EXCHANGE, WHICH IS NOT SUBORDINATE TO THE LOGIC OF THE MARKET ECONOMY

Another parallel between the case samples can be seen in the tendency of the responsible actors to possess control of all facets of their institution, allowing them maximum influence over its profile and inner structure. The success of each approach is thus dependent on both the self-developed inner structure and external factors that are less able to be influenced. Furthermore, each of the projects presented here is organized such that its fundamental structure is economically self-sufficient. ExRotaprint benefitted from the fact that both the property and buildings could be purchased for a very low price, whereas a precondition for Flutgraben e.V. is the favorable rent it pays for its property. Of course, in each of these cases, it is also relevant that the development concepts have long-term focus, and that the institutions should, indeed must, generate no profits that primarily stem from operation of their studios.

Platoon plays a special role among the presented art and artists' buildings, as it harbors fundamentally different goals in terms of its activities. And with its trademark temporary architecture (stacked overseas containers), it defines itself as an urban nomad, for which it is considered unexemplary for the development of long-term production possibilities for artists. Furthermore, those behind Platoon also define a cultural concept that fully excludes a relevant part of artistic and cultural production, one that is particularly significant for the target group of this study. In our understanding, art spaces should directly offer a framework for production, development and exchange, which is not subordinate to the logic of the market economy. However, as networkers and communicators, Platoon succeeds in bringing together creative artists in a wide spectrum of fields from all over the world and providing platforms for diverse and constructive engagement.

Of the studio buildings presented here in greater detail, Flutgraben e.V. is the longest ongoing project. However, it lacks stable framework conditions due it basic structure as a non-profit association and its location in a neighborhood with ever increasing market pressure. The building's unique position on the flood channel and its encirclement by event and gastronomy venues for the international party set hang like the sword of Damocles over the long-term prospects of the studio complex. The structure of the non-profit association places unlimited personal liability on the directors for anything that may happen in their area of accountability. Flutgraben's fundamentally democratic organizational structure allows for innovation in the development of the association – in terms of both content and personnel. Yet, it also leads to difficulty in long-term planning and implementation. The particular qualities cited as reasons for its continuance are the positive development of business relations between the lessor and the association, the sacrificial work achieved by the those responsible for Flutgraben e.V. and the support of various state institutions – at both the idea and monetary levels – towards the success of the organization.

The founders of ExRotaprint deliberately selected their location in Wedding, as well as the unique structure that would form the framework of their project. The primary reason for these decisions was the wish to liberate themselves from private, profit-oriented structures and thus create a foundation for healthy, long-term development as a location for artistic and commercial production – with a tendency towards work-intensive "manufacturing" – and for social institutions. By incorporating commercial production and social institutions, the creators aim for greater (local) societal relevance, the potential for networking among varied actors and the inclusion of and interaction with the neighborhood. This also creates the possibility for cross-financing between actors with varying amounts of economic resources. The corporate form of the non-profit GmbH prescribes limited liability for the nine shareholders, prohibits the commercial pursuit of profit, yet enables effective management of the project. We consider the objectives of the actors and the strategies applied by them to be positive and successful to such a degree that they may act as models for the purposes of this study.

For the realization of studio buildings – whether through new construction or repurposing – the perceptible positive and negative experiences of the actors and users in this domain are quite valuable, and should without a doubt be incorporated into future endeavors of this sort. In both structural and spatial terms, this chapter makes clear that the architecture of existing facilities (Flutgraben, ExRotaprint) as well as newly conceived art complexes (Platoon) plays an essential role. Although the landmarked buildings can be a source of detrimental friction on a functional level, and above all pose difficulties in terms of energy efficiency improvements, they offer extraordinary potential and atmosphere, as is evident in the palpable emotional connection between the operators and their buildings in all the presented examples. Also important to us in the examples is the presence of an additional spatial component, which remains un-programmed

and thus open for a wide spectrum of temporary uses or as a communally accessible platform for exchange and discussion. Combinations of selected other uses have overall positive effects on development prospects and on diversity, as well as on the incorporation of and interaction with the immediate surroundings, which can allow for a certain flexibility in terms of financing issues. It appears to us that a decisive factor in the examples is the actors themselves, thus it would be sensible if the planning of new studio building projects were not only driven by architectural and structural concerns, but also developed in cooperation with the future users and responsible shareholders (who must first and foremost be found).

LOKALISIEREN

IM Folgenden wird über mehrere Ebenen einer strukturellen Untersuchung Berlins ein Bereich definiert, in dem nach einer ausführlichen Erkundung drei exemplarische Standorte für ein neues Atelierhaus näher vorgestellt werden. Die drei Standorte werden im Weiteren mit jeweils einem prototypischen Entwurf bearbeitet.

KUNSTSZENE
Räumliche Verlagerung von
ca. 1960 bis heute

ART SCENE
Spatial migration from
ca. 1960 through today

THE following chapter presents an examination of Berlin across many structural levels. As a result, an area is defined in which – after extensive research – three exemplary locations for a new studio building are more closely examined. A prototypical draft is then produced for each location.

RÄNDER · INSELN · KORRIDORE

UNTERSUCHUNG DER STRUKTURELLEN MERKMALE BERLINS

EISENBAHN

Mit dem Aufkommen der Eisenbahn errichteten private Gesellschaften zwischen 1838 und 1878 acht voneinander unabhängige Schienenstrecken zwischen Berlin und anderen Städten. Der Bau der Anlagen durchkreuzte jede städtebauliche Planung; die Trassen schneiden vorhandene sowie geplante bauliche Strukturen und Straßenfolgen. Jede Eisenbahngesellschaft errichtete ihren eigenen Kopfbahnhof, der sich in der Regel unmittelbar außerhalb der Stadtmauer befand. Auf staatliche Initiative hin wurden – zunächst vorwiegend aus militärischen Gründen – die einzelnen Bahnhöfe 1851 miteinander verbunden; der Aus- und Neubau erfolgte bis 1877. Im Jahr 1862 wird die Stadtbahn als Ost-West-Verbindung eröffnet, das Netz wird zu einem dezentral wegnahem Nah- und Fernverkehrssystem vervollständigt. Nach 1945 werden die Bahnanlagen stillgelegt.

In den folgenden Jahren wurde das Berliner Bahnnetz völlig neu geordnet. Es entstanden neue Bahnhöfe, Brücken und Schienenwege. S-Bahn, Fern- und Regionalverkehr wurden fast vollständig saniert. Das historisch angelegte Ringmodell mit seinen Kopfbahnhöfen wurde zugunsten eines Achsenkreuzmodells aufgegeben. An der Stelle des Lehrter Stadtbahnhofs entstand der neue Berliner Hauptbahnhof, an dem sich zwei Bahntrassen kreuzen. Aufgrund der Modernisierung und Neustrukturierung wurde der größte Teil der Bahn-, Lager- und Werkstattgebäude, Stellwerke, Wassertürme und Lokschuppen funktionslos und steht heute leer. Überall in der Stadt sind die verlassenen Gebäude, von denen viele unter Denkmalschutz stehen, am Rande der Schienenwege zu sehen.

GROSS-BERLIN

Innere Ränder sind ein charakteristisches Merkmal der polyzentrischen Struktur Berlins. Denn: Berlin besteht aus der Vereinigung von 93 Städten und Landgemeinden zu Groß-Berlin, die vor 1920 selbständig waren. Das Stadtgebiet vergrößerte sich so auf eine Fläche von 878 Quadratkilometern mit annähernd 100 Siedlungskernen.

KRIEGS- & NACHKRIEGSZERSTÖRUNG

Berlin bildete im Bombenkrieg gegen Deutschland das wichtigste Ziel der britischen und amerikanischen Streitkräfte. Nach der ersten Phase von Sommer 1940 bis Herbst 1941 beginnt 1943 die zweite Phase der Luftangriffe von weit größerer Dimension. Bei einem der schwersten Angriffe werden im Februar 1945 große Teile des Zentrums zerstört. Der Bombenteppich von örtlich unterschiedlicher Dichte perforiert den Stadtkörper und löscht Berlin partiell aus. Auf dem Berliner Stadtgebiet werden etwa 70.000 Gebäude zerstört oder schwer beschädigt. Die Beseitigung der historischen Stadtstruktur setzte sich auch durch den Wiederaufbau nach dem Krieg fort.

AUTOBAHN

Nach den schweren Kriegszerstörungen dominierte bei der Suche der StadtplanerInnen und ArchitektInnen nach einem neuen Aufbaukonzept die Absicht, nicht die alte Stadt wiederherzustellen, sondern neu aufzubauen. Der Kollektivplan von 1946 beruhte auf einem neuen gesellschaftlichen Konzept, das auch in der Grundstruktur eines neu erstehenden Berlins zum Ausdruck kommen sollte. Die dem Kollektivplan zugrunde liegenden Prämissen und sozialen Utopien, die sich unmittelbar aus der Kriegs- und Nachkriegzeit ergaben und die Berliner Stadtentwicklungspolitik damals dominierten, traten in der

Kriegszerstörung
im Bereich um den Moritzplatz
in Berlin-Kreuzberg, 1952
War destruction
in the area around Moritzplatz
in Berlin-Kreuzberg, 1952

NACH DEN SCHWEREN KRIEGSZERSTÖRUNGEN
DOMINIERTE BEI DER SUCHE DER STADTPLANERINNEN
UND ARCHITEKTINNEN NACH EINEM NEUEN
AUFBAUKONZEPT DIE ABSICHT, NICHT DIE ALTE STADT
WIEDERHERZUSTELLEN, SONDERN NEU AUFZUBAUEN

Folgezeit immer mehr in den Hintergrund. Demgegenüber gewann der Zehlendorfplan größere Bedeutung, der von den damaligen begrenzten wirtschaftlichen und technischen Möglichkeiten ausging und sich auf eine Entwicklung der vorhandenen Stadtstruktur ausschließlich durch Verkehrs- und Freiflächenverbesserung konzentrierte.

Der Bonatzplan bildete dann den Abschluss dieser Überlegungen. In ihm wurde dem alten Stadtzentrum und der Entwicklung des privaten Kraftfahrzeugverkehrs große Bedeutung beigemessen. Der Bonatzplan sah ein Ring- und Radialstraßensystem vor, bei dem das alte Stadtzentrum durch einen inneren Verkehrsring begrenzt wurde und die Straßenführung innerhalb dieses Ringes sich dem Rechtecksystem des Kollektivplanes näherte. Diese Planung wurde partiell in West-Berlin bis in die späten 70er Jahre realisiert. Im Wesentlichen war dies der innere Verkehrsring, der in weiten Teilen der Trasse der Ringbahn folgt. Nach der Wiedervereinigung wurde der Ring zunächst bis zur Anschlussstelle Grenzallee verlängert und von dort eine Verbindung nach Süden zum geplanten Flughafen BBI hergestellt. Momentan ist unter großen Protesten die Verlängerung des Rings bis zum Ostkreuz geplant und steht mit einem ersten Abschnitt bis zur Anschlussstelle Treptow kurz vor der Realisierung, was große städtebauliche Einschnitte zur Folge hat. Bereits in den 70er Jahren scheiterte die Realisierung der innerstädtischen Trassen wegen heftiger Proteste und infolge einer Abkehr vom Ideal der autogerechten Stadt. Noch immer zeugen freigehaltene Trassen und städtebauliche Fragmente von diesen Planungen.

MAUER

Durch die Nachkriegsordnung der Alliierten wird die Aufteilung Berlins in vier Sektoren festgelegt. Die anfänglich gemeinsame Stadtregierung zerbricht bereits 1948. Kurz darauf beginnt die mehr als einjährige Blockade West-Berlins durch die Sowjetunion. Die Deklaration Berlins zur Hauptstadt der DDR 1949 und das Inkrafttreten einer Verfassung für West-Berlin besiegeln die politische Teilung. Ihr folgt mit dem Mauerbau 1961 auch die hermetische räumliche Abtrennung. Da die Grenzanlagen auch im West-Berlin umgebenden Gebiet errichtet wurden, war der Westteil der Stadt fortan eine von Mauern umge-

bene, bewachte Insel. Mit dem Fall der Mauer änderte sich dies abrupt. Ziel der Stadtentwicklungspolitik der Nachwendezeit war die Überwindung der Teilung durch eine Wiederherstellung des historischen Stadtgrundrisses. Trotzdem ist an einigen Stellen diese Zäsur noch immer spürbar.

EDGES · ISLANDS · CORRIDORS

EXAMINATION OF BERLIN'S STRUCTURAL CHARACTERISTICS

RAILROAD

With the advent of the railroad, private companies established eight independent rail lines between Berlin and other cities from 1838 to 1878. The construction of railroad infrastructure crisscrossed every bit of urban development planning; the tracks cut through existing as well as planned building structures and street routes. Each railroad company erected its own terminus located, as a rule, just beyond the city wall. In 1851 at the initiative of the state – at first predominantly for military purposes – the individual train stations were connected to one another; the expansions and new constructions were carried out until 1877. In 1862, the Stadtbahn (city railway) was opened, connecting the East and West of the city. Upon completion, the network had become a decentralized local and long-distance transportation system. The railroad facilities were inoperative after 1945.

In the following years, the Berlin railroad network was fully organized. New train stations, bridges and railroad lines were built. The S-Bahn, long-distance and regional transportation was almost completely renovated. The historical ring configuration – with its terminus stations – was abandoned in favor of a biaxial model. In place of the Lehrter Bahnhof, the new Berlin Central Station was built, where two railroad lines meet and cross. Due to modernization and restructuring, the majority of the railroad buildings, warehouses, workshops, signal boxes, water towers and engine houses became obsolete and remain empty today. The abandoned buildings,

many of which have been landmarked, are found all over the city in close proximity to the railroad lines.

GREATER BERLIN

The city's inner borders are a characteristic feature of Berlin's polycentric configuration: in 1920, Berlin was merged with ninety-three independent cities and rural communities to form Greater Berlin. The city's territory was enlarged to encompass 878 square kilometers, with around one hundred local centers.

WARTIME AND POSTWAR DESTRUCTION

Berlin was the most important target of the British and American bombing campaign against Germany. After the first phase, from summer 1940 to autumn 1941, the second phase of aerial attacks began in 1943 with much greater dimensions. In February 1945, one of the heaviest bombardments destroyed large areas of the city center. The carpet bombing, at various densities throughout the city, perforated the structure of Berlin and in some areas obliterated it. Within the city limits of Berlin, roughly 70,000 building were destroyed or severely damaged. The elimination of Berlin's historic urban structure ceased after the war with the onset of reconstruction.

HIGHWAYS

After Berlin suffered heavy destruction during the war, urban planners and architects searching for a new development concept became fixed on one idea: not to rebuild the old city, but to create it anew. The Collective Plan of 1946 was based on a new societal concept that was also to be reflected in the basic structure of the newly emerging Berlin. The plan's fundamental premises and the social utopias – which resulted directly from wartime Germany and the immediate postwar period and dominated Berlin's urban development at that time – receded more and more into the background. By contrast, the Zehlendorf Plan gained greater importance. The Zehlendorf Plan emanated from the limited economic and technological potential at that time, and focused on developing the existing urban structure exclusively through improvement of the city's transportation network and open areas.

Deliberations then came to an end with the Bonatz Plan, which placed great importance on the old city center and facilitating transportation by private automobile. The Bonatz Plan proposed a ringed and radial system of streets, by which the old city center was encircled by an inner traffic ring and the road layout within this ring approximated the rectilinear system of the Collective Plan. This plan was partially realized in West Berlin in the late 1970s. This was essentially the inner traffic ring that largely followed the tracks of the Ringbahn. After the reunification of Germany, the highway ring was initially extended to the junction with Grenzallee, and from there a southward connection to the planned BBI airport was constructed. Despite heavy protests, the current plan is to extend the highway ring to Ostkreuz; the first stretch – reaching to Treptow – is now set to be implemented, which would result in major incisions in the urban fabric of Berlin. In the 1970s, a project to lay inner-city railroad tracks was cancelled due to vehement protests, resulting in the renunciation of the ideal, car-friendly city. Leftover train tracks and urban development fragments – testimony to these plans – can still be found in Berlin.

THE WALL

The division of Berlin into four sectors was stipulated by Allied postwar ordinance. Initial joint governance of the city collapsed as early as 1948. Shortly thereafter, the Soviet Union began a blockade of Berlin that would last over one year. The East German declaration of Berlin as the capital of the GDR and the inception of a constitution for West Berlin sealed the political division. The construction of the Berlin Wall in 1961 fortified this division with a hermetic, spatial partition. As border installations were built around the perimeter of West Berlin, the western half of the city henceforth became an island guarded by walls. With the fall of the Berlin Wall in 1989, the situation changed abruptly. The goal of urban development policy in the period after German reunification was the erasure of the division of Berlin by re-establishing the historical layout of the city. Nonetheless, this caesura is still perceptible in several places throughout the city.

Berliner Mauer
zwischen Kreuzberg und Mitte
im Bereich um den Moritzplatz, 1989
The Berlin Wall
between Kreuzberg and Mitte,
near Moritzplatz, 1989

AFTER BERLIN SUFFERED HEAVY DESTRUCTION DURING THE WAR, URBAN PLANNERS AND ARCHITECTS SEARCHING FOR A NEW DEVELOPMENT CONCEPT BECAME FIXED ON ONE IDEA: NOT TO REBUILD THE OLD CITY, BUT TO CREATE IT ANEW

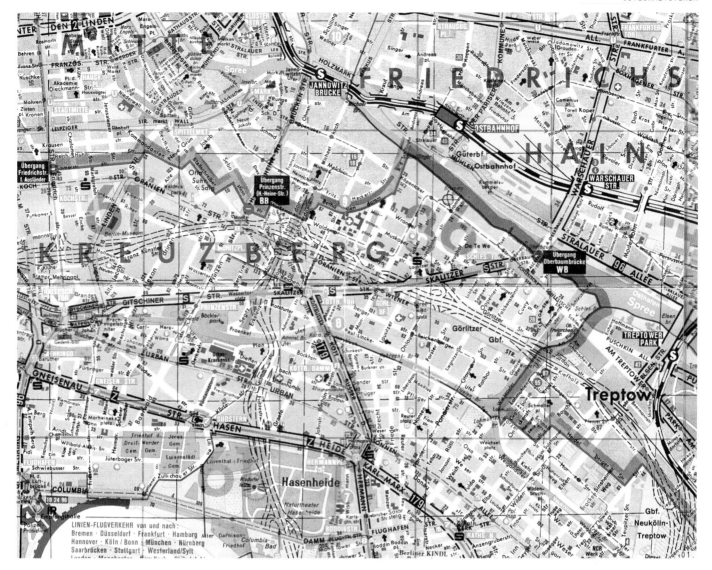

01. Falkplan Berlin 1972
mit dem Verlauf der
Mauer und der geplanten
Südtangente der
Berliner Stadtautobahn
Falkplan Berlin 1972
showing the course
of the Wall and
the planned south
expressway

INNERE PERIPHERIE

INNER PERIPHERY

POTENZIALRÄUME
entlang der Ringbahn

AREAS OF POTENTIAL
along the Ringbahn

Ringbahn
Ringbahn

Bahnstraßenbetrieb
Railroad service

Transformierte
Bahnareale
Converted railroad sites

RINGBAHN
RADIALER MÖGLICHKEITSRAUM

Die Ringbahn wird häufig als psychologische Stadtgrenze gesehen, die das eigentliche Berlin von einem dahinter liegenden Berlin trennt. Dabei manifestiert sich die Grenze nicht physisch, sondern als ein Raum, der aber nicht als eigenständig wahrgenommen wird, sondern als ein Dazwischen. Die Studie kehrt dieses Verständnis um und nutzt die vorhandenen Potenziale, die das innere mit dem äußeren Berlin verbinden.

RINGBAHN
RADIAL AREA OF POTENTIAL

The Ringbahn is often seen as a psychological border of the city, which separates the real Berlin from the Berlin lying beyond it. Thus, the border does not manifest itself physically, but as a space that is perceived not as an independent entity, but as an in-between space. Our study reverses this understanding and seizes the existing areas of potential that connect the inner Berlin with the outer.

ÄUSSERE PERIPHERIE

OUTER PERIPHERY

PLANUNGSRAUM
Verlängerung der
Autobahn A 100

PLANNING AREA
Extension of
highway A 100

A 100

A 100 im Bau
A 100 under construction

Autobahn in Betrieb
Highways in use
(2013)

— — Autobahn geplant
1960er Jahre
Planned highways
1960s

AUTOBAHNPLANUNG BERLIN UND RINGAUTOBAHN A 100

Die geplante Erweiterung der Ringautobahn vom Autobahndreieck Neukölln bis zur Ausfahrt Treptower Park in einem ersten Bauabschnitt und bis zur Ausfahrt Frankfurter Allee in einem zweiten, führt zu Eingriffen in die Stadtstruktur. Für den derzeitig ersten Bauabschnitt wurden in Neukölln große Bereiche freigemacht und die vorigen Nutzungen, meistens Kleingartenanlagen entfernt. Nach Fertigstellung der Autobahn entstehen entlang der Trasse Potenzialräume für neue Nutzungen.

BERLIN HIGHWAY PLANNING AND THE A 100 HIGHWAY RING

The planned extension of the highway ring – in a first construction phase from the Neukölln junction to Treptower Park, and in a second phase to Frankfurter Allee – will cause major incisions in the urban fabric of Berlin. For the ongoing first construction phase, large areas of Neukölln were cleared and the former facilities located there, mostly allotment gardens, were removed. After completion of the highway, areas with the potential for new uses will emerge along the route.

STADTFELDER

URBAN FIELDS

TEGEL

TEMPELHOF

TEMPELHOFER FELD
UND FLUGHAFEN TEGEL

Nach Einstellung des Flugbetriebs bildet das Tempelhofer Feld einen einzigartigen Freiraum, der nach dem Referendum langfristig erhalten bleibt.
Diverse Pionierfelder sollen zur Aktivierung des Freiraums beitragen.

TEMPELHOFER FELD
AND TEGEL AIRPORT

The decommissioning of Tempelhof Airport created a unique open space now known as Tempelhofer Feld, which – in accordance with a 2014 referendum – will remain intact for the long term.
A wide range of pioneer fields will contribute to the vitalization of this vast open area.

STADTSTRUKTUR

URBAN STRUCTURE

DEFINITION ZENTRUM
Radius U-Bahnhof Stadtmitte
S-Bahnhof Westkreuz
POTENZIALGEBIETE INNERER
PERIPHERIE

DEFINING THE CENTER
A circle with a radius
stretching from
U-Bahnhof Stadtmitte to
S-Bahnhof Westkreuz
POTENTIAL AREAS WITHIN
THE INNER PERIPHERY

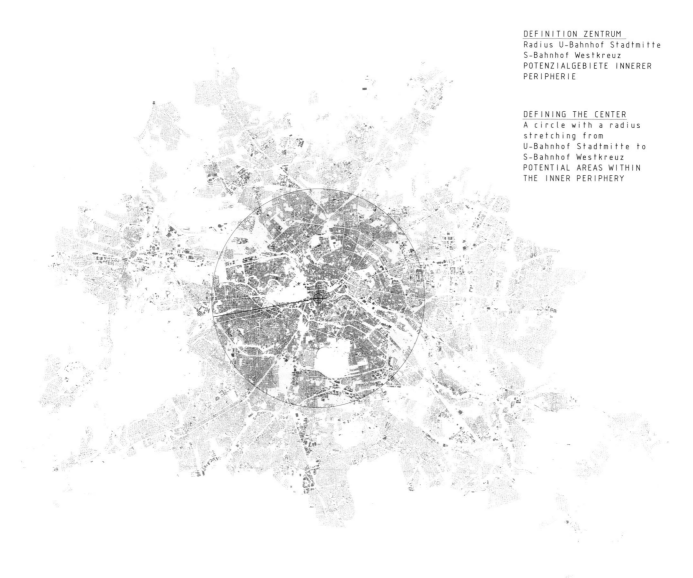

INNERE PERIPHERIE DER
MODERNE, VERDICHTUNG
ZENTRAL GELEGENER GEBIETE

Die geometrische Festlegung eines Kreises mit einem Radius vom U-Bahnhof Stadt-mitte bis zum S-Bahnhof Westkreuz zeigt, dass es jenseits der psychologischen Grenze des S-Bahnrings Stadträume gibt, die geografisch zentraler liegen als andere innerhalb des S-Bahnrings.

INNER PERIPHERY OF
THE MODERN, CONCENTRATION
OF CENTRALLY LOCATED AREAS

The geometric determination of a circle with a radius stretching from U-Bahnhof Stadtmitte to S-Bahnhof Westkreuz shows that there are urban spaces beyond the psychological border of the Ringbahn, which are more centrally located than others within the Ringbahn.

STADTSTRÖMUNGEN

URBAN CURRENTS

ENTWICKLUNGSRICHTUNG
Nach Süd-Neukölln
und Lichtenberg
GEGENWÄRTIGE STANDORTE VON
GALERIEN UND ATELIERHÄUSERN

DEVELOPMENT VECTOR
Towards southern Neukölln
and Lichtenberg
CURRENT LOCATIONS OF
GALLERIES AND STUDIO
BUILDINGS

Galerie und Projektraum
Galleries and project
spaces

GALERIEN UND ATELIERHÄUSER,
VERLAGERUNG DES KULTURELLEN
ZENTRUMS NACH SÜDOSTEN

Analog zu den bereits früher in der Studie beschriebenen Wanderungen der Kunstsze-ne Richtung Osten und Südosten, verlagern sich auch die Standorte der Projekträume und Galerien weg von Mitte, Prenzlauer Berg und Kreuzberg in Richtung Neukölln und Lichtenberg bzw. Wedding und Schöneberg.

GALLERIES AND STUDIO BUILDINGS,
RELOCATION OF CULTURAL
CENTERS TOWARDS THE SOUTHEAST

Analogous to the previously described migration of the art scene towards the East and Southeast, project spaces and galleries are also relocating away from Mitte, Prenzlauer Berg and Kreuzberg towards Neukölln and Lichtenberg, as well as Wedding and Schöneberg.

SYNTHESE

SYNTHESIS

En passant, also im Vorübergehen wurden ausgewählte Orte erkundet.
Dadurch eröffneten sich neue Perspektiven auf das Umfeld und auf die Stadträume zwischen diesen Standorten.

En passant, selected locations are explored to reveal new perspectives on the surroundings and on the urban spaces between these locations.

01. Ostkreuz

02. Hertabrücke

03. Tempelhofer Feld

INSEL

01.

DONG XUAN CENTER / FAHRBEREITSCHAFT

In Lichtenberg ist seit 2005 nahezu unbemerkt das Dong Xuan Center, der größte Asiamarkt der Stadt, entstanden. Das Center ist nicht nur ein Ort des Handels. Vielmehr entwickelte es sich in den letzten Jahren zu einem der wichtigsten Orte für vietnamesisches Leben und vietnamesische Kultur in Berlin. Etwa 700 Menschen arbeiten im Dong Xuan Center. Es befindet sich als Enklave nördlich der Herzbergstraße auf einem Teil des sogenannten Handelsdreiecks, eines riesigen und weitgehend brach gefallenen Industriegeländes, das vor 1989 unter anderem das zentrale Großhandels- und Auslieferungslager der Hauptstadt der DDR beherbergt hatte. Entlang der etwa zwei Kilometer langen Herzbergstraße haben die letzten 100 Jahre Stadtentwicklung ihre Spuren in Form einer sehr heterogenen Bebauung hinterlassen. Das große Potenzial des Stadtteils liegt in der Mixtur aus Wohn-, Büro- und Gewerbehäusern, Industriebetrieben, Lagerhallen und Krankenhäusern unterschiedlicher Epochen. Hier gibt es noch stadtnahe Flächen für Industrie und Produktion, die in direkter Nähe zu Wohngebieten und ausgedehnten Grünflächen liegen. So findet man hier auch weitere Enklaven von KünstlerInnenansiedlungen, etwa in einer ehemaligen Magarinefabrik, in welcher mehr als 200 KünstlerInnen ihre Ateliers haben. Auf einem ehemaligen Gewerbehof gegenüber, haben die Kunstsammler Barbara und Axel Haubrok mit der „Fahrbereitschaft Haubrok" auf 19.000 Quadratmetern einen Ort der Gegenwartskunst geschaffen. KünstlerInnenateliers und bestehende Handwerksbetriebe wurden dabei in das Gesamtkonzept integriert.

Lichtenberg's Dong Xuan Center – the largest Asian market in the city – has been expanding almost unnoticed since 2005. The center is not only a location for commerce; in recent years it has been developing into one of the most important locations for Vietnamese activities and culture in Berlin. Some 700 people work at the Dong Xuan Center. A sort of enclave north of Herzbergstraße, it is located in part of the Handelsdreieck (trade triangle), a huge and largely abandoned industrial plot that, before 1989, housed the central wholesale and distribution depot for the capital of the GDR. Along the roughly two kilometers of Herzbergstraße, urban expansion of the last one hundred years has left its mark in the form of a highly heterogeneous development. The great potential of the district stems from its mixture of residential, office and commercial buildings, industrial enterprises, warehouses and hospitals of various eras. Here, close to the city center, there are still spaces available for industry and production, which are in close proximity to residential neighborhoods and expansive green areas. Additional enclaves of artist settlements can be found in a former margarine factory, where more than 200 artists have their studios. In a nearby former industrial complex, the art collectors Barbara and Axel Haubrok have established Fahrbereitschaft Haubrok, a 19,000-square-meter location for contemporary art. Artist studios and existing craftsman's workshops were also integrated into the overall concept.

RINGBAHN / HERTABRÜCKE

Das Areal rund um die Neuköllner Hertabrücke, vom Körnerpark im Norden bis zur Silbersteinstraße im Südwesten ist städtebaulich durch eine Mischung von Wohn- und Brachflächen gekennzeichnet.

Die historische Parkanlage Körnerpark ist für das nördlich der Ringbahn liegende Wohngebiet identitätsstiftend. Die Bebauung des Quartiers (innerhalb des S-Bahnrings) besteht vorwiegend aus gründerzeitlichen Altbauten, welche in relativ gutem Zustand sind.

Eine bunte Mischung aus unterschiedlichen Kulturen und Nationalitäten, aus Studierenden und SeniorInnen charakterisiert das soziale Gepräge des Stadtteils. Viele BewohnerInnen sind auf staatliche Hilfe zum Lebensunterhalt angewiesen.

Die Brachflächen des ehemaligen Güterbahnhofs an der Hertabrücke – zwischen den S-Bahnhöfen Hermannstraße und Neukölln – bieten ein großes Potenzial für eine städtebauliche Weiterentwicklung der angrenzenden Wohnquartiere. Auf diesem Gelände sollen unter ande-

rem eine Dreifachturnhalle und ein Erweiterungsbau mit Mensa für die Silberstein-Schule entstehen.

From an urban development perspective, the area around Neukölln's Hertabrücke, from Körnerpark in the North to Silbersteinstraße in the Southwest, is characterized by a mix of residential and abandoned areas.

The identity of the neighborhood north of the Ringbahn is closely tied to the historic Körnerpark. The development of the district (within the S-Bahn ring) comprises late-nineteenth-century buildings that are in relatively good condition.

A colorful mix of various cultures and nationalities, from students to senior citizens, constitutes the social character of the neighborhood. Many residents are dependent on assistance from the state to make ends meet.

The abandoned former railroad depot at the Hertabrücke – between the Hermannstraße and Neukölln S-Bahn stations – offers great potential for further urban development of the adjacent residential neighborhoods.

A three-purpose gymnasium and an annex with a cafeteria for the Silberstein school will be built on this site.

NOMADE

STANDORT	BERLIN
LOCATION	**NEUKÖLLN**

03.

TEMPELHOFER FELD

Neukölln bildet heute wie kaum ein anderer Bezirk Berlins einen Schmelztiegel unterschiedlicher Kulturen und sozialer Milieus.

Eine bunte Mischung aus KünstlerInnen und anderen Kreativen, Einwanderern und gebürtige BerlinerInnen wissen die Attraktivität Neuköllns immer mehr zu schätzen. Das Neukölln benachbarte Tempelhofer Feld auf den ehemaligen Rollfeldern des Flughafens Tempelhof zieht seit 2010 nicht nur SkaterInnen, JoggerInnen und Barbecue-Fans an.

PionierInnen mit eigenen Nutzungsideen können sich um Flächen bewerben. So entstanden hier unter anderem die Gemeinschaftsgärten des Allmende-Kontors.

Ein besonderes Merkmal bei der Gestaltung des Tempelhofer Felds ist die engagierte BürgerInnenbeteiligung. Bis dato verhinderte sie sämtliche Bebauungspläne des Senats, sodass die große Freifläche erhalten bleibt.

Perhaps more than any other district in Berlin, Neukölln comprises a melting pot of diverse cultures and social milieus.

A lively mix of artists and other creatives, immigrants and native Berliners are increasingly appreciative of Neukölln's appeal. Since 2010, Tempelhofer Feld – on the former tarmac of Tempelhof Airport immediately to the west of Neukölln – has been a draw not only for joggers, skaters and barbecue fans. Pioneers can apply to use parts of the park

for their own projects; one example is the Allmende-Kontor community gardens, which was founded by a group of thirteen garden enthusiasts.

One special feature of Tempelhofer Feld is the high level of civic participation that it has spawned. For instance, a citizen's initiative has forced the Berlin Senate to scuttle its plans for developing the park, ensuring that its vast open area will remain unencumbered.

WAS IST DIE NEUE FORM DER ANEIGNUNG?

WHAT IS THE NEW FORM OF APPROPRIATION?

WELCHE RÄUME KÖNNEN WIE ANGEEIGNET WERDEN UND WAS IST DIE NEUE FORM DER ANEIGNUNG?

Alle drei Standorte wenden sich in ihrem speziellen stadträumlichen Kontext gegen die Fokusorte einer traditionellen „Gentrifizierungslogik". Das Industriegebiet in Lichtenberg stellt zwar mit dem Dong Xuan Center innerstädtische Angebote bereit, kommt aber für eine Wohnraumnutzung und damit auch für eine mögliche Veredelung kaum in Frage.

Der Bahnraum an der Hertabrücke in Neukölln liegt zwischen zwei Kiezen im abgesenkten Raum der Ringbahn. Damit besetzt er einen neuen Bereich, der weder dem einen noch dem anderen Kiez zugehört und nicht in unmittelbarer Nähe eines S-Bahnhaltepunkts liegt. Weniger attraktiv für eine kommerzielle Nutzung ist (temporär) auch der Rand des Tempelhofer Feldes im Süden, der im Gegensatz zu den belebten und begehrten Bereichen am Rand im Norden, Westen und Osten des Feldes durch Ringbahn und A 100 von Nachbarschaften abgeschnitten bleibt. Er ist zudem (noch) schlecht erschlossen.

Die drei Räume bieten – neu definiert – die Chance für eine neue Form der Aneignung. Sie erscheinen uns in ihrer spezifischen Lage – als „Randraum" oder „Dazwischenraum" – für eine kostengünstige Nutzung mit geringen Verdrängungseffekten als besonders geeignet.

WHAT SPACES CAN BE APPROPRIATED AND WHAT IS THE NEW FORM OF APPROPRIATION?

In their particular urban development contexts, all three examples spurn the focus locations inherent in traditional "gentrification logic." Although the industrial area in Lichtenberg – with its Dong Xuan Center – provides inner-city facilities, there is no significant opportunity for residential use and thus only a scant possibility for an overreaching betterment of the neighborhood.

The railroad grounds by the Hertabrücke in Neukölln lie between two neighborhoods in the sunken area of the Ringbahn. It thus occupies a new area that doesn't belong to either neighborhood and is not located in close proximity to an S-Bahn station. Also unattractive from a commercial standpoint is (for the time being) the south edge of Tempelhofer Feld – unlike the busy and desirable areas at the north, west and east edges – as it remains cut off from adjacent neighborhoods by the Ringbahn and the A100. This area is also (still) poorly developed.

The three spaces offer – newly defined – the opportunity for a new form of appropriation. In their specific situations – as "edge space" or "in-between space" – they seem to us to be particularly suited for cost-effective use, while posing only minimal prospects for future displacement.

ALLE DREI STANDORTE WENDEN SICH IN IHREM
SPEZIELLEN STADTRÄUMLICHEN KONTEXT
GEGEN DIE FOKUSORTE EINER TRADITIONELLEN
„GENTRIFIZIERUNGSLOGIK"

IN THEIR PARTICULAR URBAN DEVELOPMENT
CONTEXTS, ALL THREE EXAMPLES SPURN THE
FOCUS LOCATIONS INHERENT IN TRADITIONAL
"GENTRIFICATION LOGIC"

 04. REDUCE

REDUZIEREN

DIE zeitgenössischen Neubaukonzepte von Atelierräumen beschränken sich meist auf das Angebot individueller Arbeitsräume für KünstlerInnen, die finanziell in der Lage sind, sich diese nach ihren idealen Vorstellungen einzurichten. Diese Beispiele sind zwar häufig von hoher gestalterischer Qualität, haben aber aufgrund ihres teuren Herstellungsprozesses im Rahmen dieser Studie wenig Relevanz. Parallel entstehen zahlreiche Projekte der Immobilienwirtschaft, die den Terminus Atelierhaus in erster Linie als Vermarktungsinstrument für „kreativen", hochpreisigen Wohnraum heranziehen.

Die gezeigten Architekturbeispiele werden also nicht nach den Maßstäben klassischer Atelierhäuser bewertet, sondern nach den Prinzipien der Reduktion und der Kosteneffizienz: Minimierung der Baustelle, Optimierung des Flächenverbrauchs, Einsparungen bei Komfort, geringer Planungsaufwand.

THE contemaporary concepts for the new construction of studio spaces are primarily limited by the number of artists who are financially in a position to outfit these individual spaces as they would like and need. Although these examples are often of higher design quality, due to the high cost of their production, they have little relevance for the purposes of this study. The real estate industry is currently implementing numerous projects that employ the term "studio building" primarily as a marketing tool for "creative," high-priced housing.

The presented architectural examples are thus not classified using the standards of traditional studio buildings; classification is based instead on the principles of reduction and cost-efficiency: optimization of space consumption, economy of comfort, minimization of construction costs and reduction of planning expenditure.

IN SIEBEN KATEGORIEN WERDEN JEWEILS KONKRETE BEISPIELE IM HINBLICK AUF IHRE ART DER EFFEKTIVEN BAUWEISE VORGESTELLT

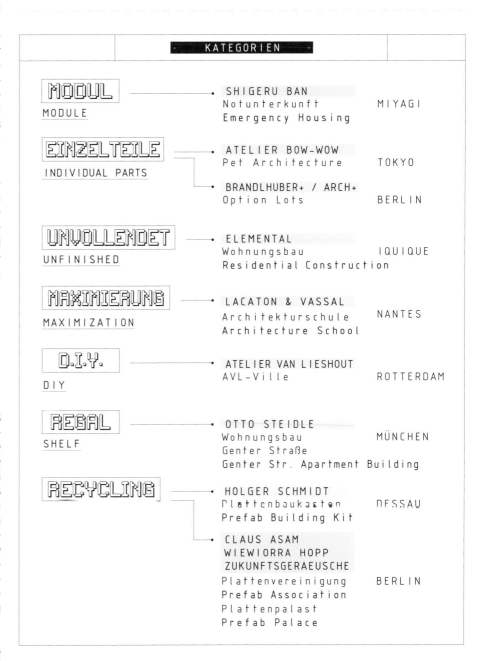

KATEGORIEN		
MODUL MODULE	SHIGERU BAN Notunterkunft Emergency Housing	MIYAGI
EINZELTEILE INDIVIDUAL PARTS	ATELIER BOW-WOW Pet Architecture	TOKYO
	BRANDLHUBER+ / ARCH+ Option Lots	BERLIN
UNVOLLENDET UNFINISHED	ELEMENTAL Wohnungsbau Residential Construction	IQUIQUE
MAXIMIERUNG MAXIMIZATION	LACATON & VASSAL Architekturschule Architecture School	NANTES
D.I.Y. DIY	ATELIER VAN LIESHOUT AVL-Ville	ROTTERDAM
REGAL SHELF	OTTO STEIDLE Wohnungsbau Genter Straße Genter Str. Apartment Building	MÜNCHEN
RECYCLING	HOLGER SCHMIDT Plattenbaukasten Prefab Building Kit	DESSAU
	CLAUS ASAM WIEWIORRA HOPP ZUKUNFTSGERAEUSCHE Plattenvereinigung Prefab Association Plattenpalast Prefab Palace	BERLIN

THE SPECIFIC EXAMPLES ARE PRESENTED IN SEVEN CATEGORIES WITH RESPECT TO THEIR FORM OF EFFECTIVE CONSTRUCTION

MODUL

NOTUNTERKUNFT

STANDORT   MIYAGI
LOCATION

DESIGN   SHIGERU BAN

Nach dem Tôhoku-Erdbeben im März 2011 konzipierten Shigeru Ban Architects eine temporäre Containersiedlung in der schwer zerstörten Präfektur Miyagi an der Ostküste Japans. Die Siedlung entstand kurzfristig auf dem Baseballfeld der Kleinstadt Onagawa. Geboren wurde die Idee aus der Not, denn nach dem Erdbeben stand nicht genug flaches Land für die üblichen einstöckigen Notunterkünfte zur Verfügung. So überzeugten die ArchitektInnen die Provinzregierung von der Idee, aus Frachtcontainern eine dreigeschossige temporäre Wohnanlage zu errichten. Da das Team bereits konventionelle Notunterkünfte entwickelt hatte, verfügte es über die nötige Erfahrung. In nur drei Monaten waren die Wohnungen bezugsfertig.

Das Projekt besteht aus neun separaten Gebäuden und liefert 189 Wohneinheiten in drei zweistöckigen und sechs dreistöckigen Wohnblocks. Der öffentliche Raum dazwischen wird ergänzt durch eine offene zeltartige Markthalle, ein Gemeindezentrum und ein Atelierhaus für Kinder aus Papierrohren. Die Wohnbauten bestehen aus 20-Fuß-ISO-Containern, die im Schachbrettmuster in drei Schichten übereinander gestapelt sind. Die alternierende Anordnung mit leeren dazwischenliegenden Stahlrahmen ermöglicht pro Wohnung einen großzügigeren Leerraum für Wohn-

Essbereich und Küche. Private Bereiche wie Schlafraum und Badezimmer sind in den Containern angeordnet. Durch unterschiedliche Anordnung der Module können drei verschiedene Raumgrößen geschaffen werden. Sie reichen von knapp 20 Quadratmetern für ein bis zwei Personen über 30 Quadratmetern für drei bis vier Personen bis zu maximal 40 Quadratmetern für mehr als vier Personen. Die Innenausstattung – insbesondere Regale und Einbauschränke – wurde von einem Netzwerk aus freiwilligen ArchitektInnen entwickelt und gebaut. Der Möbelhändler MUJI stellte kostenlos zusätzliche Möbel zur Verfügung.

Die Gebäude selbst wurden von der Präfektur mit öffentlichen Geldern finanziert. Sie sind als Notunterkünfte ausgelegt, die einfach zerlegt und am Ort der nächsten Katastrophe wieder aufgebaut werden können. Allerdings sind die BewohnerInnen mit ihren Unterkünften so zufrieden, dass sie bereits den Wunsch geäußert haben, hier länger als die geplanten zwei Jahre zu leben.

DIE MODULE SIND ALS NOTUNTERKÜNFTE AUSGELEGT, DIE EINFACH ZERLEGT UND AM ORT DER NÄCHSTEN KATASTROPHE WIEDER AUFGEBAUT WERDEN KÖNNEN

THE MODULES WERE DESIGNED AS EMERGENCY SHELTERS THAT CAN EASILY BE RELOCATED AND REBUILT AT THE LOCATION OF THE NEXT CATASTROPHE

• Shigeru Ban
Preisträger des 2014
Pritzker Architecture
Prize

Shigeru Ban
was named the 2014
Pritzker Architecture
Prize Laureate

01.

EMERGENCY HOUSING

After the Tôhoku earthquake in March 2011, Shigeru Ban Architects designed a temporary container settlement in the badly destroyed Miyagi Prefecture on the east coast of Japan. The settlement was built speedily on a baseball field in the small city of Onagawa. The idea was borne from necessity, because after the earthquake there was not enough flat land for the more common one-story emergency shelters. The architects thus convinced the provincial government of the idea to build a temporary three-story housing facility from freight containers. As the team had built conventional emergency shelters before, they possessed the required knowledge. In only three months, the dwellings were ready for use.

02.

The project comprises nine separate building and supplies 189 housing units in six three-story and three two-story housing blocks. The public space between them features a community center, an open tent-like market hall and a studio building for children made of paper tubes. The housing structures consist of twenty-foot ISO containers stacked in three layers, presenting a chessboard pattern. The alternating configuration of housing units with empty "steel frames" provides each unit with a generous "empty space" that can be used as a living and dining area or kitchen. Private areas like the bedroom and bathroom are in located inside the containers.

There are three sizes that are created through various arrangements of the modules. They range from just under twenty square meters for one or two people, thirty square meters for three or four people, and up to a maximum of forty square meters for more than four people. The interiors – in particular the shelving and built-in cabinets – were developed and built by a network of volunteer architects. The furniture dealer, MUJI, provided additional furniture free of charge.

The buildings were financed by the prefecture with public funds. They were designed as emergency shelters that can easily be relocated and rebuilt at the location of the next catastrophe. However, the residents are so content with their lodgings that they have already expressed a desire to continue living there longer than the two years originally planned.

01. Wohnzeilen
mit Markthalle
Housing and covered
market

02. Atelierhaus
größtenteils aus
Papier gefertigt
Studio building
constructed mostly
from paper

TEMPOHOUSING KEETWONEN

STANDORT
LOCATION
AMSTERDAM

DESIGN
-

OLYMPIC VILLAGE · STUDENT RESIDENCE

STANDORT
LOCATION
MÜNCHEN

DESIGN
WERNER WIRSING
BOGEVISCHS BUERO

Keetwonen ist ein Studierendenwohnheim in Amsterdam und die derzeit größte Containerstadt der Welt. Die einzelnen Räume bestehen aus umgebauten Transportcontainern, die in fünf Schichten zu Zeilenbauten mit externer Erschließung über einen Laubengang zusammengefügt sind. Jeder Container hat eine kleine Küche und einen Balkon, separate Schlaf- und Arbeitsbereiche, dazwischen ein eingestelltes eigenes Bad. Tageslicht fällt über zwei große Fenster an den Stirnseiten ins Innere.

Der erste Bauabschnitt mit 60 Einheiten konnte 2005/06 in nur einem halben Jahr realisiert werden. Das Projekt ist auf einen Zeitraum von fünf Jahren am gleichen Standort ausgelegt. Die Container können danach abgebaut und an anderer Stelle neu errichtet werden.

Die Anlage wurde 1972 im Rahmen der Olympischen Spiele als Unterkunft für die SportlerInnen eingerichtet. Die 800 Bungalows entstanden in kürzester Zeit in Betonfertigteilbauweise mit standardisiertem, vorgefertigtem Innenausbau. Nach Ende der Spiele wurden die kleinen Häuser als Studierendenwohnheim weitergenutzt. Mitte der 2000er Jahre ergab eine Untersuchung, dass eine erforderliche Sanierung wirtschaftlich nicht möglich war. Da die Gesamtanlage unter Ensembleschutz steht, wurde sie im Sinne einer kritischen Denkmalpflege erneuert. Die bestehenden Häuser wurden zurückgebaut. Werner Wirsing, der Architekt des Originals, wurde bei den Neuplanungen miteingebunden. Der Städtebau blieb bei der Rekonstruktion identisch, eine Nachverdichtung erhöhte die Anzahl der Einheiten auf 1052. Jede der minimalen Maisonettes verfügt über eine eigene Tür, ein eigenes Bad und eine eigene Küche. Die Gassen zwischen den Häusern sind nur 2,30 Meter breit, sie bilden den öffentlichen Kommunikationsraum des Wohnheims. Die jeweiligen BewohnerInnen können die Fassade ihrer Bungalows selbst gestalten und bemalen.

Keetwonen is a student dormitory in Amsterdam and currently the largest container city in the world. The individual spaces were created from converted transport containers that were stacked together in five layers as *Zeilenbauten* (line structures) and are accessible via arcades. Each container has a small kitchen, balcony and sleeping and work areas separated by a bathroom. Two large windows on the front of each space provide plenty of natural light.

The first construction phase, of sixty units, was implemented in only six months, in 2005–2006. The project is planned to remain in one location for a period of five years. The containers can be dismantled and newly erected in a different location.

The complex was built in 1972 as housing for athletes competing in the Olympic Games. The 800 bungalows were constructed in a short amount of time using precast concrete components and outfitted with standardized, prefabricated interiors. When the games were over, the small houses were then used as student dormitories. A decade ago, it was determined that necessary renovations were not economically feasible. Because the entire ensemble of buildings was landmarked, it was subjected to an extensive historic restoration. The existing buildings were dismantled. Werner Wirsing, the architect of the original, was consulted on the new planning. While the exterior structure remained unchanged, a densification of the interiors raised the number of units to 1,052. Each of the minimal maisonettes has its own entrance door, bathroom and kitchen. The alleys between the buildings are only 2.3 meters wide and constitute the public areas of the housing complex. Residents can design and paint the façades of their bungalows themselves.

MICRO COMPACT HOME

ROLLING MASTERPLAN

STANDORT -
LOCATION

DESIGN HORDEN CHERRY LEE
HAACK+HÖPFNER ARCHITEKTEN

STANDORT -
LOCATION

DESIGN JÄGNEFÄLT MILTON

Micro Compact Home ist ein in Leichtbauweise ausgeführter, modularer und mobiler Minimalwohnraum. Die kompakten Maße von 2,6 Meter im Würfel sind für ein bis zwei Personen ausreichend. In erster Linie soll ein Wohnraum für Kurzaufenthalte von Studierenden und Geschäftsleuten sowie für Freizeit- und Wochenendaufenthalte bereitgestellt werden. Das Innere ist in mehrere funktionale Bereiche eingeteilt, die teilweise nicht gleichzeitig benutzt werden können: Schlafen, Essen und Arbeiten, Kochen und Hygiene. Die größtenteils sehr speziellen Bauteile sind Techniken der Flugzeug-, Automobil- und Schifffahrtsindustrie entliehen.

Die Minihäuser können europaweit bestellt und geliefert werden, der Richtpreis liegt bei ca. 38.000 Euro inklusive Innenausbau. Hinzu kommen Kosten für Aufbau und Anschluss an das Strom- und Wassernetz.

Der Entwurf setzt den Einsatz neuer und bestehender Bahngleise voraus, die ein vielverzweigtes System bereitstellen, auf dem kleine Gebäude auf Schienen durch die Stadt rollen können. Der Plan bietet die Möglichkeit, je nach Anforderung an Nutzung und Programm den städtischen Raum neu zu organisieren. Die mobile Flexibilität bietet dafür passende Anwendungen, etwa für Konzerte, Festivals, Märkt oder saisonale Programme.

Die Integration von mobilen Strukturen, wie einem Roll-Hotel oder einer öffentliche Bade- und Konzerthalle, hat das Potenzial, die Stadt zu einem dichten, integrierten und sich permanent ändernden Bühnenbild werden zu lassen. Außerdem möchten die ArchitektInnen über die temporären, kleinen Strukturen eine *Stadt in Bewegung* erreichen, die mit der Landschaft und dem Meer verbunden ist.

The Micro Compact Home is a lightweight, modular and mobile minimal dwelling. Its compact dimensions of 2.6 cubic meters are adequate for one or two residents. It is mainly intended as short-term housing for students and business people, as well as a getaway spot for vacations or weekends. The interior is divided into several functional areas that to some degree cannot be used simultaneously: sleeping, dining and working, cooking and hygiene. The rather highly specialized components are borrowed from the aviation, automobile and shipping industries.

The mini-houses can be ordered for delivery Europe-wide. The base price is roughly €38,000, including interior fittings. Costs for assembly and hook-up to electricity and water are extra.

The design requires new and existing railroad tracks to create an interbranching system of rails, on which small buildings can roll through the city. The plan offers the possibility to reorganize urban space according to use and program. The mobile flexibility thus allows applications suitable for concerts, festivals, markets and seasonal programs.

The integration of mobile structures – such as a rolling hotel, public bath or concert hall – has the potential to make the city a dense, integrated and permanently changing stage set. Furthermore, with their small and temporary structures the architects would like to achieve a city in motion, which is connected to the landscape and to the sea.

EINZELTEILE

PET ARCHITECTURE

Der allgegenwärtige Platzmangel in Tokio – neue Grundstücke sind kaum vorhanden und sehr teuer – hat in der Stadt einen weit verbreiteten Typ von extrem schmalen und hohen Häusern entstehen lassen. Die eigentlichen Wohn- und Schlafbehausungen sind hier oft sehr beengt. Daher leben viele JapanerInnen in den Großstädten offener und verlegen ihr Privatleben teilweise nach draußen. Ausgleichend wirkt auch eine Vielzahl von Tätigkeiten, die in den öffentlichen Raum übergehen. Wenn diese auf ihr Wesentliches komprimiert werden, nehmen sie wenig Platz ein. Auch kleinste Grundstücke können dafür noch effektiv genutzt werden. So sind viele Nutzungen, die üblicherweise in Wohnungen integriert sind, über die Stadt verteilt auf diesen Restflächen zu finden. Das *Pet Architecture Guide Book* ist wie ein Architekturführer, der versucht einen Überblick über die zufällig verstreuten städtischen Nutzungen zu geben und diese schneller erfassbar und in ihrer Kombination als Gesamtes wirksamer zu machen.

Das Atelier Bow-Wow geht in vielen seiner Entwürfe von der grundsätzlichen Frage des Bewohnens von Stadt oder Landschaft aus. Durch die Betrachtung der „Haustierarchitekturen" wird deutlich, dass sozialer Austausch und menschliche Verhaltensweisen hierfür die Basis bilden.

Tokyo's ever-present shortage of space – new properties are scarcely available and very expensive – has given rise to a highly prevalent type of extremely narrow and tall building. Actual living and sleeping quarters in Tokyo are often very confined. Thus, many Japanese live a more exposed life in large cities, to some degree relocating their private life to the exterior of their homes. As a result, many functions are shifted into the public space. When these are compressed into their essentials, they occupy very little space, allowing even the smallest properties to be used more efficiently. Many functions, which would normally be integrated into apartments, can therefore be seen scattered across the city on residual lots. The *Pet Architecture Guide Book* is like an architectual guide trying to give an overview of randomly scattered urban uses and to make them more quickly ascertainable and more effective in their combination as a whole.

Many Atelier Bow-Wow designs start from the fundamental question of how to inhabit a city or landscape. Through the contemplation of house-pet architecture, it becomes clear that its basis lies in social exchange and human behavior.

DAS PET ARCHITECTURE GUIDE BOOK ÄHNELT EINEM ARCHITEKTURFÜHRER

THE PET ARCHITECTURE GUIDE BOOK IS LIKE AN ARCHITECTURAL GUIDE

01.

01.

01. Beispiele Tokioter
Pet Architecture
Examples of
Pet Architecture
in Tokyo

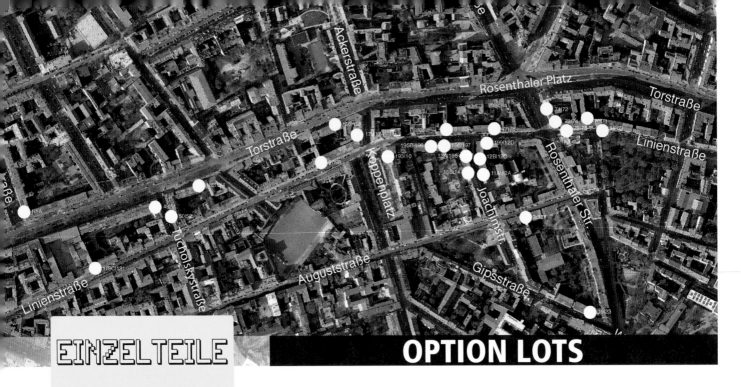

EINZELTEILE

STANDORT	BERLIN
LOCATION	
DESIGN	BRANDLHUBER+
	ARCH+

OPTION LOTS

Im Umkreis weniger 100 Meter rings um sein Architekturbüro in der Brunnenstraße 9 in Berlin-Mitte registrierte Arno Brandlhuber 58 Hohlräume zwischen Gebäuden. Diese Räume entstehen an Stellen, wo an die Bebauung der Gründerzeit die Plattenbauten aus DDR-Zeiten anschließen. Diese konnten zu diesem Zeitpunkt nur rechtwinklig errichtet werden. Es war also unmöglich, auf die Individualität des Stadtgrundrisses zu reagieren. Aus der Entdeckung entwickelte Brandlhuber ein Rechercheprojekt, das diese Lücken im System untersuchte, dokumentierte und diskutierte.

Alexander Koch schreibt in der Arch+ (1) von einem dezentralen Baudenkmal der sozialistischen Postmoderne. Eine Sammlung von Zeitkapseln aus einem Moment, in dem sich das DDR-System bewegte, aber zwischen ideologisch verschieden formatierten Raumprogrammen nicht vermitteln konnte. Dabei erzeugte es serienmäßig Orte ohne eigene Identität, die seit gut 30 Jahren unbestimmt geblieben sind. Jede der Berliner Flächen ist zwischen 0,4 und 2,5 Meter breit und etwa 10 Meter tief, zusammengenommen bilden sie ein Volumen von 7635 Kubikmetern auf 404 Quadratmetern Grundfläche. Bereits in den frühen 70er Jahren entdeckte Gordon Matta-Clark, dass die Stadt

New York in regelmäßigen Abständen *gutterspace* versteigerte. Diese von ihm *Fake Estates* getauften kleinen Landsplitter entstanden durch Ungenauigkeiten bei der Vermessung des Landes und der Planung des Straßenrasters. Matta-Clark kaufte 15 solcher Lücken. In den nächsten Jahren sammelte er Karten, Urkunden und andere bürokratische Unterlagen dazu, fotografierte, sprach und schrieb über sie und inszenierte sie zu einer *Anarchitectural Intervention*.

BERLINER FLÄCHEN ZUSAMMENGENOMMEN
BILDEN EIN VOLUMEN VON
7635 KUBIKMETERN AUF
404 QUADRATMETERN GRUNDFLÄCHE

AS A TOTAL VOLUME, BERLIN'S URBAN
VOIDS OCCUPY 7,635 CUBIC METERS
ABOVE 404 SQUARE METERS
OF CITY LOTS

(1)
BRANDLHUBER
EMDE SCHNEIDER
(ELSA BENIADA, ARNO
BRANDLHUBER, MARKUS EMDE,
TOBIAS HÖNIG, CORNELIA
MÜLLER, THOMAS SCHNEIDER)
ALEXANDER KOCH
ARCH+ 201/202, BERLIN

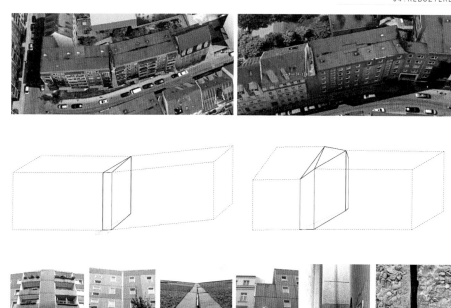

Within a one-hundred meter circumference of this architectural office at Brunnenstraße 9 in Berlin-Mitte, Arno Brandlhuber counts fifty-eight interstitial spaces – or "voids" – between buildings. These gaps arose in places where GDR-era Plattenbauten were developed adjacent to nineteenth-century buildings. At that point in time, these new developments could only be constructed rectilinearly, that is to say, not in consideration of the individual qualities of a particular urban ground plan. This discovery led Brandlhuber to initiate a research project to investigate, document and discuss these voids in the system.

In *Arch+* (1), Alexander Koch writes of a decentralized architectural monument of Socialist postmodernism: a collection of time capsules from the moment in which the GDR system was on the move, yet could not navigate between ideologically diverse, formatted spatial programs. The result was the propagation of a series of locations without any particular identity; these sites would remain indeterminate for decades to come. These urban voids are between 0.4 meters and 2.5 meters wide and up to 10 meters deep; as a total volume they occupy 7,635 cubic meters above 404 square meters of city lots. In the early 1970s, Gordon Matta-Clark discovered that New York City periodically auctioned off "gutterspace." These little splinters of land, which he dubbed "fake estates," were the result of imprecise land measurements in the process of

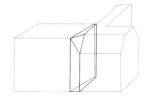
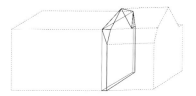

planning the street grid. Matta-Clark bought fifteen such voids. In the following years, he collected maps, records and other bureaucratic documents concerning the interstitial spaces, photographed them, spoke and wrote about them and compiled his results as an *Anarchitectural Intervention.*

01. Baulücken
Beispielhafte
Dokumentation
Urban voids:
Documented examples

MORIYAMA HOUSE

WIKIHOUSE

STANDORT
LOCATION
TOKYO

DESIGN
OFFICE OF RYUE NISHIZAWA

STANDORT
LOCATION
-

DESIGN
WIKIHOUSE

Moriyama House ist kein Haus. Niklas Maak nennt es eine Art Denkgebäude, das die Begriffe auseinandernimmt, mit denen das Öffentliche und das Private, das Innen und das Außen und die Idee von Gemeinschaft definiert werden. Ebenso kann das Moriyama House als Stadt mit zehn ein- bis dreigeschossigen Häusern oder als Wohnung mit freistehenden Zimmern (zwischen 16 und 30 Quadratmetern) gesehen werden. Die Funktionen in dieser Agglomeration sind je nach ihrer Wichtigkeit minimiert oder werden geteilt, dabei haben aber alle BewohnerInnen ein abgeschlossenes Minihaus mit Bad, Kochplatte und eigenem Garten. Wer nicht will, muss den Gemeinschaftsraum nicht nutzen. Dadurch wird ein Zusammenleben unterschiedlichster Menschen ohne größere Einschränkungen auf engstem Raum ermöglicht. Durch Nutzungsteilung und minimierte Bauweise (die Wände sind nur sechs Zentimeter dick und mit Stahlplatten armiert) konnten die Mietpreise bis unter den üblichen Tokioter Standard reduziert werden.

Das WikiHouse ist ein Open-Source-Haus bzw. ein online zur Verfügung gestelltes Konstruktionsset für ein Haus, das sich am kollektiven Prinzip der Online-Enzyklopädie Wikipedia orientiert. Es ermöglicht den BenutzerInnen jeweils ihr eigenes Haus und dessen Komponenten digital zu designen oder bereits erstellte Sets aus dem Internet zu laden oder zu verbessern. Die Sets sind so angelegt, dass sie direkt mit einer CNC-Fräse oder einem Lasercutter „gedruckt" werden können. Die Einzelteile können mit sehr geringem Aufwand und ohne handwerkliche Erfahrung zusammengesetzt werden.

Moriyama House is not a house. Niklas Maak calls it a form of intellectual edifice that dismantles the concepts used to define the public and the private, interior and exterior, as well as the idea of community. Moriyama House can be seen both as a city with ten one-to-three-story buildings, or as an apartment with free-standing rooms (between sixteen and thirty square meters). The functions in this agglomeration are minimized according to their importance, or divided such that each resident has a self-contained mini-house with a bathroom, hotplate and private garden. Those who do not want to use the common space can choose not to do so. The overall result is a variety of people experiencing communal living in a small space, yet without great sacrifice. Through use sharing and minimal construction (the walls are only six centimeters wide and reinforced with steel plates), rents could be reduced to a sum below the Tokyo standard.

WikiHouse is an open-source house, or rather an online construction set for a house, which is organized around the collective principle of Wikipedia. It allows users to design their own house and its components or to download and improve previously assembled construction sets. The sets are arranged so that they can be "printed" directly with a CNC milling machine or laser cutter. The individual components can be assembled with very little effort and by those without much technical experience.

HAUS NEUMANN

STANDORT LOCATION	NEUBRANDENBURG
DESIGN	PETER GRUNDMANN

MINIMUM IMPACT HOUSE

STANDORT LOCATION	FRANKFURT
DESIGN	DREXLER GUINAND JAUSLIN

Das Haus Neumann ist ein Prototyp dafür, wie innerstädtische Restflächen mit kleinen, kostengünstigen Häusern bebaut werden können. Dabei handelt es sich nicht um Baulücken, sondern um Restflächen, die für eine herkömmliche Immobilienverwertung wegen ihrer geringen Größe nicht relevant sind. Mit einem Budget von ca. 100.000 Euro sollte Wohneigentum mit einer Größe von 90 Quadratmetern geschaffen werden. Die Grundfläche des Hauses ist nur 2,9 Meter auf 6,7 Meter darüber kragt es auf maximal 4,8 x 11 Meter aus.

Es entstehen zwei Wohnebenen, belichtet über große Fenster an den Stirnseiten und im Inneren im Wesentlichen nur durch schalldämmende Vorhänge unterteilt. Da sie von der Wohnungsbaumaschinerie der DDR nicht erfasst wurden, bieten viele kleine Restflächen Potenzial, dem uniformen Stadtbild einen neuen Aspekt hinzuzufügen. In Zukunft sollen mehr solcher Häuser entstehen, auch um über neue kostengünstige Wohnformen eine jüngere Zielgruppe im immer älter werdenden Neubrandenburg anzusprechen.

Haus Neumann is a prototype for how residual inner-city spaces can be developed with small, cost-effective buildings. At issue here is not vacant lots, but residual spaces that, because of their modest size, are not relevant to conventional real estate development. A budget of €100,000 should be enough to purchase residential property ninety square meters in size. The footprint of the building is only 2.9 meters by 6.7 meters, while the cantilevered portion of the house spans 4.8 meters by 11 meters.

Large front windows light the house's two residential levels, which are partitioned mainly by sound-insulating curtains. Imprecise GDR housing machinery has left many small residual spaces, offering potential for new facets in the uniform cityscape. In the future, more such houses will be built, with the added goal of appealing to younger target groups with new, cost-effective forms of housing in an ever-aging Neubrandenburg.

Alle kleinteiligen oder mindergenutzten Grundstücke in Frankfurt am Main, für die eine Wohnbebauung infrage kommen, sind im städtischen Baulückenatlas verzeichnet. Er zeigt mit ca. 650 solcher Restflächen das Potenzial, das Bauherren in der Stadt nutzen könnten. Für eine dieser Baulücken hat ein Forschungsprojekt der TU Darmstadt zusammen mit den Architekten Drexler Guinand Jauslin das Minimum Impact House entwickelt. Ziel war es, einen Prototyp für nachhaltiges Bauen in der Innenstadt zu entwerfen und dabei Planungsmethoden zu entwickeln, mit denen sich ein Wohngebäude optimieren lässt. Das Minihaus ist ein viergeschossiger Holztafelbau mit massivem Sockelgeschoss. Es steht auf einer Restfläche von 29 Quadratmetern, die durch eine neue Straßenführung in den 1960er Jahren entstanden ist. Alle Geschosse sind so offen konzipiert, dass sie sich unterschiedlichen Nutzungsbedürfnissen flexibel anpassen können. Durch den hohen Vorfertigungsgrad der Holzbauteile und ihre einfachere Handhabung auf der engen Parzelle konnten die Baukosten vergleichsweise niedrig gehalten werden.

In Frankfurt am Main, all fragmented or underused properties under consideration for housing development are listed in a municipal atlas of vacant lots. The roughly 650 such residual spaces reflect a potential for builders in the city to capitalize upon. For one of these vacant lots, a research project at the TU Darmstadt – with the cooperation of the architecture firm Drexler Guinand Jauslin – has developed the Minimum Impact House. The goal was to design a prototype for sustainable construction in the inner city and thus develop a planning methodology for the optimization of residential housing. The "mini-house" is a four-story wooden-panel construction atop a solid plinth course. It stands on a residual twenty-nine-square-meter lot created in the 1960s by the rerouting of a street. All stories have an open plan that can flexibly adapt to various user requirements. The wooden components' high degree of prefabrication and straightforward manipulation on the narrow lot keep construction costs relatively low.

UNVOLLENDET

WOHNUNGSBAU

STANDORT LOCATION	IQUIQUE (CHILE)
DESIGN	ELEMENTAL

Vor 30 Jahren besetzten etwa 100 Familien einen halben Hektar Land und errichteten dort illegal Häuser in Eigenbau. Die favelaähnlichen Verhältnisse waren sehr ärmlich und hygienisch unzumutbar. Das Programm, in dessen Rahmen das Neubauprojekt entwickelt wurde, war Teil einer staatlichen Initiative, die Unterstützung armer Familien zum Ziel hatte.

Nach der Idee von Elemental sollte auf der gleichen Fläche für die gleichen BewohnerInnen neuer Wohnraum geschaffen werden. Das Konzept sah sehr einfache, dafür aber ausbaufähige Eigenheime vor. Um das sehr geringe Einkommen der BewohnerInnen nicht zu belasten, sollte das öffentliche Förderbudget von 7200 US-Dollar pro Wohneinheit für Baugrund, Infrastruktur und Rohbau ausreichen. Insgesamt sollten auf diese Weise für 97 Familien 5000 Quadratmeter Wohnraum geschaffen werden. Um das soziale Umfeld zu wahren und die Identifikation mit dem Ort zu fördern, wurden trotz teils hoher Grundstückspreise die innerstädtischen Gebiete erworben, auf denen dieselben BewohnerInnen zuvor in ihren selbstgebauten Behausungen gelebt haben.

Die entwickelte Minimalwohnung ist eine Antwort auf die Frage des Bauens in engen ökonomischen Grenzen.

Die Typologie besteht aus zwei übereinander gelagerten Wohnungen, jeweils ca. 30 Quadratmeter groß. Die Rohbauten sind aus einfachen Baumaterialien gefertigt und zwischen ihnen bildet sich jeweils ein leerer Zwischenraum aus. Mit relativ geringem Aufwand sind die „Rohlinge" im Eigenbau auf 72 Quadratmeter erweiterbar. In der Praxis wurden die Rohbauten und ein Großteil der Zwischenräume innerhalb weniger Wochen von den BewohnerInnen ausgebaut.

Städtebaulich sind die Einheiten sehr dicht um Höfe gegliedert. Die Gruppierung der Häuser fördert durch ihre klare Zuordnung die Selbstverwaltung pro Hausgruppe und spart dem Staat organisatorische Folgekosten. Um die Herausforderung zu meistern, kostengünstig elementare Lebensräume zu schaffen, wurde die Architektur an real existierende Interessen und Anforderungen angepasst. Heute, einige Jahre nach Fertigstellung, steht die Siedlung nicht für organisiertes Chaos, sondern für städtebauliche Vielfalt.

DIE ENTWICKELTE MINIMALWOHNUNG IST EINE ANTWORT AUF DIE FRAGE DES BAUENS IN ENGEN ÖKONOMISCHEN GRENZEN

THE MINIMAL HOUSING PROVIDES ONE ANSWER TO THE QUESTION OF HOW TO BUILD WITHIN MAJOR ECONOMIC CONSTRAINTS

01.

02.

RESIDENTIAL CONSTRUCTION

Thirty years ago, roughly one hundred families took over a half hectare of land and erected self-built homes there illegally. The favela-like living and hygienic conditions of these homes were very poor. The program framework within which a new building complex was developed was part of a city initiative whose goal was to support poor families.

Based on an idea developed by the Elemental architectural group, new residential space was created on the same area for the same inhabitants. The concept foresaw very simple yet expandable single-family homes. In order to avoid placing additional burdens on the already very low income of the residents, the publicly funded budget allotted $7,200 per residential unit for the building site, infrastructure and construction shell. This would provide a total of 5,000 square meters for ninety-seven families. In order to maintain the social environment and foster identification with the location – and in spite of relatively high real estate prices – the municipal government purchased the inner-city property on which the residents had lived in their self-made homes.

The minimal housing developed here provides one answer to the question of how to build within major economic constraints. The typology consists of two apartments on top of one another, each roughly thirty square meters in size.

The building shells consist of simple construction materials and are positioned to create empty spaces between them. With relatively little cost and effort, these "blanks" can be enlarged to an area of seventy-two square meters by the residents themselves. Within only a few weeks, the residents indeed developed the building shells – as well as a large portion of the empty spaces between the structures.

In terms of urban space, the units are arranged very closely around courtyards. By means of this clear allocation, the grouping of the homes fosters the self-management of each collection of houses and saves the state organizational costs. In order to meet the challenge of creating cost-effective elementary living spaces, the architecture was adapted to real and existing interests and requirements. Today, several years after its completion, the settlement reflects urban diversity, not organized chaos.

01. Zustand
Fertigstellung
Condition: Complete

02. Zustand
Eigenleistung der
BewohnerInnen
Condition:
Personal contribution
by the residents

DOMINO HOUSE

| STANDORT | - |
| LOCATION | |

| DESIGN | LE CORBUSIER |

GRUNDBAU UND SIEDLER

| STANDORT | HAMBURG |
| LOCATION | |

| DESIGN | BEL |

Le Corbusier entwarf 1915 das Konzept des Haustyps Domino. Die Idee war, ein Gerippe aus Stahlbeton bereitzustellen, das anschließend nach dem Geschmack der KäuferInnen ausgebaut werden konnte. Die Anordnung von Wänden, Türen und Fenstern war frei.

Der Rohbau sollte in Serienproduktion möglichst kostengünstig erstellt, die Individualität allein durch die unterschiedliche Anordnung der Räume erzielt werden. Le Corbusier sah den Vorteil besonders darin, dass die Außenwände keine tragende Funktion mehr zu erfüllen hatten, sondern nur die Wand zur Außenwelt darstellten. Besonders die Verwendung von großflächiger Verglasung, um viel Licht in die Wohnung zu lassen, und der direkte Bezug zwischen Innen- und Außenraum, waren dabei sein Anliegen.

Durch die Unabhängigkeit der einzelnen Wohnungen von der Tragstruktur und den anderen Geschossen kann das Gebäude schrittweise nach BenutzerInnenbedürfnissen entwickelt werden. Um diese hohe Flexibilität zu erreichen, wird das Gebäude in zwei Abschnitten realisiert.

Erster Schritt: Die Konstruktion, tragende Decken, ein zentrales Treppenhaus, ein Lastenaufzug (für Materialtransport) und die technischen Installationen werden errichtet. Der Erdgeschossbereich dient als Werkstatt, später als Stellplatz und Abstellraum. *Zweiter Schritt*: Die zukünftigen BewohnerInnen bauen selbst ihre eigenen Wohnungen ein. Dabei ist vorher nicht festgelegt, welcher Raum (Bad, Schlafzimmer) wo liegen muss. Bis zu drei Wohnungen finden pro Geschoss Platz. Die Energieversorgung erfolgt über ein Nahwärmenetz. Jede Wohneinheit unterschreitet die Anforderungen der Energieeinsparverordnung um bis zu 30 Prozent. Durch den hohen Selbstbauanteil und den je nach individuellen Anforderungen angepassten Grad des Ausbaus kann eine deutliche Preisreduzierung erzielt werden.

Le Corbusier created the concept of the "Domino" house in 1915. The idea was to provide a framework of reinforced concrete that could then be expanded according to the wishes of the buyers, who would be able to arrange the walls, doors and windows as they pleased.

The building shell would be created as cost-effectively as possible by means of serial production; the individuality of the space would then be created entirely by the different arrangement of the rooms. Le Corbusier saw a particular advantage in the fact that the exterior walls no longer had to fulfill a load-bearing function; instead, they functioned only as the wall to the outside world. His focused especially on the use of large windows, which let a lot of light into the apartments, as well as on the direct relationship between interior and exterior.

The independence of individual apartments from the load-bearing structure and the other floors allows the building develop gradually according to the needs of the users. To achieve this high level of flexibility, the building is realized in two phases.

First phase: The structure, load-bearing ceilings, central staircase, freight elevator (for transporting materials) and technical installations are implemented. The ground-floor serves as a workshop and later as a parking space and storage room. *Second phase*: The future residents install their own apartments. There are no preset rules as to where the rooms should be (e.g., bathroom, bedroom). Up to three apartments can be installed per floor. A district heating network supplies the energy. Each apartment requires 30% less energy than is stipulated by the Energy Saving Ordinance, resulting in a significant price reduction due to the high proportion of building done by the residents themselves and the degree to which the expansions are customized to meet their own requirements.

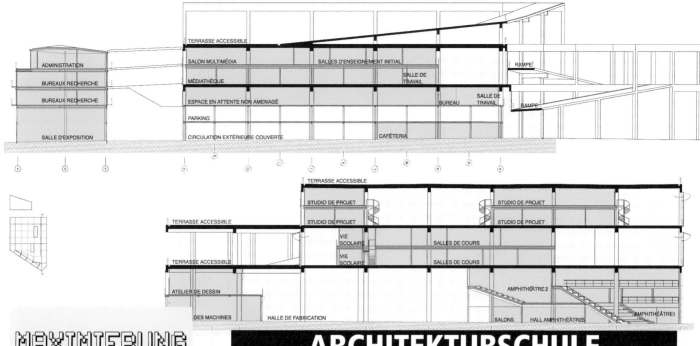

MAXIMIERUNG

| STANDORT | NANTES |
| LOCATION | |

| DESIGN | LACATON & VASSAL |

ARCHITEKTURSCHULE

Die Loire-Insel Île de Nantes liegt inmitten der westfranzösischen Metropole Nantes und wurde bis in die 1980er Jahre vorzugsweise industriell genutzt. Das Konzept für ihre Neuordnung setzte im Sinne einer heterogenen Mischung neue Strukturen in scheinbar zufälliger Weise neben existierende.

Der Neubau der École Nationale Supérieure d'Architecture (Ensa) wurde durch Lacaton & Vassal realisiert und besetzt einen zentralen Platz im Norden der Insel. Der Aufbau der Schule schuf eine Struktur mit großer Kapazität. Erfunden wurde nach Meinung der Architekten ein Werkzeug, das eine Reihe von vielfältigen Situationen entstehen lassen kann. Drei riesige Plattformen aus Stahlbeton, von 9 bis 22 Meter über Straßenniveau, bilden das Grundgerust, verbunden durch eine außenliegende, sanft ansteigende Rampe, die den Bezug zwischen dem Boden der Stadt und dem Dach herstellt. Auf den Hauptebenen ist die Höhe durch eine eingestellte, leichte Stahlkonstruktion zweigeteilt. Eingeklinkte, doppelstöckige Einfacheinbauten stehen für Büro- und Ateliernutzung zur Verfügung.

Eine Maximierung findet vor den Büroräumen statt, die frei bespielbaren *espaces tampons* bieten großzügige Zwischenräume für Programmierung, die ein System für zukünftige Expansion und Skalierbarkeit schaffen. Auf Initiative der Studierenden, DozentInnen und Gäste können diese Räume als pädagogisches Instrument zu Orten der Vermittlung, für Veranstaltungen und neuartige Programmierung werden.

Riesige Tore, deren Technik aus dem Hangarbau stammt, sollen eine Schnittstelle zur Stadt bilden. Die große, bizarre Rampe ist öffentlich. Sie windet sich durch das Gebäude und erweitert den Straßenraum. Als schwellenlose Direktverbindung, unmittelbar neben dem Eingang beginnend, offen für alle Neugierigen, soll sie für urbane Belebung bis aufs Dach sorgen.

Das experimentierfreudige Gebäude vertraut mit seiner antiästhetischen Sperrigkeit und der sparsamen, Ausführung auf die weitere Initiative seiner NutzerInnen. Insgesamt eine Assemblage von Industriebauteilen, prägen besonders die riesigen Fertigteilstützen und der Asphaltboden die großen Räume. Der gesamte Rohbau besteht fast vollständig aus Fertigteilen, nur die Sanitär- und Erschließungskerne sind in Ortbeton ausgeführt. Der Verzicht auf vorformulierte Identitäten und nutzerInnengerechte Details unterstreicht den Werkstattcharakter der Architektur. Die Anpassung der Schule an neue Herausforderungen soll zu jeder Zeit möglich bleiben.

Kaye Geipel schreibt in der *Bauwelt* über das Projekt: „Der ganze Bau kann zur Werkstatt eines 1:1-Modells einer neuen Schule werden, deren Nutzer ständig in Kooperationen denken." (1)

ARCHITECTURE SCHOOL

Île de Nantes, an island in the Loire River, lies amid the city of Nantes in the west of France. Until the 1980s, it was primarily used as a location for industry. The concept for its repurposing targeted a heterogeneous mixture by placing new structures alongside existing ones in a seemingly arbitrary fashion.

The new École Nationale Supérieure d'Architecture (Ensa) was designed by Lacaton & Vassal and occupies a central location in the north of the island. The construction of the school resulted in a high-capacity facility. According to the architects, a tool was invented that can accommodate a wide range of situations. The basic framework comprises three immense reinforced concrete platforms – nine meters, sixteen meters and twenty-two meters above street level – connected by a gently inclined exterior ramp that creates a link between the city surface and the roof. On the main levels, the height is bisected by a discontinuous, light steel construction. Minimal, latchable two-story installations are available for use as offices or studios.

The area outside the office spaces is maximized to offer highly versatile *espaces tampons* – vast interstitial spaces for programming – that allow for future expansion and scalability. At the initiative of students, docents and guests, these areas can serve pedagogical purposes as locations for discussions, events or innovative programming.

Enormous gates built using hangar construction technology provide an interface to the city. The large, bizarre ramp is public. In winding through the building it expands the street space. With seamless, direct access – just beside the building entrance and available to anyone curious – it stimulates urban revival all the way to the roof.

With its anti-aesthetic bulk and thrifty, pared-down design, the experimental building shows faith in the further initiative of its users. The vast open spaces in the building, which for the most part comprises an assemblage of industrial construction components, are largely defined by its massive prefabricated supports and asphalt floor. The entire shell construction was almost completely built from prefabricated components; only the sanitary facilities and infrastructural core were executed using in situ concrete. The forgoing of preformulated identities and user-specific details emphasizes the workshop character of the architecture. Adapting the school to meet new challenges should remain forever possible.

Kaye Geipel said of the project in *Bauwelt*: "The entire building could be the workshop for a 1:1 model of a new school whose users engage in continual cooperative thinking." (1)

(1)
KAYE GEIPEL
BAUWELT 17/18, 2009

01. Zugang zum Dach
Roof access
02. Espace Tampon

WOHNUNGSBAU

| STANDORT | MULHOUSE |
| LOCATION | |

| DESIGN | LACATON & VASSAL |

ATELIERWOHNUNG

| STANDORT | BERLIN |
| LOCATION | |

| DESIGN | BÜRO FÜR ARCHITEKTUR & STÄDTEBAU BERLIN |

Das Projekt ist eines von fünf 2005 parallel errichteten Bauprojekten in einer Wohnsiedlung von Mulhouse. Ziel war es, mit den begrenzten finanziellen Mitteln des sozialen Wohnungsbaus erheblich größere Wohneinheiten als die des üblichen Standards zu erreichen.

Es wurde eine effektive und kostengünstige Struktur geschaffen. Der massive Sockel aus Stahlbeton wird kostensparend fast nur einstöckig im Erdgeschoss ausgeführt und stellt gleichzeitig eine maximal große Dachfläche zur Verfügung. Auf dieser oberen Ebene werden Gewächshäuser aus einfachen verzinkten Stahlrahmen und Polycarbonatwänden und Dächern mit horizontalem Sonnenschutz errichtet. Diese sind nur in Teilen isoliert und beheizt und bilden über Wintergärten eine Schnittstelle nach außen. Durch einfache Baumaterialien und Verzicht auf hohe Komfortstandards in einzelnen Räumen wird ein großer Raumgewinn bei gleichen Kosten ermöglicht.

Die Bauherren, eine Kuratorin und ein Musiker, suchten nach einer unkonventionellen Möglichkeit, viel Wohnraum für wenig Geld zu schaffen. Auf dem Dach einer Hinterhoffabrik in Wedding realisierten die Architekten ein experimentelles *Low-Cost Loft*, das aus dem Standardbausatz eines Gewächshauses besteht.

Innerhalb des Gebäudes gibt es verschiedene Komfort- und Wärmegrade, je nach Jahreszeit. Im Winter zieht man sich in den massiven inneren Kern zurück, im Sommer erweitert sich die nutzbare Fläche über das Gewächshaus bis auf die offene Dachterrasse. Je nach Temperatur, Jahreszeit und Sonneneinstrahlung ergeben sich sehr unterschiedliche Wohnumgebungen.

Der innere beheizte Kern übernimmt nur alle unverzichtbaren Installationen sowie den Sanitär- und Schlafbereich.

RESIDENTIAL CONSTRUCTION

This project was one of five building projects running parallel to one another in a residential area in Mulhouse in 2005. The goal was to achieve a social residential complex of considerably larger units than usual, and to do so with limited financial means.

An effectual, low-cost structure was created. For cost reasons, the solid frame made of reinforced concrete only reaches one story above the ground, yet still provides a maximum roof area. On this upper level, greenhouses were set up using simple galvanized steel frames and polycarbonate walls and roofs with horizontal sunscreens. These are insulated and heated only in sections, and interface the exterior via winter gardens. By using simple construction materials and forgoing high standards of comfort in individual spaces, it was possible to save significantly in terms of space and cost.

STUDIO APARTMENT

The builders – in this case a curator and a musician – were looking for an unconventional way to create a large living space for little money. On the rooftop of a back-courtyard factory in Berlin-Wedding, the architects created an experimental low-cost loft consisting of the standard building materials for a greenhouse.

The building provides different levels of comfort and warmth depending on the season. In the winter, the residents spend time in the massive inner core; in the summer, the greenhouse expands the usable space all the way to the open rooftop terrace. In other words, varying living environments are created depending on the temperature, season and level of sunshine.

The heated inner core encompasses only the absolutely necessary installations as well as the sanitary and sleeping areas.

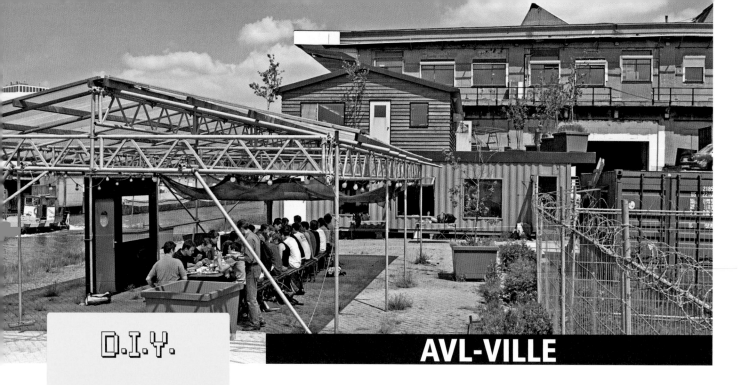

D.I.Y.

AVL-VILLE

STANDORT LOCATION	**ROTTERDAM**
DESIGN	**ATELIER VAN LIESHOUT**

AVL-Ville wurde 2001 im Rotterdamer Hafen auf Initiative des Künstlers Joep van Lieshout und seines Ateliers (AVL) ins Leben gerufen. Anlass gaben die Feierlichkeiten um Rotterdam als Kulturhauptstadt Europas. Die KünstlerInnen wollten einen Ort abseits der etablierten Gesellschaftsstrukturen der westlichen Welt schaffen, einen freien Ort, dessen sozio-ökonomische Grundlagen Selbstversorgung und Autonomie darstellen sollten. Für alle TeilnehmerInnen des Projektes galt, dass, solange etwas Kunst ist, alles erlaubt ist. Mit Hilfe vieler Freiwilliger schuf AVL auf diese Art einen freien Staat, der zugleich Kunstprojekt und Heiligtum sein sollte. Die Transformation dekorativer Kunst in eine sprichwörtlich zu erlebende Kunst und die Erschaffung eines harmonischen, sich selbst versorgenden sozialen und wirtschaftlichen Mikrokosmos machte die Besonderheit des Projektes aus.

Alles in AVL-Ville entstand in Do-it-yourself-Bauweise. Die BewohnerInnen bauten ihre Häuser, produzierten ihr Essen und brauten ihr Bier selbst. AVL-Ville hatte seine eigene Flagge, eine eigene Verfassung und eine eigene Währung. Die kleine Stadt im Hafen war darüber hinaus mit Windmühlen, Krankenhaus, einem Biogaskraftwerk, einem biologischen Klärwerk und Komposttoiletten ausgestattet. Die Bausubstanz bildeten aber keine typischen Baustoffe, sondern allein gefundene, gesammelte oder recycelte Gegenstände. So in der Hall of Delights, die – zugleich Kantine, Restaurant und Clubhaus – aus sieben verschweißten Seecontainern ohne Innenwände bestand. Ein besonderes Experiment in AVL-Ville bildete auch der Pioneer Set, ein auf kleinstem Raum komprimierter Stadtbauernhof, der von einem professionellen Bauern betrieben wurde. Alle Teile dieses Bauernhofs konnten innerhalb eines Tages in einen Container gesteckt und an einen neuen Standort transportiert werden, selbst Weide und Obstgarten.

Alles hier folgte dem natürlichen Produktionszyklus und basierte auf einem Recyclingsystem. Die Erzeugnisse aus der Farm wurden zur Ernährung der AVL-Angestellten im Restaurant weiterverarbeitet. Neben zahlreichen mobilen Konstruktionen wurde auch ein Transportunternehmen eingerichtet, das BewohnerInnen und BesucherInnen mit Pferdekutschen und Traktoren durch die Stadt fuhr.

Trotz großer Begeisterung aller TeilnehmerInnen und vieler BesucherInnen, wurde AVL-Ville im Oktober 2001 durch die staatliche Verwaltung geschlossen. Die Gründe waren vordergründig administrative. So unterlief etwa die Herstellung von Feuerwaffen als Kunstobjekte die gesetzlichen Bestimmungen und das Restaurant besaß keine Genehmigung für den Verkauf von Alkohol.

DIE BEWOHNERINNEN BAUTEN IHRE HÄUSER, PRODUZIERTEN IHR ESSEN UND BRAUTEN IHR BIER SELBST

THE INHABITANTS BUILT THEIR HOMES, PRODUCED THEIR FOOD AND BREWED THEIR BEER – ALL BY THEMSELVES

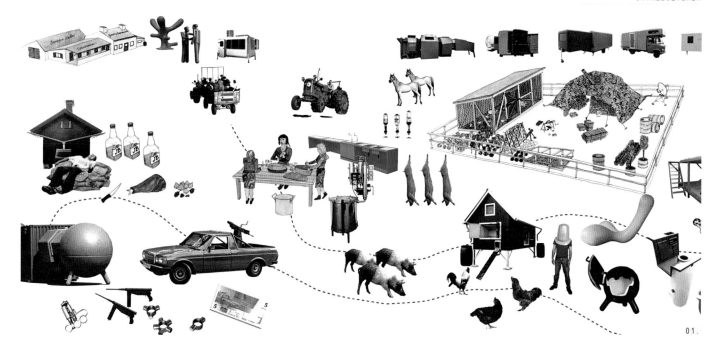

01.

02.

AVL-Ville was initiated in 2001 at Rotterdam harbor by the artist Joep van Lieshout and his atelier (AVL) for the festivities celebrating Rotterdam as a European Capital of Culture. The artists wanted to create a location that stood apart from the established societal structures of the Western world, an open site whose socioeconomic foundation evoked self-sufficiency and autonomy. The rule for all those involved was: as long as it is art, anything is allowed. In this way, with the help of many volunteers AVL created a free state, which was to be both an art project and sanctuary. The project is unique for its transformation of decorative art into so-called experienceable art and its creation of a harmonious, socially and economically self-sufficient microcosm.

Everything in AVL-Ville developed in a do-it-yourself style. The residents built their houses, produced their food and brewed their beer themselves. AVL-Ville had its own flag, constitution and currency. The small city on the harbor also had windmills, a hospital, biogas power station, biological wastewater treatment plant and compost toilets. However, the structures were built not with typical building materials, but solely with objects that were found, gathered or recycled: the Hall of Delights – as well as the canteen, restaurant and clubhouse – was constructed from seven welded sea containers without interior walls. Another special experiment in

AVL-Ville was the Pioneer Set – an urban farm reduced to cover the smallest possible area and operated by a professional farmer. All components of this farm could be packed into a container in one day and transported to a new location, even the pasture and fruit garden.

Everything adhered to the natural production cycle and was premised on a recycling system. The farm's produce was prepared in the restaurant for the AVL employees. Along with numerous mobile constructions, the transport company – AVL-Transport – was established, which led residents and visitors through the city on horse-drawn carriages and

tractors. Despite great enthusiasm from participants and visitors, AVL-Ville was closed down by city authorities in October 2001. The reasons were ostensibly administrative, among them that making fireworks as art objects skirted legal stipulations and the restaurant did not have an alcohol permit.

01. Übersichtsplan
AVL-Ville
Overview: AVL-Ville

02. Baustelle
Construction site

REGAL

WOHNUNGSBAU GENTER STRASSE

STANDORT
LOCATION   MÜNCHEN

DESIGN
        mit   OTTO STEIDLE

                            DORIS THUT
                            RALPH THUT
                            JENS FREIBERG

Die Wohnanlage besteht aus sieben Terrassenhäusern an der Westseite des Englischen Gartens in München, die in drei Phasen in den frühen 1970er Jahren erbaut wurden. Die Art der Konstruktion und die Flexibilität des Hauses waren damals bahnbrechend.

Die zukünftigen BewohnerInnen wurden frühzeitig in das Nutzungskonzept einbezogen, spätere Umgestaltungen und Anpassungen sollten von Beginn an möglich sein. Prägend war eine Struktur, die es ermöglichen sollte, die jeweilige Wohnung den sich wandelnden Lebenssituationen anzupassen – von der klassischen Familie bis hin zu kollektiven Wohnformen. Der Aufbau der Wohneinheiten sollte die Ansprüche der BewohnerInnen sowohl während der Bauphase als auch nach Fertigstellung erfüllen. Das wurde erreicht, indem von Anfang an eine Reserve an Raum eingebaut wurde, aus der bei Bedarf zusätzlicher Wohnraum gewonnen werden kann.

Zusätzlich wurde auch innerhalb dieser Wohnanlage auf ein hohes Maß an Gemeinschaftsflächen in Form von Spiel-, Kommunikations- und Erschließungsbereichen Wert gelegt. Der Architekt Otto Steidle nennt das die entscheidenden urbanen Elemente: private Individualität einerseits, Öffentlichkeit und Kommunikation andererseits.

Um die Flexibilität eines nachjustierbaren Raums zu erreichen, wurde auf vorgefertigte Stahlbeton-Skelettbauteile zurückgegriffen, die ein Netzwerk aus Stützen und Riegeln bilden. Dieses Gerüst aus Hallen- und Kranbahnkonstruktionen definiert die maximale Größe der Einheiten und wurde in dieser Form erstmalig bei einem Wohnbau verwendet. Installationskerne aus Ortbeton und vorgefertigte Wandelemente charakterisieren die Aussteifung. In jedem halben Stockwerk sind Konsolen vorgesehen, die auch in der Höhenentwicklung mehr Flexibilität und die Option eines Splitlevels oder 1,5-facher Deckenhöhe ermöglichen.

Der Ausbau der Wohneinheiten erfolgt in erster Linie durch Trockenbauwände, Stahlprofile, Glaselemente und Aluminiumbleche. Durch diese leichten Werkstoffe bleiben die Wohnmodule sehr anpassungsfähig. Abgeleitet von den Anforderungen der NutzerInnen können sich umbauter Raum und die Größe der Volumen erweitern. Die Gestaltung zwischen den Wohneinheiten ist reduziert auf ihre Funktionalität. Die klare Form der Konsolen und freigelegten Fugen erzählt die Geschichte der Struktur, es ist offensichtlich, wo diese tragfähig ist und wo nicht. Durch diese klare Unterscheidung zwischen Träger und nichttragender Konstruktion können Wände innerhalb des Regals leicht verschoben werden. In den letzten 30 Jahren haben sich Volumen, Interieurs und Anwendungen erheblich verändert.

PRÄGEND WAR EINE STRUKTUR, DIE ES ERMÖGLICHEN SOLLTE, DIE JEWEILIGE WOHNUNG DEN SICH WANDELNDEN LEBENSSITUATIONEN ANZUPASSEN

THE FORMATIVE ASPECT WAS A STRUCTURE DESIGNED TO MAKE IT POSSIBLE TO ADAPT THE RESPECTIVE APARTMENTS TO CHANGING LIVING SITUATIONS

01.

GENTER STR. APARTMENT BUILDING

This residential complex consists of seven terrace homes on the west side of the Englischer Garten in Munich. They were built in three phases in the early 1970s. The type of construction and the flexibility of the complex were groundbreaking at the time.

The future residents were included in the concept at an early stage, whereby later rearrangements and adjustments were made possible from the very beginning. The formative aspect was a structure designed to make it possible to adapt the respective apartments to changing living situations – from traditional families to collective forms of living. The construction of the residential units was designed to fulfill the requirements of the residents, both during the building phase and after its completion. This was achieved by building, from the very beginning, a reserve space into which additional living space could be incorporated if required.

In addition, the designers of the residential complex placed value on a high level of common space in the form of access, communication and play areas. The architect, Otto Steidle, considered this the decisive urban element: private individuality, on the one hand, and openness and communication, on the other.

In order to achieve the flexibility of an adjustable space, they used prefab reinforced concrete skeleton parts to create a network of supports and crossbars. The steel-reinforced concrete frame, made of prefab system elements taken from hall and crane-rail constructions, determined the maximum size of the units and was used here, in this form, for the first time to build an apartment complex. Concrete installation cores and prefab wall elements characterize the bracing. In each half-story, consoles are installed to enable more flexible height gradation and the option of a split level or ceilings that are half again as high.

The expansion of the residential units took place first and foremost by means of drywall construction, steel profiles, glass elements and aluminum sheets. These light materials allowed the residential modules to remain very adaptable. Enclosed spaces and the size of the volumes were expanded depending on the requirements of the residents. The design between the residential units was reduced to its functionality. The clear shape of the consoles and exposed joints tells the story of the structure – i.e., it is plain to see where it is load-bearing and where it is not. This clear distinction between load-bearing and non-load-bearing construction facilitates the shifting of walls within the shelf. In the past thirty years, the volumes, interiors and applications have changed considerably.

01. Zustand nach Einbau der Wohnungen Condition after the installation of apartments

INTER-ACTION CENTRE

WOHNREGAL KREUZBERG

| STANDORT | LONDON |
| LOCATION | |

| DESIGN | CEDRIC PRICE |

| STANDORT | BERLIN |
| LOCATION | |

DESIGN	NYLUND
	PUTTFARKEN
	STÜRZEBECHER

Das Inter-Action Centre in London war ein Mehrzweck-Community-Ressourcen-Zentrum. Es bot Räume für eine breite Palette von Dienstleistungen an.

Das Gebäude ist eine Weiterentwicklung aus Price's Konzept Fun Palace, in dem ungebaute Flexibilität (oder ihr Gegenteil, die geplante Offenheit) Teil des Designprozesses waren. Die Idee und die Architektur des Inter-Action Centre ähnelt dem Centre Pompidou, mit dem wesentlichen Unterschied, dass im Inter-Action Centre die Bauteile und Materialien „casual" waren. Das Ziel war es, eine innovative Idee in einer wertfreien, aneignungsoffenen Architektur umzusetzen. Verschiedene Komponenten der Struktur können eingeschoben oder entfernt werden, je nachdem, was aktuelles Programm oder gesellschaftliche Entwicklung erfordern.

Die Grundidee für das Wohnregal Kreuzberg bestand darin, statt eines formal aufwendigen Gebäudes ein System zu finden, sodass die BewohnerInnen für ihre Wohnung möglichst wenig Geld bezahlen müssen. Dafür mussten die BewohnerInnen beim Bau selbst mit Hand anlegen und ihren Arbeitseinsatz als Bestandteil der Finanzierung verstehen. Da bei konventionellen Bauprinzipien wegen ihrer Komplexität ein Eigenkapital in Form von Mitarbeit schwierig war, sollte mit einfacher zu verarbeitendem Holz gebaut werden. Das Konzept sah ein Haus vor, das aus zwölf übereinander gestapelten Holzhäusern bestand. Das Baugesetz von Berlin ließ damals nur zweistöckige Holzhäuser zu. Daher entwarfen die Architekten ein „Wohnregal" aus Stahlbeton, das Fächer für seine BauherrInnen und ihre Holzhäuser bereitstellte. Es besteht aus haushohen Brandmauern an den Seiten, einem aussteifenden Treppenkern und zwei Paaren Betonstützen. Den zwei Etagen wurden Betondecken in die Konstruktion eingelegt. Zimmerer errichteten auf diesen Regalebenen die zweistöckigen Holzhäuser. Die späteren BewohnerInnen erledigten anschließend alle weiteren Montage- und Ausbauarbeiten selbst.

The Inter-Action Centre in London is a multipurpose community resource center that offers space for a wide variety of services.

The building is an offshoot of Price's Fun Palace concept, in which unbuilt flexibility (or its opposite: planned openness) formed part of the design process. The idea and the architecture of the Inter-Action Centre resemble that of the Centre Pompidou, with the essential difference that at the Inter-Action Centre the building parts and materials are "casual." The goal was to implement an innovative idea in a value-free architecture open to all uses. Different structural components can be inserted or moved according to the requirements of the current program or social development.

The basic idea behind Wohnregal Kreuzberg (Kreuzberg housing shelf) consisted of trying to find a system – not a formally complex building – for which the residents would pay the least amount of money possible for their apartments. In return, the residents were required to do the work themselves and consider their work as part of the financing. Because the complexity of conventional building principles makes equity capital difficult in the form of do-it-yourself activities, the architects chose to build using wood that was easy to work with. The concept involved a building consisting of twelve wooden houses stacked one on top of the other. The architects designed a "housing shelf" made of reinforced concrete, which provided compartments for its occupiers and their wooden houses. It consists of large firewalls on the sides, a concrete core stairway and two pairs of concrete columns. The two levels were given concrete ceilings. Carpenters built the two-story wooden houses on these shelf levels. The future residents then completed all further installations and expansions themselves.

OPEN HOUSE

| STANDORT | ANYANG |
| LOCATION | |

| DESIGN | RAUMLABOR |

Open House ist ein vertikales Dorf. Interpretiert werden kann es aber auch als eine Architektur, mehr noch: als eine soziale Skulptur. Das Design basiert auf subjektiven urbanen Studien und ist daher mit der bestehenden Stadtlandschaft sowohl räumlich wie sozial verschränkt. Die BewohnerInnen als zukünftige NutzerInnen beteiligten sich an der Planung, an der Programmierung und am Bau. Open House kombiniert individuelle und kollektive oder öffentliche Nutzungen. Mehr als 200 Menschen waren 2010 auf der öffentlichen Bauwerkstatt tätig. Gemeinsam mit den ArchitektInnen bauten sie einzelne kleine Häuser, deren Einrichtung und passende Möbel. Anschließend wurden die fertigen kleinen Häuser eröffnet, unter anderem die Bar, das Teehaus und das Real-Estate-Planungsbüro. Hier wurden für die zukünftige individuelle und kollektive Nutzung gemeinsam Ideen entwickelt. Parallel baute eine Baufirma eine Stahlskelettstruktur aus fünf Plattformen, die sich um einen Turm herum anordnen. Die kleinen Holzhäuser wurden mit einem Kran auf die Plattformen gestellt und an den Tur angedockt. Das ist der Moment der Besiedlung durch die Menschen und ihre Ideen.

Open House is a vertical village. It can also be interpreted as a piece of architecture. Even more than that, it is a social sculpture borne from a design based on subjective urban studies. Thus, it is embedded both spatially and socially within the existing urban landscape. As its future users, the residents took part in its planning, programming and construction. Open House combines individual with collective and public use. More than 200 people participated in the construction workshop open to the public in 2010. Together with the architects, they built small single buildings as well as their interiors and suitable furnishings. Upon completion, the small buildings were opened to the public – including the bar, the teahouse and the real estate planning office, where ideas were communally developed for the individual and collective future uses of the buildings. A construction firm simultaneously built a steel skeleton with five platforms situated around a tower. Using a crane, the small wooden buildings were placed on the platforms and docked to the tower. This represents the "settlement" moment of the people and their ideas.

RECYCLING

PLATTENVEREINIGUNG · PLATTENPALAST

STANDORT   **BERLIN**
LOCATION

DESIGN

Plattenvereinigung
          ZUKUNFTSGERÄUSCHE

Plattenpalast   **CLAUS ASAM**
           WIEWIORRA HOPP

PLATTENVEREINIGUNG

Plattenvereinigung ist ein Forschungs- und Bildungsprojekt. Das Ziel ist die Erprobung nachhaltiger Handlungsweisen und Kulturformen, mit einem Schwerpunkt auf der Bedeutung von Geschichte und „gebauten Ressourcen" in der Stadtentwicklung. Die Initiatoren erhoffen sich dadurch eine Förderung einer gesamtgesellschaftlich verankerten „Recyclingkultur".

Als gebautes Medium, Werkstatt und Treffpunkt dient ein de- und remontierbares Recyclinggebäude aus wiederverwendeten ost- und westdeutschen Plattenbauteilen, teils aus dem Olympischen Dorf in München und teils aus einem abgerissenen Punkthochhaus des Typus PH 12 in Frankfurt (Oder).

Das neue Haus – Resultat verschiedener baulicher Systemmaße und politischer Wertsysteme – wird als Pavillon an verschiedenen Standorten in Berlin (Peter-Behrens-Halle und auf dem Tempelhofer Feld) errichtet.

Die Bauarbeiten am Gebäude erfolgen an Lehrbaustellen für Auszubildende und Studierende. Ziel ist es, diese für die Potenziale des Recyclings im Bauwesen zu sensibilisieren. Recyclete Bauteile, alternative Verbindungen und Konstruktionen sowie Lowtech-Lösungen werden erarbeitet.

PLATTENPALAST

Der Plattenpalast besteht aus demontierten Großflächenplatten des Plattenbautyps WBS 70 und wurde als Forschungsprojekt der TU Berlin als Prototyp entwickelt. Es ist das erste Projekt im Berliner Stadtraum, bei dem alte Plattenbauelemente wieder zu einem neuen Gebäude zusammengefügt wurden.

Der Ausbau erfolgte nach Kriterien des nachhaltigen Bauens und es wurden nur recyclingfähige, umweltschonende und nachhaltige Baustoffe eingesetzt. Die Scheiben wurden dem Palast der Republik entnommen und für den Plattenpalast verwendet.

ALS GEBAUTES MEDIUM, WERKSTATT UND TREFFPUNKT DIENT EIN DE- UND REMONTIERBARES RECYCLINGGEBÄUDE

A DEMOUNTABLE AND REMOUNTABLE RECYCLING BUILDING SERVES AS A BUILT MEDIUM, WORKSPACE AND MEETING POINT

PREFAB ASSOCIATION

Plattenvereinigung is a research and educational project. Their goal is the exploration of sustainable modes of activities and cultural forms with a focus on the meaning of history and "built resources" in urban development. In taking this approach, the initiators sought to foster a society-wide "recycling culture."

A demountable and remountable recycling building consisting of reused East and West German prefab building parts – some of which come from the Olympic Village in Munich and part of a torn-down skyscraper of the type PH 12 in Frankfurt Oder – serves as a built medium, workspace and meeting point.

The new building – the result of different construction system dimensions and political value systems – is set up as a pavilion at different locations in Berlin (Peter-Behrens-Halle, Tempelhofer Feld).

Construction work on the building took place at teaching sites by trainees and students. The goal was to sensitize them to the potential for recycling in the construction industry. They developed recycled building parts, alternative compounds and structures, as well as low-tech solutions.

PREFAB PALACE

The Plattenpalast consists of dismantled, large-scale, prefab slabs belonging to the prefab building type WBS 70.

It was developed as a prototype for a research project at the TU Berlin. It is the first project in the Berlin urban area for which prefab elements were used to create a new building.

The expansion was carried out according to sustainable building criteria and using only recyclable, environmentally friendly and sustainable materials. Window elements were removed from the GDR's Palace of the Republic and built into the Plattenpalast.

01. Plattenpalast
Prefab Palace

02. Plattenvereinigung
Tempelhofer Feld
Berlin
Prefab Association,
Tempelhofer Feld in
Berlin

RECYCLING

PLATTENBAUKASTEN

STANDORT   **DESSAU**
LOCATION

DESIGN

Konzept + Projektentwicklung
**WOHNBUND-BERATUNG DESSAU
BIRGIT + HOLGER SCHMIDT**
Architektur
KÖNIGWANDERER ARCHITEKTEN

Durch den Abriss oder Umbau von Plattenbauten gewinnen ostdeutsche Städte nur selten an neuer städtebaulicher, architektonischer oder gar wirtschaftlicher Qualität. Beim Projekt Plattenbaukasten ist das anders. Hier wird ein Plattenbau mit staatlicher Förderung kontrolliert demontiert, um ihn als Reihenhaus mit Garten stückweise an private EigennutzerInnen weiterzuverkaufen. Damit sie den Ausbaustandard ihres Hauses maßgeblich mitbestimmen können, werden die zukünftigen EigentümerInnen schon sehr frühzeitig in die Planung einbezogen. Das Verkaufskonzept des Plattenbaukastens hat also gleich drei Vorteile. Es werden so Altschulden aus DDR-Zeiten getilgt, innerstädtischer Raum als Wohnfläche weitergenutzt und drittens ganz neue städtebauliche Qualitäten sichtbar. Durch den Teilerhalt der Wohngebäude profitieren die AnwohnerInnen und das städtische Umfeld also weitaus mehr als wenn etwa einfach eine weitere Grünfläche auf dem Abrissgelände entstände.

Rechnet man Erschließungskosten, Kaufpreis und den Aufwand für die Planungsleistungen zusammen, kann ein Haus, je nach Ausstattungsstandard und Anteil an Eigenleistungen zwischen 120.000 und 150.000 Euro kosten. Das Prinzip Plattenbaukasten ist also zusammengefasst ein gestalterisch eher unspektakuläres, aber dafür sehr ökonomisches Recyclingverfahren für Gebäude aus Fertigteilen.

PREFAB BUILDING KIT

The demolition or conversion of prefab buildings seldom improves East German cities in terms of new urban development, architectural or even commercial quality. The project known as Plattenbaukasten (prefab building kit) is an exception to the rule. Here, a prefab building is dismantled using public funds and then sold piece-by-piece as semi-detached homes with gardens to private owners. Future owners are incorporated into the planning early on so they can have a determining influence on the construction standards of their house. The commercial concept of the prefab building kit has three distinct advantages: old debt from the GDR era is erased, inner-city space is re-appropriated for residential use, and an entirely new urban development quality becomes visible. Both the residents and the urban environment profit from the partial preservation of the housing developments, far more so than if another green area were to replace the demolished building.

When considering the price of the land, development costs and planning expenditures, a house can cost between €120,000 and €150,000, depending on the construction standards and the amount of personal involvement in the work. In general, the principle of the prefab building kit is a creatively unspectacular yet very economical recycling process for prefab buildings.

ARBEITSRAUM

OFFICINA ROMA

STANDORT LOCATION	DARMSTADT

DESIGN	ARNO BRANDLHUBER MATTHIAS DAHLINGER STEFAN HOLTZ CASPAR SEELINGER

STANDORT LOCATION	ROMA

DESIGN	RAUMLABOR

Der Arbeitsraum von Brandlhuber+ entstand aus dem Umbau eines leerstehenden Lagerschuppens zu einem Gemeinschaftsatelier. Das Selbstbauprojekt umfasst die Kürzung des Dachüberstandes und den Einbau einer Pfosten-Riegel-Fassade. Die Fensterteilung erklärt sich aus den verschiedenen Formaten der Glasscheiben, die den ArchitektInnen kostenlos aus dem Überschuss Frankfurter Hochhausbauten zur Verfügung standen.

Officina Roma ist eine vollständig aus Müll erbaute Villa. Sie besteht aus einem Schlafbereich und einer Küche. Dem Grundriss fehlt ein Wohnzimmer; in dieser Villa gibt es keine Komfortzone, sie wird ersetzt durch eine zentral gelegene leere Werkstatt. Officina Roma ist ein experimentelles Bauprojekt, errichtet innerhalb einer Woche mit 24 Schülern. Die Villa funktioniert als Collage: eine Küche aus alten Flaschen, ein Schlafzimmer mit Wänden aus ausrangierten Autotüren, die Werkstatt gebaut aus alten Türen und Fenstern, das Hauptdach gedeckt mit alten Ölfässern und gebrauchten Trockenbauprofilen. Das Gebäude soll eine Atmosphäre der Dringlichkeit ausstrahlen. Es kommuniziert die Notwendigkeit, unseren Lebensstil, der auf Individualisierung, Wettbewerb, Wachstum und Ausbeutung natürlicher Ressourcen basiert, zu hinterfragen. Obwohl in dem dynamischen und exklusiven Garten des Museums MAXXI in Rom gelegen, thematisiert das Design der Villa Stillstand, Abhängigkeiten und die Notwendigkeit grundsätzlicher und kompromissloser Verhandlungen über Privilegien in unserer zukünftigen Gesellschaft.

Arbeitsraum (workspace) by Brandlhuber+ arose from the conversion of an empty storage shed into a community studio. The do-it-yourself project involved the shortening of the roof overhang and the installation of a mullion-transom façade. The window configuration resulted from the different formats of glass panes given to the team from the surplus of Frankfurt skyscraper buildings.

Officina Roma is a villa built entirely out of garbage. It consists of a sleeping area and a kitchen. The floor plan lacks a living room and even a comfort zone. Instead, it provides a centrally located and empty workspace. Officina Roma is an experimental construction project built within one week by twenty-four students. The villa functions as a collage: a kitchen made of old bottles, a bedroom with walls made of discarded car doors, the workspace built from old doors and windows, the main roof covered with old oil drums and used drywall. The building was designed to exude an atmosphere of urgency. It communicates the necessity of questioning our lifestyle – which is based on individualization, competition, growth and the exploitation of natural resources. Although found in the dynamic and exclusive garden of the MAXXI Museum in Rome, the villa's design explores the themes of standstill, dependence and the need for a more fundamental and uncompromising handling of privileges in our future society.

KOSTENEFFEKTIVE GEBÄUDE

Alle gezeigten Architekturprinzipien haben eines gemeinsam: Als Gesamtprojekt sind sie für einen Atelierhausneubau nicht übersetzbar. Trotzdem lassen die gezeigten Beispiele viele Prinzipien erkennen, die eine kosteneffektive Bauweise mit gleichzeitig hoher gestalterischer Qualität und räumlicher Innovation vereinen.

Der ungewöhnliche Umgang mit vorhandenen Ressourcen und die Forderung nach Emanzipation der NutzerInnen von üblichen Verhaltensmustern zeichnet jedes der Beispiele aus. Viele Atelierhäuser sind heute in ehemaligen Fabrik- oder Kasernengebäuden untergebracht. Bei relativ niedrigem technischen Standard bieten diese umso mehr Gestaltungsraum. Als interessanter Ansatz erweist sich im Besonderen die Schaffung einer Art Rohbau, der sich den Erfordernissen angepasst weiterbauen lässt.

Die ArchitektInnen Lacaton & Vassal haben dieses Prinzip bei ihrer Architekturschule in Nantes angewandt, genauso die ArchitektInnengruppe Elemental bei ihrem sozialen Wohnbauprojekt in Chile. Die ArchitektInnen vertrauen auf das Engagement der NutzerInnen und machen es von Beginn an zu ihrem Entwurfsprinzip. Durch die Unfertigkeit entstehen äußerst vielfältige Bebauungsstrukturen, die sich jederzeit weiterbauen, reduzieren, interpretieren oder umbauen lassen. Das Gebäude bleibt in einem andauernden Entwicklungsprozess und fordert die Kreativität seiner BewohnerInnen. Über Lacaton & Vassals Architektursprache ist der Einsatz von vorgefertigten, industriell hergestellten Massenprodukten abgeleitet.

So ist der Japaner Shigeru Ban Experte im effektiven Containerbau. Seine einfachen Entwürfe zeichnet aber trotz des pragmatischen Baumaterials eine große Kunst im Umgang und bei der Umformung desgleichen aus. Auch die Ergänzung solcher pragmatischer Baukörper mit stimmungsvollen Sonder-

bauten, kleinen Extras und stimmigen Detaillösungen kann bei ihm nachvollzogen werden. Neben solchen auf fertigen Wohnmodulen basierenden Bauten ist auch der Umgang mit banaleren Bauteilen interessant.

Otto Steidle baute in den 1970er Jahren in München ein Wohnbauprojekt, indem er zunächst eine Art Regal aus vorgefertigten Systemelementen aus dem Hallenbau errichtete, in welches anschließend die einzelnen Wohnungen eingestellt werden konnten. Die BewohnerInnen haben dadurch langfristig die Möglichkeit, ihre Wohnung immer wieder an ihre Bedürfnisse anzupassen. Das Verfahren, den kreativen Input der NutzerInnen mit in die Konzeption einzubeziehen, ließe sich auch beim Atelierneubau anwenden, da hier von sehr individuellen Einzelnutzerinnen auszugehen ist.

Atelier Bow-Wow und Brandlhuber+, die Gebäude als Summe von im Stadtraum verteilten Einzelteilen interpretieren, erkennen die Ressourcen von übrig gebliebenen Flächen und entwickeln so neue Bauformen. Anhand von drei Projekten, die sich mit dem flächendeckenden Abbau von Plattenbauten beschäftigen, wird das Recycling von Rohstoffen in Form von Bausubstanz aufgezeigt. Schließlich kehrt die Idee über Lieshouts AVL-Ville wieder zurück zum puren Selbstbaugedanken und dementsprechend zum notwendigen Do-it-yourself-Anteil bei kreativen Projekten wie einem Atelierhaus.

Die Katalogisierung sowohl zeitgenössischer Strömungen der Architektur als auch der ihnen zugrunde liegenden Prinzipien lenkt den Blick auf teilweise vergessene oder ungewöhnliche Vorgehensweisen. Die Adaption von industriell gefertigten Bauteilen erweist sich dabei als vielversprechender Weg, einen kostengünstigen Neubau zu realisieren, fordern diese doch in ihrer Rohheit zum Weiterbauen auf und sind durch ihre massenhafte Produktion kostengünstig.

VIELE ATELIERHÄUSER SIND HEUTE IN
EHEMALIGEN FABRIK- ODER KASERNENGEBÄUDEN
UNTERGEBRACHT. DIESE ZEICHNET MEIST EIN
RELATIV NIEDRIGER TECHNISCHER STANDARD AUS

COST-EFFECTIVE BUILDINGS

All of the architectural principles shown here have one thing in common: as overall projects, they are not transferrable to a new studio complex. However, the examples shown here reveal numerous principles that unite a cost-effective approach to building with a simultaneously high design quality and spatial innovation.

Each of the examples is characterized by an unusual handling of existing resources and a demand for the emancipation of its users from standard behavioral patterns. Today, many studio complexes are found in former factories or barracks. The relatively low technical standard found here allows more leeway for design. One particularly interesting approach is to create a raw building shell that can be expanded to meet future needs.

Architects Anne Lacaton and Jean Philippe Vassal applied this principle at their architecture school in Nantes, as did the Elemental architectural group for their social housing project in Chile. The architects relied on the commitment of users and residents, making them a part of their design principle from the very beginning. The incomplete nature of the building led to highly diverse building structures that can be expanded, reduced, reinterpreted or rebuilt at any time. Thus the building remains in an ongoing process of development and requires the creativity of its inhabitants. Via the architectural language of Lacaton & Vassal, we come to the use of prefab industrially manufactured mass products.

In this sense, Shigeru Ban is the Japanese expert for effective container construction. Despite their pragmatic building materials, his simple designs exhibit great artistic handling and reshaping. He is able to incorporate atmospheric special constructions, small extras and harmonious detail resolutions into his pragmatic buildings. In addition to buildings based on prefab housing modules, we are also interested in the handling of more banal construction components.

In the 1970s, Otto Steidle built a residential project in Munich that created a type of shelf out of prefab system elements of industrial construction. Subsequently,

individual apartments could be set onto that shelf. Residents were thus given the long-term opportunity to change their apartments time and again to fit their changing needs. Also with this project, the creative input of the user appears to us to be a process that we can imagine for the construction of a new studio complex involving very individual users.

The urban principle of Atelier Bow-Wow and Brandlhuber+, which involves interpreting buildings as the sum of individual parts spread all over the city, perceives the benefit in exploiting residual spaces and thus developing new ways of building. Using three projects as examples that explore the comprehensive dismantling of prefab buildings, we examine the recycling of raw materials in the form of basic building structures. Finally, we use the example of Lieshouts AVL-Ville to return to the pure idea of constructing one's own building and to the – as far as we're concerned – critical do-it-yourself element in creative projects such as a studio complex.

The cataloging of contemporary trends in architecture and their basic principles draws attention to somewhat forgotten and unusual approaches. The adaptation of industrial prefab building components proves to be the most promising path to realizing the construction of a cost-effective studio complex for Berlin artists. Their raw nature begs further construction, while their mass production renders them relatively affordable.

> TODAY, MANY STUDIO COMPLEXES ARE FOUND IN FORMER FACTORY OR BARRACKS. THEY ARE USUALLY CHARACTERIZED BY A RELATIVELY LOW TECHNICAL STANDARD

INTERPRETIEREN

DIE

Beschäftigung mit Modulen und Systemen industrieller Alltagsarchitektur folgt zunächst rein ökonomischen Überlegungen, ästhetische Vorbehalte werden dabei zunächst außer Acht gelassen. Laut der Erhebung *Wirtschaftliche Lage der Künstlerinnen und Künstler in Berlin* des bbk können 42 Prozent der Befragten lediglich 100 Euro als maximale Miete für einen Atelierraum aufbringen, bei weiteren 47 Prozent liegt die mögliche Miete zwischen 100 und 350 Euro. Setzt man die minimale Miete in Relation zu einer minimalen Ateliergröße von 30 Quadratmetern, ergibt sich eine Warmmiete von 3,50 Euro pro Quadratmeter. Hochgerechnet über eine Laufzeit von 10 Jahren ergeben sich so Herstellungskosten von 240 Euro pro Quadratmeter. Um dieser Marke möglichst nahe zu kommen, wurden gängige Systeme industriell vorgefertigter Gebrauchsarchitektur untersucht, mit der Idee, diese zu interpretieren und einer Nutzung als Atelierräume und -häuser zuzuführen.

Der Blick richtet sich dabei auf systemimmanente Potenziale und Limitierungen hinsichtlich einer Adaption, das heißt: welche Veränderungen können ohne negative Auswirkungen auf die Herstellungskosten vorgenommen werden? Bei der Untersuchung wird zwischen drei Kategorien unterschieden.

01. PRINZIP · PRINCIPLE
02. TRANSFORMATION
03. PROTOTYPEN · PROTOTYPES

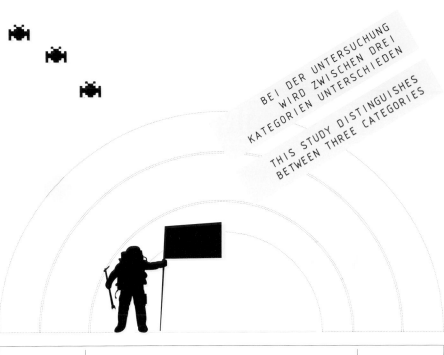

BEI DER UNTERSUCHUNG WIRD ZWISCHEN DREI KATEGORIEN UNTERSCHIEDEN

THIS STUDY DISTINGUISHES BETWEEN THREE CATEGORIES

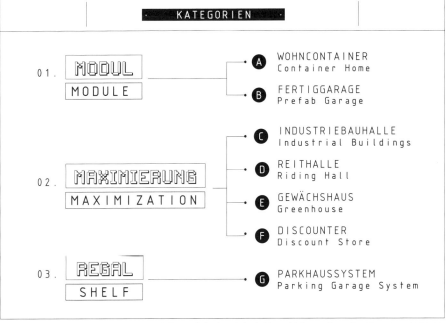

· KATEGORIEN ·

01. MODUL / MODULE	Ⓐ	WOHNCONTAINER / Container Home
	Ⓑ	FERTIGGARAGE / Prefab Garage
02. MAXIMIERUNG / MAXIMIZATION	Ⓒ	INDUSTRIEBAUHALLE / Industrial Buildings
	Ⓓ	REITHALLE / Riding Hall
	Ⓔ	GEWÄCHSHAUS / Greenhouse
	Ⓕ	DISCOUNTER / Discount Store
03. REGAL / SHELF	Ⓖ	PARKHAUSSYSTEM / Parking Garage System

Astronaut designed by Juliana Lliteras from the thenounproject.com

THE

use of modules and systems from everyday industrial architecture systems initially follows purely economic considerations, thereby aesthetic considerations are initially disregarded. According to a recent bbk study titled *Economic Conditions of Artists in Berlin*, only 42% of respondents said they would able to spend a maximum of €100 to rent a studio space.

47% cited a possible rent of between €100 and €350. If we set the minimum rent in relation to a minimum studio space of thirty square meters, the result would be a rent (including heating) of €3.50 / square meter. Over a period of ten years, production costs would be €240 / square meter. To get as close as possible to this marker, we examined common systems of prefab industrial architecture with the idea of interpreting

them and incorporating studio spaces and studio complexes.

This approach focuses on the possibilities and limitations inherent in the systems with regard to adaptation – i.e., changes that could be undertaken without any negative effects on production costs. For the purpose of this examination, we distinguished between three categories.

WOHNCONTAINER

SYSTEM

AUSSTATTUNG
Facilities

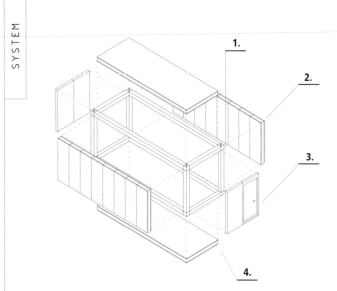

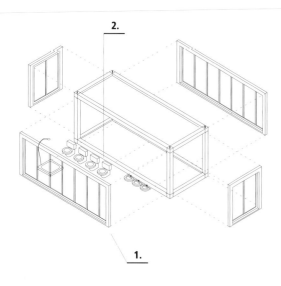

1. STAHLRAHMEN · STEEL FRAMEWORK
2. ISOLIERTE WANDPANEELE · INSULATED WALL PANELS
3. STAHLAUSSENTÜR · STEEL EXTERIOR DOOR
4. ISOLIERTES ELEMENT · INSULATED ELEMENT

1. FENSTER/VOLLVERGLASUNGSELEMENTE
   WINDOWS/FULL GLAZING ELEMENTS
2. SANITÄRAUSSTATTUNG · SANITARY FURNISHINGS

Wohn- und Bürocontainer werden überall dort eingesetzt, wo temporär Raumbedarf besteht. Meist sind dies Baustellen oder Asylwohnheime. Die Abmessungen entsprechen mit einer Grundfläche von 6 x 2,4 Metern und einer lichten Raumhöhe von 2,30 Metern den Abmessungen eines 20-Fuß-Containers und können einfach mit einem LKW transportiert werden. Die einzelnen Module können horizontal und vertikal untereinander verbunden und in bis zu drei Etagen aufeinander gestapelt werden. Das Grundmodul verfügt über eine einfache Elektroinstallation und ist wärmegedämmt. An den Stirnseiten sind unterschiedliche Fensterformate sowie Zugänge möglich. Innerhalb des Systems gibt es Sanitärcontainer mit WC und Duschen. Die Erschließung erfolgt durch außen liegende Treppen und Laubengänge.

INFO:

KONSTRUKTION CONSTRUCTION	.... Stahlrahmen steel frame	RAUMHÖHE HEIGHT	.... 2,6 m / 2,3 m 2.6 m / 2.3 m
RASTER GRID	.... 6 x 2,4 m 6 x 2.4 m	GRUNDFLÄCHE AREA	.... 13 m²
SPANNWEITE LENGTH	.... 6 m	PREIS PRO M² (BGF) PRICE PER M² (GROSS FLOOR AREA)	.... 160 EUR/m²

ADDITION

UPGRADE

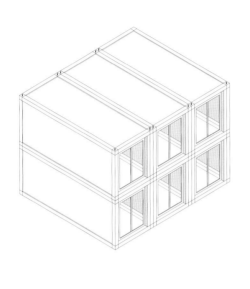

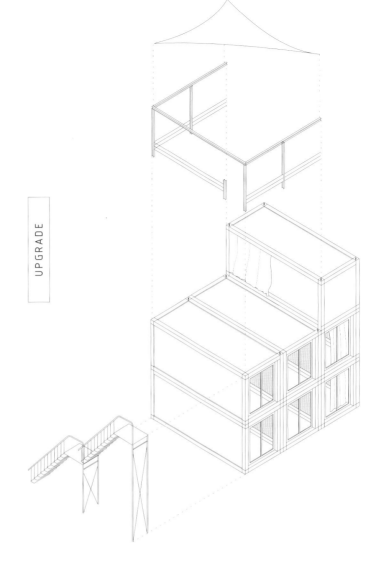

CONTAINER HOME

Residential and office containers are used wherever there is a need for temporary space. This usually means at construction sites or as residences for asylum seekers. Their dimensions correspond to a surface area of 6 meters by 2.4 meters and a ceiling height of a twenty-foot container; they can generally be transported easily using a truck. The individual modules can be connected to one another horizontally and vertically, and stacked onto one another to create up to three floors. The basic module contains a simple electric installation and is thermally insulated. Different window and entrance formats are possible at the sides. Within the system there are sanitary containers with toilets and showers. The containers are accessed via exterior staircases and arcades.

FASSADE	.... Elementsystem	DACH	.... ja	EXTRAS	.... Steckdosen
FAÇADE	element system	ROOF	yes		Sanitärelemente
					(WC/Küche)
ÖFFNUNGEN	.... Fenster, Türen	ISOLATION	.... 0,6 W/m²K		dreistöckig stapelbar
OPENINGS	windows, doors	INSULATION	0.6 W/m²K	EXTRAS	sockets
					sanitary furnishings
		ENTWÄSSERUNG	.... ja		(bathroom/kitchen)
		DRAINAGE	yes		stackable up to 3 floors

FERTIGGARAGE

B

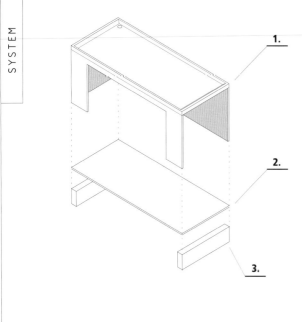

1.

2.

3.

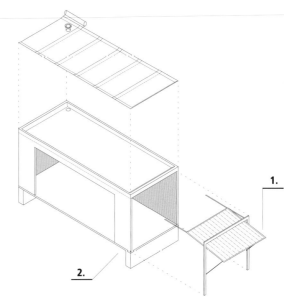

1.

2.

1.

1. STAHLBETON-GARAGENMODUL · CONCRETE GARAGE MODULE
2. BODENELEMENT · FLOOR SLAB
3. STREIFENFUNDAMENT · STRIP FOUNDATION

1. SCHWINGTOR · UP-AND-OVER DOOR
2. BITUMENABDICHTUNG · BITUMEN WATERPROOFING

Fertiggaragen finden überwiegend im privaten Wohnungsbau Verwendung. Es handelt sich dabei um Raumzellen aus Stahlbeton. Die Größe eines einzelnen Moduls beträgt 7 x 3 Meter, die lichte Raumhöhe 2,18 bis 2,82 Meter. Die Module können mit und ohne Bodenplatte hergestellt werden und sind in bis zu zwei Geschossen stapelbar. Für gewöhnlich werden die Module als Einzel- oder Doppelgaragen verwendet. Innerhalb der Produktionsabläufe können die Raumzellen, neben Öffnungen für Tore, auch mit Öffnungen für Fenster, Türen und Oberlichter versehen werden. Üblicherweise wird die Garage komplett geliefert, das heißt mit Dachabdichtung und -entwässerung, mit Tor und gegebenenfalls mit Fenster und Tür. Vor Ort müssen lediglich die Fundamente erstellt werden.

KONSTRUKTION CONSTRUCTION	.... Stahlbeton steel frame	RAUMHÖHE HEIGHT	2,5–3,1 m / 2,2–2,8 m 2.5–3.1 m / 2.2–2.8 m
RASTER GRID	.... 7 x 3 m	GRUNDFLÄCHE AREA	.... 19 m²
SPANNWEITE LENGTH	.... 7 m	PREIS PRO M² (BGF) PRICE PER M² (GROSS FLOOR AREA)	.... 240 EUR/m²

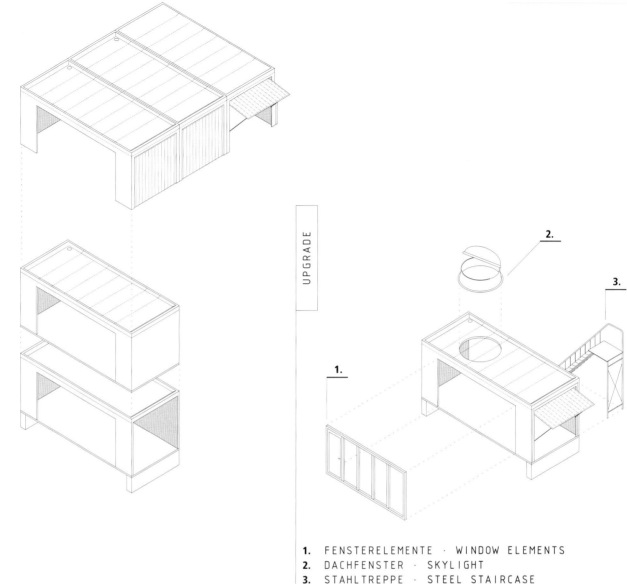

ADDITION

UPGRADE

2.

3.

1.

1. FENSTERELEMENTE · WINDOW ELEMENTS
2. DACHFENSTER · SKYLIGHT
3. STAHLTREPPE · STEEL STAIRCASE

PREFAB GARAGE

Prefab garages are mainly used in private housing construction. These are space modules made of reinforced concrete. The size of an individual module is 7 meters by 3 meters; the height is 2.18 meters to 2.82 meters. The modules can be produced with or without a base and can be stacked on top of one another to create one to two floors. The modules are usually used as single or double garages. Within the production process, it is possible to add openings for doors and windows and overhead lights.

Such garages usually come complete – i.e., with rooftop waterproofing, drainage, garage door and sometimes even with a window and door. Only the foundation must be built on-site.

FASSADE		DACH		EXTRAS	
FAÇADE	....	ROOF	.... ja		..... abschließbares Tor
			yes		zweistöckig stapelbar
ÖFFNUNGEN	.... Fenster, Türen	ISOLATION	.... 4,8 W/m²K		
OPENINGS	windows, doors	INSULATION	4.8 W/m²K	EXTRAS	closable doors
					stackable up to 2 floors
		ENTWÄSSERUNG	.... intern		
		DRAINAGE	internal		

INDUSTRIEBAUHALLE

SYSTEM

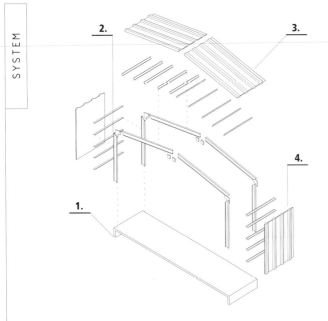

1.
2.
3.
4.

AUSSTATTUNG
Facilities

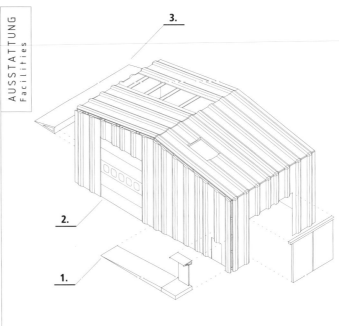

1.
2.
3.

1. FUNDAMENT · FOUNDATION	**1.** RAMPE · RAMP
2. STAHLTRÄGER · STEEL BEAMS	**2.** SEKTIONALTOR · SECTIONAL DOOR
3. POLYCARBONATDACH · POLYCARBONATE ROOF	**3.** VORDACH · CANOPY
4. WELLBLECHPANEELE · CORRUGATED IRON PANELS	

Bei Industriehallen handelt es sich um Baukastensysteme, die entsprechend den jeweiligen Anforderungen meistens als Werk- oder Lagerhalle ausgelegt und optimiert werden. Bei einer Spannweite von bis zu 20 Meter werden Rahmen aus Stahlträgern eingesetzt, die im Abstand von fünf Metern gereiht werden und so Hallen unterschiedlicher Länge ermöglichen. Als Fassaden und Dachbekleidungen werden meist Leichtbausysteme verwendet. Abhängig von der Nutzung der Halle können dies einfache Blechpaneele, Sandwichelemente sowie Hohlkammerplatten aus Polycarbonat sein. Da die Hallen oft ganz oder teilweise befahrbar sind, werden sie mit großformatigen Rolltoren ausgestattet. Eine natürliche Belichtung wird in der Regel durch Oberlichter und durch Fenster in der Fassade hergestellt.

INFO:

KONSTRUKTION CONSTRUCTION	.... Stahl steel	RAUMHÖHE HEIGHT	.... 7 m
RASTER GRID	.... 18 x 5 m	GRUNDFLÄCHE AREA	.... 90 m²
SPANNWEITE LENGTH	.... 18 m	PREIS PRO M² (BGF) PRICE PER M² (GROSS FLOOR AREA)	.... 330 EUR/m²

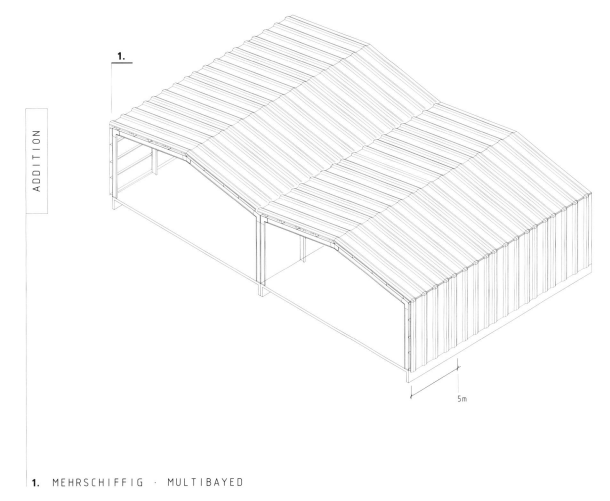

ADDITION

1. MEHRSCHIFFIG · MULTIBAYED

5m

INDUSTRIAL BUILDINGS

Industrial buildings are modular systems that are designed and optimized to meet specific requirements, usually as a factory or warehouse. With a span of up to twenty meters, frames made of steel girders are set at five meter intervals, making it possible to create halls of different lengths. Lightweight systems are usually used for façades and rooftops. Depending on the intended use of the hall, these might be simple sheet-metal panels, sandwich elements or twin-wall sheets made of polycarbonate. As the halls are either partially or entirely accessible to vehicles, they are usually given large-scale rolling doors. Natural lighting is generally provided by means of skylights and complemented by windows in the façade.

FASSADE	Sandwichmodul 220 mm	DACH	ja	EXTRAS	abschließbares Tor
FAÇADE	sandwich module 220 mm	ROOF	yes		zweistöckig stapelbar
ÖFFNUNGEN	Fenster, Türen,	ISOLATION	4,8 W/m²K	EXTRAS	closable doors
OPENINGS	Oberlichter windows, doors, skylights	INSULATION	4.8 W/m²K		stackable up to 2 floors
		ENTWÄSSERUNG	intern		
		DRAINAGE	internal		

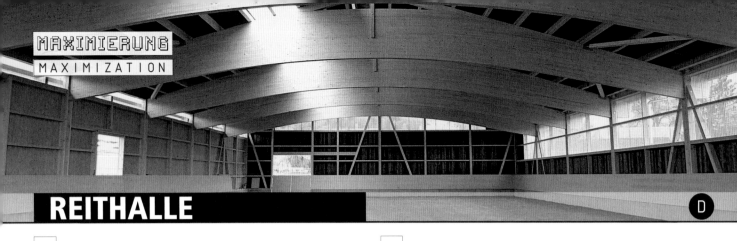

REITHALLE

D

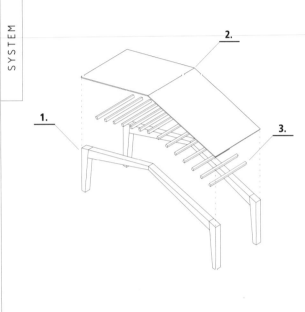

2.

1.

3.

1.

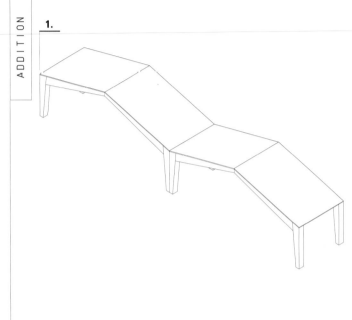

1. HOLZRAHMEN · WOODEN FRAME
2. WELLBLECHPANEELE · CORRUGATED IRON PANELS
3. HOLZLATTUNG · WOOD LATH

1. EINSCHIFFIG · SINGLE-BAYED
2. MEHRSCHIFFIG · MULTIBAYED

Reithallen sind speziell für den Reitsport konzipiert und haben meist eine Abmessung von 20 x 60 Metern. Bei der Konstruktion handelt es sich um eine Rahmenkonstruktion aus Holz oder um eine Mischbauweise aus Beton und Holz oder Stahl und Holz. Abhängig von der Materialwahl beträgt das Achsmaß zwischen drei und fünf Meter. Reithallen stellen im Wesentlichen einen einfachen Witterungsschutz dar und werden häufig ohne oder mit nur sehr einfachen Fassaden realisiert. Sie sind in aller Regel ungeheizt, da dies für die Pferde gesünder ist. Die Belichtung mit Tageslicht erfolgt über Lichtbänder im Dach oder einzelne Oberlichter. Als Abschluss der Reitbahn gibt es eine umlaufende Bande.

INFO:

KONSTRUKTION CONSTRUCTION	.... Holz wood	RAUMHÖHE HEIGHT	.... variabel variable
RASTER GRID	.... 20 x 4 m	GRUNDFLÄCHE AREA	.... variabel variable
SPANNWEITE LENGTH	.... 20 m	PREIS PRO M² (BGF) PRICE PER M² (GROSS FLOOR AREA)	.... 200 EUR/m²

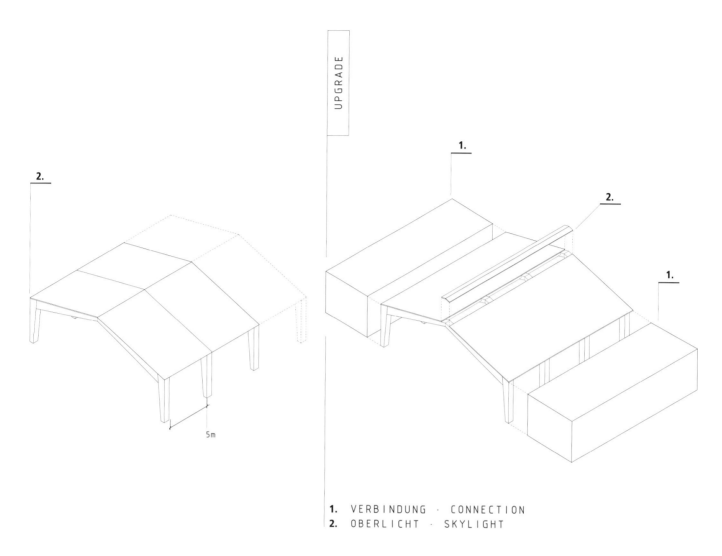

1. VERBINDUNG · CONNECTION
2. OBERLICHT · SKYLIGHT

RIDING HALL

Riding halls are usually designed for horse-riding and have a size of twenty by sixty meters. The framework is usually made of wood or a composite of concrete and wood or steel and wood. Depending on the choice of material, the axis usually measures between three and five meters. Riding halls usually have simple weatherproofing; they are often realized without or with only very simple façades. They are typically unheated, because this is healthier for the horses. Lighting by daylight is usually handled with strip lights in the roof or individual skylights. There is usually a circumferential band that delineates the riding arena.

FASSADE		DACH		EXTRAS	
FAÇADE	.... optional	ROOF	.... ja yes	EXTRAS	....
ÖFFNUNGEN		ISOLATION			
OPENINGS	.... optional	INSULATION	....	EXTRAS	
		ENTWÄSSERUNG			
		DRAINAGE	.... ja yes		

GEWÄCHSHAUS

E

SYSTEM

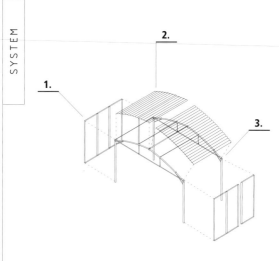

1.
2.
3.

AUSSTATTUNG
Facilities

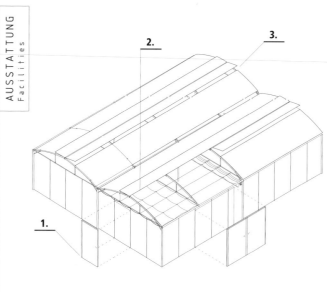

2.
3.
1.

1. POLYCARBONATWANDELEMENTE
   POLYCARBONATE WALL PANELS
2. POLYCARBONATDACH · POLYCARBONATE ROOF
3. STAHLGERÜST · STEEL FRAMEWORK

1. WANDPANEELE · WALL PANELS
2. VERSCHATTUNG · SHADING
3. LÜFTUNGSÖFFNUNG · VENTILATION OPENING

Gewächshaussysteme werden meist in der industriellen Landwirtschaft eingesetzt. Sie bestehen aus einem Grundmodul aus einer einfachen Stahlkonstruktion, das in alle Richtungen ergänzt werden kann. Die Gründung erfolgt über Einzelfundamente, da aufgrund der

Nutzung keine Bodenplatte erforderlich ist. Fassaden und Dächer bestehen aus Polycarbonatwell- oder Hohlkammerplatten oder alternativ aus doppellagigen Folien, die aufgeblasen und unter Druck gehalten werden. Die Fassaden können an Stirn- und Längsseiten mit

Schiebetoren versehen werden. Teil des Systems sind Lüftungsklappen im Dach und textile Verschattungselemente, die es ermöglichen, mit einfachen Mitteln das Raumklima zu regulieren.

INFO:				
KONSTRUKTION CONSTRUCTION	....	Stahl steel	RAUMHÖHE HEIGHT	.... 4,5 m 4.5 m
RASTER GRID	....	9,6 x 4 m 9.6 x 4 m	GRUNDFLÄCHE AREA	.... 39 m²
SPANNWEITE LENGTH	....	9,6 m 9.6 m	PREIS PRO M² (BGF) PRICE PER M² (GROSS FLOOR AREA)	.... 200 EUR/m²

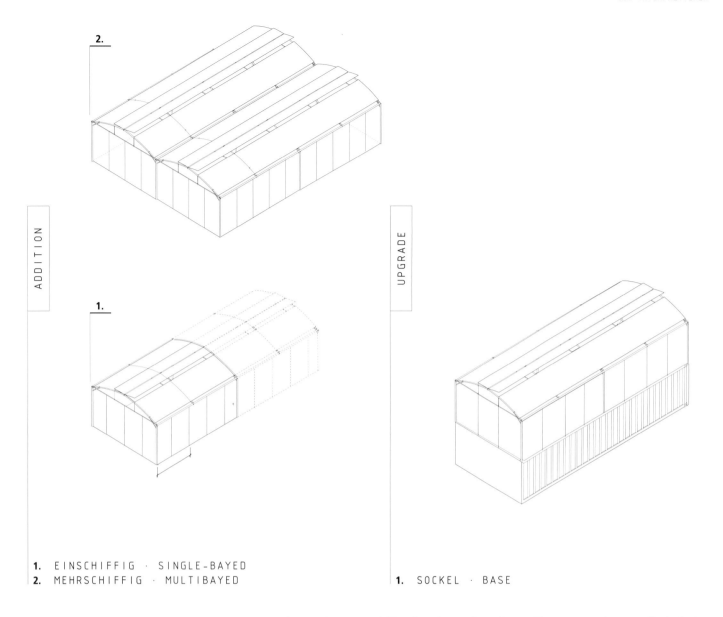

ADDITION

2.

1.

UPGRADE

1. EINSCHIFFIG · SINGLE-BAYED
2. MEHRSCHIFFIG · MULTIBAYED

1. SOCKEL · BASE

GREENHOUSE

Greenhouse systems are used most often in the field of industrial agriculture. They consist of a basic module made of a steel construction that can be expanded in all directions. They typically involve individual foundations, as their function requires no base panel. The façades and rooftops are usually made of polycarbonate corrugated steel panels or twin-wall sheets, or, alternatively, double-layered laminate that can be inflated and kept under pressure. The façades can also be fitted on the front and sides with sliding doors. The system also usually includes ventilation flaps in the roof and textile shading elements that make it possible to regulate the climate with ease.

FASSADE FAÇADE	... Hohlkammerplatten twin-wall sheets	DACH ROOF	.... ja yes	EXTRAS	.... Lüftungssysteme
ÖFFNUNGEN OPENINGS	... Türen, Dachklappen doors, roof hatches	ISOLATION INSULATION	4 W/m²K Doppelstegplatte 4 W/m²K multiwall	EXTRAS	ventilation systems
		ENTWÄSSERUNG DRAINAGE	.... Fassade façades		

DISCOUNTER

F

SYSTEM

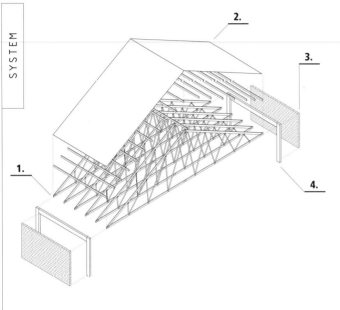

AUSSTATTUNG
Facilities

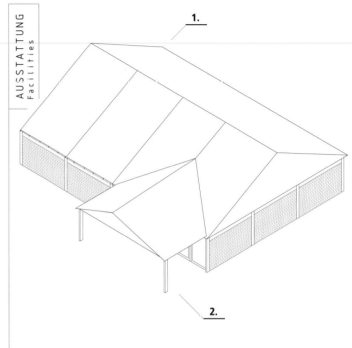

1. NAGELPLATTENBINDER · NAIL-PLATE TRUSS
2. DACHHAUT · ROOF MEMBRANE
3. ZIEGELAUSFACHUNG · BRICK INFILL
4. STAHLBETONSKELETT · REINFORCED CONCRETE FRAME

1. MARKTHALLE · MARKET HALL
2. VORDACH · CANOPY

Discountmärkte verschiedener Ausprägungen dienen der allgemeinen Nahversorgung sowohl im ländlichen als auch im städtischen Raum. Sie sind ein Gegenstand alltäglicher Gebrauchsarchitektur und Bestandteil des zeitgenössischen Stadtbildes. Oft nur als Interimsnutzung errichtet, folgt die Gestaltung im Wesentlichen ökonomischen und funktionalen Gesichtspunkten. Die Märkte werden nicht als System, sondern von lokalen Bauunternehmern in konventioneller Bauweise hergestellt. Das Tragwerk besteht aus einem Betonskelett, das abhängig von den Funktionsbereichen ausgemauert oder durch Fenster gefüllt wird. Das besondere Merkmal sind die Dachkonstruktionen aus Nagelbindern, mit denen sich große Spannweiten und stützenfreie Grundrisse sehr günstig realisieren lassen.

INFO:

KONSTRUKTION	.... Holznagelbinder	RAUMHÖHE	.... variabel
CONSTRUCTION	nailed timber trusses	HEIGHT	variable
RASTER	.... 36 x 1,2 m	GRUNDFLÄCHE	.... variabel
GRID	36 x 1.2 m	AREA	variable
SPANNWEITE	.... 36 m	PREIS PRO M² (BGF)	.... 700 EUR/m²
LENGTH		PRICE PER M²	
		(GROSS FLOOR AREA)	

UPGRADE

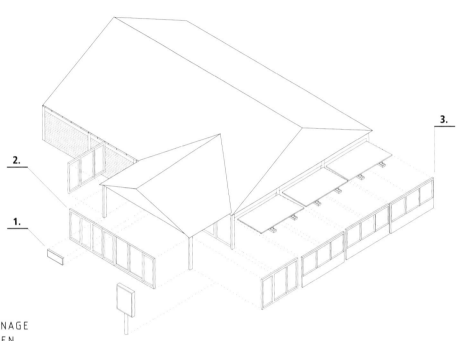

1. BESCHILDERUNG · SIGNAGE
2. WINDFANG · WINDSCREEN
3. FENSTER UND TÜREN · WINDOWS AND DOORS

DISCOUNT STORE

Discount stores of all different types serve general local supply in both urban and rural areas. They are objects of everyday architecture and a component of contemporary urban landscapes. They are often erected for interim use only; if they are expanded, the design is usually dictated by economical and functional concerns. Discount stores are not designed as a system, but are built by local contractors using conventional construction methods. The structure usually consists of a concrete frame that is filled in with either bricks or windows, depending on its function. The special feature here is the roof construction, which uses nail-plate trusses, allowing for the affordable realization of large spans and column-free floor plans.

FASSADE	.... diverse Systeme	DACH	.... ja	EXTRAS	.... verschiedene
FAÇADE	diverse systems	ROOF	yes		Dachformen
ÖFFNUNGEN	.... Oberlicht	ISOLATION	.... variabel		
OPENINGS	skylight	INSULATION	variable	EXTRAS	various roof types
		ENTWÄSSERUNG	.... Fassade		
		DRAINAGE	façades		

PARKHAUSSYSTEM

G

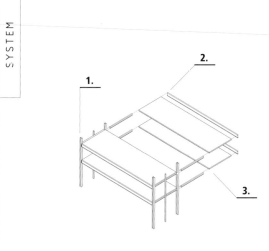

1.   STAHLSTÜTZE · STEEL COLUMNS
2.   STAHLTRÄGER · STEEL BEAMS
3.   VERBUNDDECKENSYSTEM · COMPOSITE CEILING SYSTEM

1.   PARKEBENEN · PARKING LEVELS
2.   VERBINDUNG · CONNECTIONS
3.   WENDELRAMPE · SPIRAL RAMP

Bei Systemparkhäusern handelt es sich um ein Baukastenprinzip, das entsprechend seiner Funktion als Verkehrsbauwerk optimiert ist. Die Konstruktion in Stahl-Beton-Verbundbauweise beruht auf einem Raster von 16 x 5 Meter, die lichte Raumhöhe beträgt 2,55 Meter.

Innerhalb des Systems können bis zu sieben Etagen gebaut werden. Die Verkehrslasten sind auf Grund der Nutzung sehr hoch. Außerdem verfügt das Gebäude über Rampen, die entweder innerhalb der Geschosse angeordnet oder als extra Baukörper erstellt werden.

Eine Fassade ist innerhalb des Baukastens nicht vorgesehen und kann entsprechend dem städtebaulichen Kontext ergänzt werden.

INFO:

KONSTRUKTION CONSTRUCTION	Stahl, Beton, Verbund steel, concrete, composite	RAUMHÖHE HEIGHT	.... 2,8 m / 2,6 m 2.8 m / 2.6 m
RASTER GRID	.... 16 x 5 m	GRUNDFLÄCHE AREA	.... 80 m²
SPANNWEITE LENGTH	.... 16 m	PREIS PRO M² (BGF) PRICE PER M² (GROSS FLOOR AREA)	.... 250 EUR/m²

ADDITION

1.

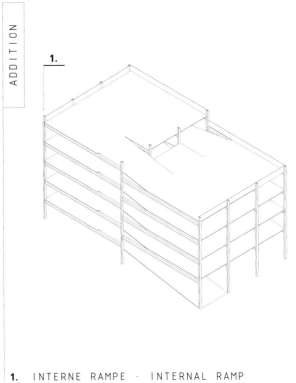

UPGRADE

1.

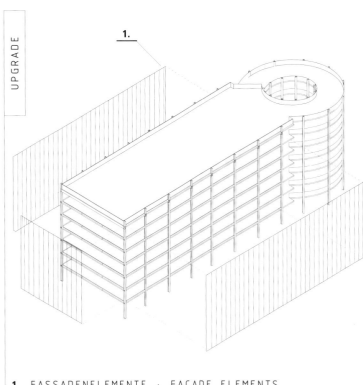

1. INTERNE RAMPE · INTERNAL RAMP

1. FASSADENELEMENTE · FAÇADE ELEMENTS

PARKING GARAGE SYSTEM

Multistory parking garage systems reflect a modular system optimized to suit their function as transport-related structures. The structure is a steel-reinforced concrete composite and is based on grid of sixteen by five meters, with a clearance of 2.55 meters. Up to seven floors can be built within the system. The traffic load is very high as a result of the use. The structure also has ramps found within the floors or as an attached building. The building has no façade, but one can be added depending on the urban context.

FASSADE FAÇADE	....	DACH ROOF	....	EXTRAS	Rampenerschließung hohe Lasten möglich
ÖFFNUNGEN OPENINGS	....	ISOLATION INSULATION	....	EXTRAS	ramp access high loads possible
		ENTWÄSSERUNG DRAINAGE	.... intern internal		

PRINZIP

SUFFIZIENZ UND EFFIZIENZ

Die Energieeinsparverordnung (ENEV) unterscheidet bei der Neuerrichtung von Gebäuden grundsätzlich zwischen Wohnungs- und Nichtwohnungsbau. Im Nichtwohnungsbau gibt es eine Unterscheidung zwischen Bereichen mit einer Raum-Soll-Temperatur von über und unter 19 Grad Celsius. Die ENEV muss bei Gebäuden mit einer Innentemperatur von weniger als zwölf Grad Celsius nicht angewandt werden. Weitere Ausnahmen stellen auch Gebäude aus Raumzellen mit einer Größe von jeweils 50 Quadratmetern und einer Nutzungsdauer von maximal fünf Jahren dar sowie provisorische Gebäude mit einer Nutzungsdauer von bis zu zwei Jahren und Gebäude, die dazu bestimmt sind, wiederholt aufgestellt und zerlegt zu werden.

Prinzipiell soll es beim Neubau von Atelierräumen aber nicht darum gehen, die ENEV zu umgehen, da nicht nur die Herstellungs-, sondern auch die Betriebskosten berücksichtigt werden müssen. Es gilt einen angemessenen Ausgleich zu

finden und die geltenden Ausnahmen und Befreiungen in konzeptionelle Überlegungen einfließen zu lassen. Um den gegebenen ökonomischen Rahmenbedingungen möglichst nahe zu kommen, müssen radikale Lösungsansätze geprüft werden, die von gewohnten funktionalen und ästhetischen und Vorstellungen abweichen.

In dem Artikel „Strategien für kostengünstiges Bauen im innerstädtischen Kontext" (Arch+ 198/ 199) stellen die Autoren „bei der Frage nach den Bedingungen und Perspektiven des Wohnens und Lebens, die Aspekte der Nachhaltigkeit und der Kosteneinsparung berücksichtigend" (1) zwei gegensätzliche Tendenzen fest: Suffizienz und Effizienz.

Das Suffizienzprinzip stellt die gängigen Ansprüche an raumklimatische Bedingungen infrage und orientiert sich dabei an historischen Vorbildern, bei denen es oft üblich war, nur einen Aufenthaltsraum auf einer bestimmten Temperatur

zu halten. Als räumliche Strategie bedeutet dies ein maximales Raumangebot bei minimaler technischer Ausstattung. Dies erfordert eine Anpassung der Nutzungsgewohnheiten an die Bedingungen der Räume, ermöglicht es aber auch, mehr Fläche mit weniger Komfort zur Verfügung stellen zu können. In einer Flächenbilanz bedeutet dies „more is more".

Das Effizienzprinzip bietet räumlich betrachtet eine maximale technische Ausstattung bei minimalem Raumverbrauch. Durch eine effiziente Organisation wird das minimale Raumangebot kompensiert. Ein Beispiel dafür sind Wohnmobile, die heute meist über einen hohen Komfort und eine gute technische Ausstattung verfügen. Auch hier müssen sich die NutzerInnen anpassen.

Überträgt man nun die eingangs beschriebene Anforderung der ENEV auf diese Prinzipien, ergibt sich daraus ein räumliches Modell mit differenzierten raumklimatischen Zonen und unterschiedlichen Anforderungen an die jeweiligen raumbegrenzenden Bauteile. Innerhalb eines zwischen 5 und 12 Grad Celsius temperierten, frostfreien Bereichs befinden sich Räume mit einer Raumtemperatur von bis zu 18 Grad Celsius mit einem minimalen Kern von über 18 Grad Celsius. Entsprechend der Temperierung steigt der technische Standard. Den einzelnen Zonen werden unterschiedliche Funktionen bzw. Tätigkeiten zugeordnet. Der Kern ist die minimale Atelierfläche, die als Rückzugsbereich und für sitzende Tätigkeiten geeignet ist.

Dieser Bereich wird ergänzt um eine weniger temperierte Fläche für körperlich aktivere Tätigkeiten. Die beiden Bereiche zusammen ergeben die individuelle Atelierfläche, die sich wiederum in einer frostfreien Raumhülle befinden, wo untergeordnete Funktionen wie Lager untergebracht sind, aber auch Erschließungs- und Kommunikationsbereiche. Im Weiteren lässt sich das Prinzip auch auf eine soziale Strategie übertragen mit minimalen individuellen Atelierbereichen und einem höheren Anteil an kollektiven Atelierflächen.

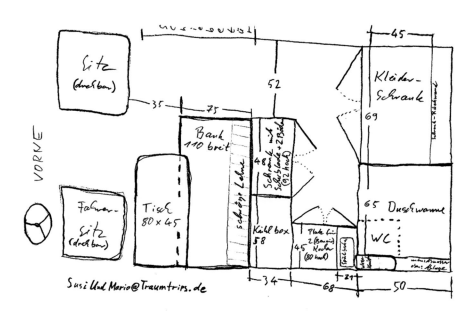

DAS EFFIZIENZPRINZIP BIETET RÄUMLICH BETRACHTET EINE MAXIMALE TECHNISCHE AUSSTATTUNG BEI MINIMALEM RAUMVERBRAUCH

(1) SMART PRICE HOUSES
Strategien für kostengünstiges Bauen
im innerstädtischen Kontext
KUHNERT, NGO, BERKES, GRUBER, LENART, OP
ARCH+ 198/199, BERLIN

PRINCIPLE

SUFFICIENCY AND EFFICIENCY

In terms of the construction of new buildings, the Energy Saving Ordinance (ENEV) differentiates fundamentally between residential and non-residential construction. In non-residential construction, there is a distinction between areas with a set-point temperature of over 19°C and under 19°C. The ENEV does not have to be applied in buildings with an interior temperature of less than 12°C. Other exceptions are also buildings consisting of room cells with a size of fifty square meters and a operating life of a maximum of five years, as well as provisional buildings with a operating life of up to two years and buildings that are intended to be erected and dismantled repeatedly.

In principle, however, the new construction of studio spaces does not concern the bypassing of the ENEV energy saving ordinance, because not only the production costs but also operating costs must be taken into account. The goal is to find a reasonable balance and to incorporate the applicable exceptions and exemptions in conceptual considerations. In order to approximate as closely as possible the given economic conditions, it will be necessary to examine radical solutions that differ from ordinary aesthetic and functional standards.

In the article "Strategien für kostengünstiges Bauen im innerstädtischen Kontext" (Strategies for Cost-Effective Construction in the Urban Context *Arch+* 198/199), the authors determine two opposing tendencies with regard to "the question of conditions and perspectives of living and life that take into account aspects of sustainability and cost saving" (1) i.e., sufficiency and efficiency.

The sufficiency principle questions the usual demands placed on room-climate conditions and in doing so relies on historical models, where it was often customary to maintain only one room at a certain temperature. As a spatial strategy, this means a maximum space with minimal technical equipment. This requires an adjustment of user habits to the conditions of the spaces, while also making available more space with less comfort. In terms of a "balance of space," the implication is that "more is more."

In terms of space, the efficiency principle offers a maximum technical furnishing with minimal space usage. Minimal space is compensated for by efficient organization. Examples of this are today's trailers or campers, which usually have a high degree of comfort and advanced technical facilities. Here, too, the user must adapt to the space.

If we transfer the ENEV demands mentioned above to these principles, the result is a spatial model with differentiated room-climate zones and different demands on the space-limiting building components. Within a frost-free space with a temperature between 5°C and 12°C, there are rooms with a temperature of up to 18°C with a minimal core of over 18°C. The technical standard rises in accordance with temperature control. Each individual zone is assigned a different function or activity. The core is the minimal studio space that functions as a private area and a place for seated activities.

This area is complemented by a less temperate space for more physical activities. Together both areas form the individual studio space and are in turn located in a frost-free room shell that serves subordinate functions such as storage, but access and communication as well. In addition, the principle can also be applied to a social strategy with minimal individual studio areas and a high percentage of collective studio space.

(1) SMART PRICE HOUSES
Strategien für kostengünstiges Bauen im innerstädtischen Kontext
KUHNERT, NGO, BERKES, GRUBER, LENART, OP
ARCH+ 198/199, BERLIN

THE SPATIAL EFFICIENCY PRINCIPLE OFFERS MAXIMUM TECHNICAL FACILITIES AND A MINIMAL CONSUMPTION OF SPACE

ZONIERUNG
RAUMKLIMA
INDOOR CLIMATE ZONES

< 12°   **12°–18°**   **> 18°**

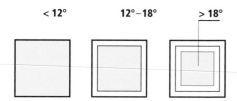

ENEV
ENERGY SAVING ORDINANCE (ENEV)

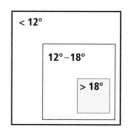

< 12°

12°–18°

> 18°

VERSCHRÄNKUNG
OVERLAY

SUFFIZIENZ
SUFFICIENCY

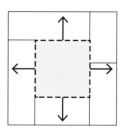

PRODUKTION

Industriefertigteile
Keine Details
Recycling
Do it yourself

PRODUCTION

Pre-fab industrial parts
No details
Recycling
Do-it-yourself

ORGANISATION

Stube mit Kachelofen
Reduzierung der technischen
Anforderung
Maximierung des Raums

ORGANIZATION

Room with tiled stove
Reduction of technical demands
Maximization of the space

EFFIZIENZ
EFFICIENCY

PRODUKTION

Massenproduktion
Perfektion im Detail
Digital-Real-Übersetzung

PRODUCTION

Mass production
Perfection in detail
Digital-to-real transformation

ORGANISATION

Wohnwagen
Hoher technischer Standard
Reduzierung des Raumbedarfs

ORGANIZATION

Trailer/Camper
High technical standard
Reduction of demand for space

TRANSFORMATION

TYPOLOGISCHE GRUNDÜBERLEGUNGEN

Im Folgenden führen wir die Erkenntnisse aus der vorangegangenen Untersuchung der Bausysteme (**INTERPRETIEREN**), der Umfrage zum idealen Atelier und den Überlegungen zur inneren Organisation von Atelierhäusern sowie zur energetischer Bilanz versus Raumangebot zusammen.

Zunächst werden auf zeichnerisch-entwurflicher Ebene Kombinationen der untersuchten Bausysteme getestet. Dabei versuchen wir, die bekannten Standardsysteme durch Reihung und Stapelung um räumliche und strukturelle Qualitäten zu erweitern, sowie durch deren Kombination die Möglichkeiten und Qualitäten zu verbessern. Mit den drei exemplarischen Atelierhäusern werden die jeweiligen Entwürfe, die sich auch aus dem Baukasten der Systeme bedienen, mit den von uns ausgesuchten möglichen Standorten ins Verhältnis gesetzt. Dabei wird Wert gelegt auf die Beziehung des vorhandenen Stadtkörpers zum projektierten Bauvolumen, sowohl im Maßstab als auch in den Beziehungen von innerer Nutzungsstruktur zu den umgebenden Schnittstellen (Atelierregal und Ateliercluster). Beim Atelierhof werden die Erschließung zwischen den Nutzungsbereichen sowie die Zwischen- und Gemeinschaftsräume direkt mit dem Außenraum verwoben.

TRANSFORMATION

BASIC TYPOLOGICAL CONSIDERATIONS

Here we summarize the results of the present study of construction systems (**INTERPRET**), as well as the findings of the survey on the ideal studio, considerations on the internal organization of studio complexes, and different notions of energy consumption versus space.

Firstly, combinations of the construction systems studied here are tested at the level of drawings and sketches. We attempt to lend new spatial and structural qualities to the known standard systems by means of new alignments and stacking processes, and to increase the possibilities and qualities through the combination of elements. Using the three exemplary studio buildings, the respective designs that make use of the modular system are linked to possible locations that we selected. This approach allows us to place value on the relationship between the existing urban body and the projected construction volume, both in terms of scale and in the relationships between interior usage structure and surrounding interfaces (the studio shelf and studio cluster). In the case of the studio courtyard, the development among usage areas as well as with the intermediate and community spaces is interwoven directly with the exterior space.

ADDITION

A
Wohncontainer
Container home

B
Fertiggarage
Prefab garage

C
Industriebauhalle
Industrial hall

D
Reithalle
Riding hall

E
Gewächshaus
Greenhouse

F
Discounter
Discount store

G
Parkhaussystem
Parking garage system

PLAY IT!

WOHNCONTAINER

Container home

FERTIGGARAGE

Prefab Garage

START!

START!

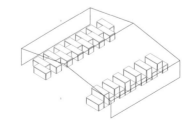

A

B

Transformation

INDUSTRIEBAUHALLE – REITHALLE

Industrial hall – Riding hall

START!

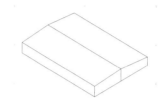
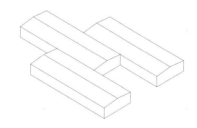
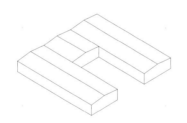
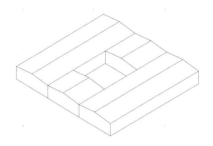
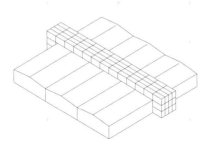
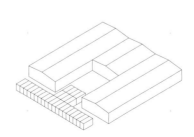
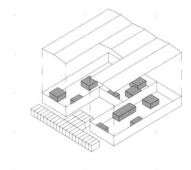

GEWÄCHSHAUS

Greenhouse

START!

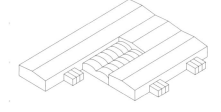

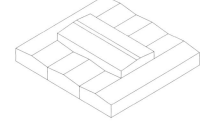

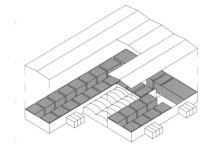

E

Transformation

DISCOUNTER

Discount store

START!

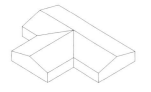

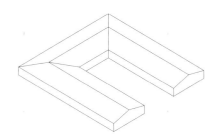

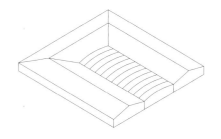

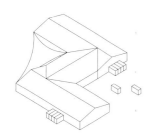

F

PARKHAUSSYSTEM

Parking garage system

START!

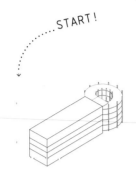

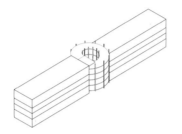

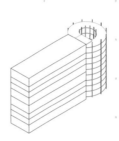

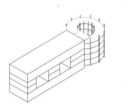

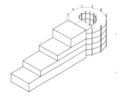

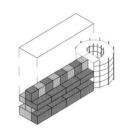

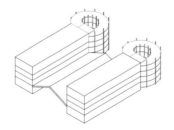

G

Transformation

KOMBINATION

Combination

START!

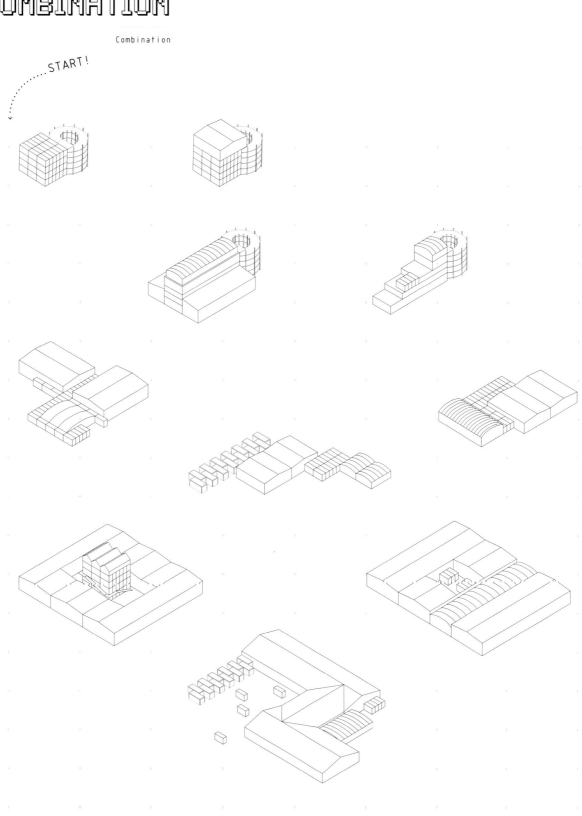

DREI EXEMPLARISCHE ATELIERHÄUSER

THREE EXEMPLARY STUDIO BUILDINGS

Die drei nachfolgend dargestellten Entwürfe sind als Ideen- und Versuchsmodelle zu verstehen. Sie zeigen die Möglichkeiten und die Weiterentwicklungen der in dieser Studie vorgestellten Bausteine und Typologien auf. Es werden hierbei Raumqualitäten ausgearbeitet und die Verhältnisse von Bauvolumen zu Freiflächen, privaten zu gemeinschaftlichen, offenen zu geschlossenen Räumen studiert und ausgelotet. Die Entwurfsskizzen gehen auf die unterschiedlichen Bedürfnisse von KünstlerInnen ein und versuchen, interessante Lösungen für Ateliers aufzuzeigen.

The three designs shown below are intended to be understood as ideas and experimental models. They point to the opportunities and possible further development of the modules and typologies presented in this study. In this process, spatial qualities are elaborated and the relationship between building volume and open spaces, private and community spaces, open and closed spaces are studied and considered. The sketches explore the various needs of artists and attempt to show interesting solutions for studios.

KONTEXT

Back to page 67!

01.   ATELIERCLUSTER · STUDIO CLUSTER

LICHTENBERG
Dong Xuan Center / Fahrbereitschaft

Konstruktionssystem:
Construction system:

(A) WOHNCONTAINER · CONTAINER HOME

(C) INDUSTRIEBAUHALLE · INDUSTRIAL HALL

(D) GEWÄCHSHAUS · GREENHOUSE

You are here!

ATELIERCLUSTER an der Herzbergstraße in Lichtenberg als Insel im Stadtraum des vietnamesischen Zentrums Dong Xuan neben anderen industriellen und künstlerischen Nutzungsstrukturen

STUDIO CLUSTER on Herzbergstraße in Lichtenberg as an island amid the urban space of the Vietnamese Dong Xuan Center and adjacent to industrial and artistic structures

02. ATELIERREGAL · STUDIO SHELF

Konstruktionssystem:
Construction system:

(G) PARKHAUSSYSTEM · PARKING GARAGE SYSTEM

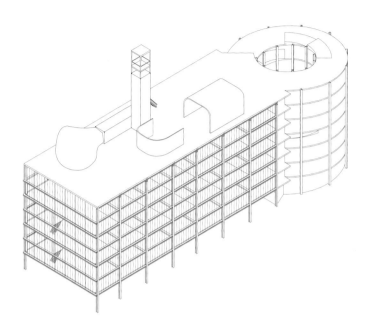

NEUKÖLLN
Ringbahn / Hertabrücke

You are here!

ATELIERREGAL an der Hertabrücke in Neukölln als Schnittstelle im Raum der Ringbahn zwischen zwei Neuköllner Kiezen

STUDIO SHELF on Hertabrücke in Neukölln as an interface in the Ringbahn area between two Neukölln neighborhoods

03. ATELIERHOF · STUDIO COURTYARD

Konstruktionssystem:
Construction system:

(B) FERTIGGARAGE · PREFAB GARAGE

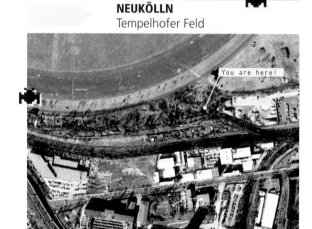

NEUKÖLLN
Tempelhofer Feld

You are here!

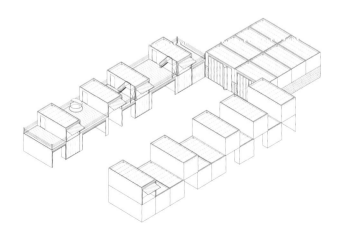

ATELIERHOF am Rande des Tempelhofer Feldes als nomadisches Künstlerdorf zwischen Park, Kleingärten, Ringbahn und Industriegebiet

STUDIO COURTYARD at the edge of Tempelhofer Feld as a nomadic artists' village between park, allotment gardens, Ringbahn and industrial areas

ATELIERCLUSTER

01. LICHTENBERG
Dong Xuan Center / Fahrbereitschaft

Das Ateliercluster besteht aus einer Addition von drei unterschiedlichen Hallen, die so angeordnet sind, dass sie verschiedene Außenräume enstehen lassen. Jede Halle besteht aus unterschiedlichen Bausystemen und entwickelt so differenzierte Innenräume.

Bauteil A besteht aus einem Gewächshaussystem als äußere Klimahülle mit eingestellten Baukörpern verschiedener Größe als individuelle Ateliers. Bauteil B hat tragende Wände aus Bürocontainern, die als benutzbare Außenwand einen Innenraum definieren, der von einer Dachkonstruktion aus Nagelbindern überspannt wird und zum Beispiel als Projektraum genutzt werden kann. Bei Bauteil C handelt es sich um eine Industriebauhalle mit einer Fassade aus Sandwichpaneelen. Hier sind größere Ateliers vorgesehen, die über einen gemeinsamen Bereich verfügen, der als Anlieferung bzw. Erschließung und Erweiterung der individuellen Ateliers genutzt werden kann.

The studio cluster consists of a conglomeration of three different halls arranged so that varying exterior spaces emerge. Each hall comprises different construction systems, and thus develops differentiated interiors.

Section A features a greenhouse system as an exterior climate-shell, with set structures of various sizes functioning as individual studios. Section B has load-bearing walls from office containers defining an interior space that is spanned by a trussed roof and could be used as a project space. Section C is an industrial hall with a façade of sandwich panels. Larger studios are planned here and would have a common area that could be used as a delivery, development or expansion area for the individual studios.

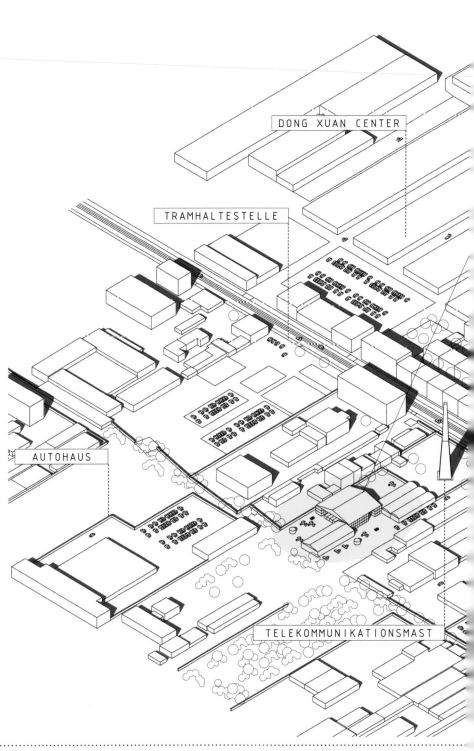

DONG XUAN CENTER

TRAMHALTESTELLE

AUTOHAUS

TELEKOMMUNIKATIONSMAST

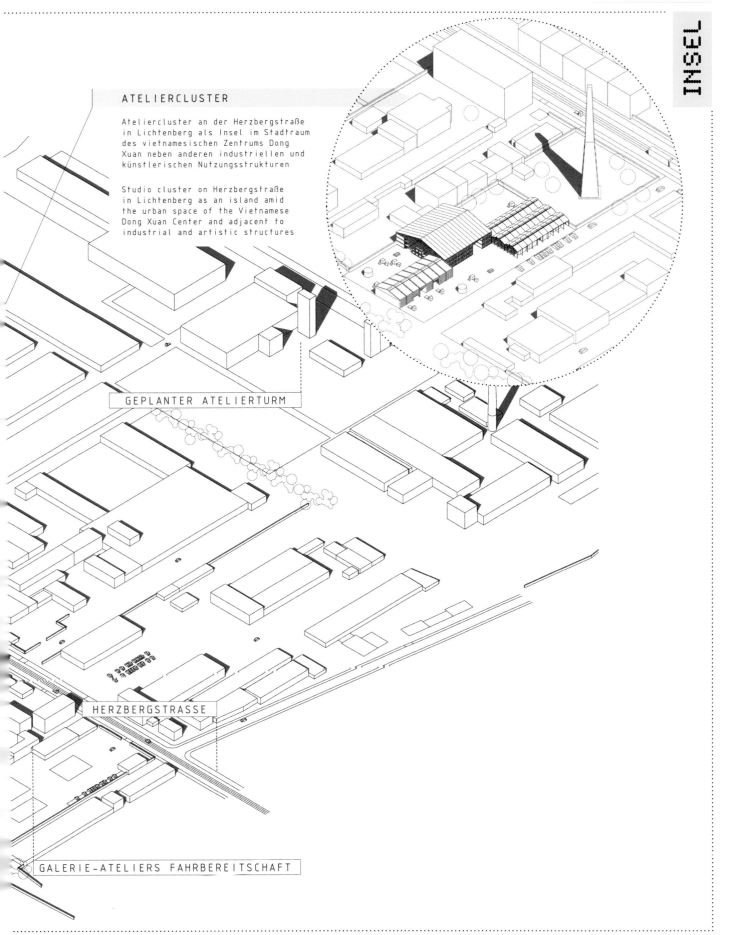

ATELIERCLUSTER

Ateliercluster an der Herzbergstraße
in Lichtenberg als Insel im Stadtraum
des vietnamesischen Zentrums Dong
Xuan neben anderen industriellen und
künstlerischen Nutzungsstrukturen

Studio cluster on Herzbergstraße
in Lichtenberg as an island amid
the urban space of the Vietnamese
Dong Xuan Center and adjacent to
industrial and artistic structures

GEPLANTER ATELIERTURM

HERZBERGSTRASSE

GALERIE-ATELIERS FAHRBEREITSCHAFT

ATELIERCLUSTER

01. **LICHTENBERG**
Dong Xuan Center / Fahrbereitschaft

1:500

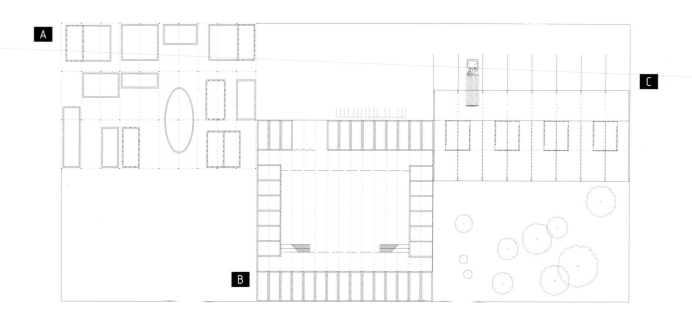

| **A** | **B** | **C** |

GEWÄCHSHAUS
überdachter Außenraum mit
verschiedenen eingestellten
Raumzellen

GREENHOUSE
Covered outdoor space with variously
configured room cells

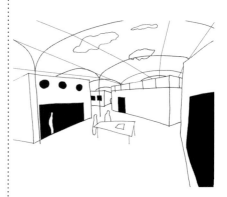

NAGELBINDERHALLE (Discounter)
Nagelbinder überspannen einen
großen Hallenraum.
Raumhaltige Wände aus Containern

HALL WITH TRUSSED ROOF (Discounter)
A trussed roof spans a large hall space.
Spatial walls of containers

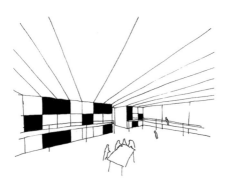

INDUSTRIEHALLE
Werkraum entlang der Fassade mit
heizbaren Räumen in der Tiefe der
Halle

INDUSTRIAL HALL
Workspace along the façade with
heated rooms at the bottom of the hall

INSEL

DURCH DIE KOMBINATION VERSCHIEDENER
BAUSYSTEME ENTSTEHEN ATELIER- UND
GEMEINSCHAFTSRÄUME VON UNTERSCHIEDLICHER
QUALITÄT

THE COMBINATION OF DIFFERENT CONSTRUCTION
SYSTEMS RESULTS IN STUDIOS AND COMMON
SPACES OF VARYING CHARACTER

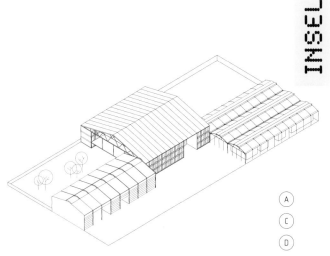

Ⓐ
Ⓒ
Ⓓ

Temperaturbereiche
TEMPERATURE RANGES

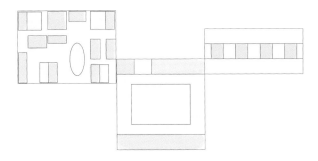

5–12°C

12–18°C

>18°C

GESCHOSSE FLOORS	1–3
GRUNDFLÄCHE GESAMT TOTAL AREA	6500 m² 6,500 m²
BEBAUTE FLÄCHE BUILT-UP AREA	3100 m² 3,100 m²
FREIE HOFFLÄCHE OPEN COURTYARD SPACE	3400 m² 3,400 m²
ATELIERGRÖSSEN ATELIER SIZES	13–87 m² from 13 to 87 m²
ANZAHL ATELIERS NUMBER OF STUDIOS	60
PROJEKTRAUM PROJECT SPACE	850 m²
ERSCHLIESSUNGSFLÄCHE ACCESS AREAS	500 m²
FLÄCHE RAMPE RAMP AREA	–
SIMULIERTE BAUKOSTEN ESTIMATED BUILDING COSTS	440 EUR/m² BGF 440 EUR/m²

BESONDERHEITEN
SPECIAL FEATURES

Querschnitt
CROSS-SECTION

Ⓐ

Ⓑ

drei unterschiedliche Hallen, dadurch
differenzierte Atmosphären und Außenräume

Three different halls create differentiated
atmospheres and exterior spaces.

Ⓒ

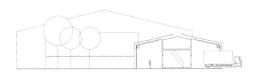

ATELIERREGAL

02. **NEUKÖLLN**
Ringbahn / Hertabrücke

Beim Atelierregal handelt es sich um ein siebengeschossiges Gebäude, bei dem als Grundkonstruktion ein Parkhaussystem zur Verwendung kommt. Als architektonische Referenz dient uns dabei die Unité d'Habitation von Le Corbusier.

Die Haupterschließung erfolgt über die Rampe, sodass Lastenaufzüge nicht erforderlich sind. Um eine entsprechende Raumhöhe zu ermöglichen, wird in jedem zweiten Geschoss auf die Decke verzichtet. Die Ateliers, die über eine innenliegende Straße erschlossen werden, erhalten so einen Arbeitsbereich mit doppelter Raumhöhe und einen Rückzugsbereich über der Erschließungsstraße mit einfacher Raumhöhe. Im Übergangsbereich zwischen Rampe und Baukörper sind auf jeder Etage kollektive und öffentliche Bereiche angeordnet. Im Erdgeschoss, das von allen Seiten frei zugänglich ist, sind Projekträume und Werkstätten vorgesehen. Die offene Dachfläche kann für Sonderprogramme gemeinschaftlich genutzt werden. Als Fassade sind transluzente Polycarbonatplatten vorgesehen, die durch Fenster ergänzt werden.

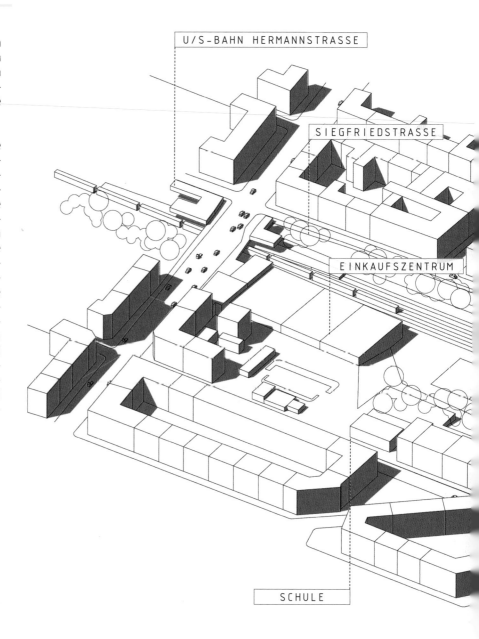

The studio shelf is a seven-story building that uses a parking garage system as a basic design. Le Corbusier's Unité d'Habitation serves as an architectural reference here.

Main access to the building is gained via the ramp, making freight elevators unnecessary. In order to enable adequate ceiling heights, every other floor has no ceiling. The studios, which are accessible via an interior road, thus have a workspace that features a double ceiling height plus a private lounge area – over the access road – with a regular ceiling height. Collective and public areas are arranged on each floor in the transition area between ramp and building. Project spaces and workshop areas are planned on the ground floor, which is accessible from all sides. The open rooftop area can be shared and used for special projects and events. Windows and translucent polycarbonate panels are planned for the façade.

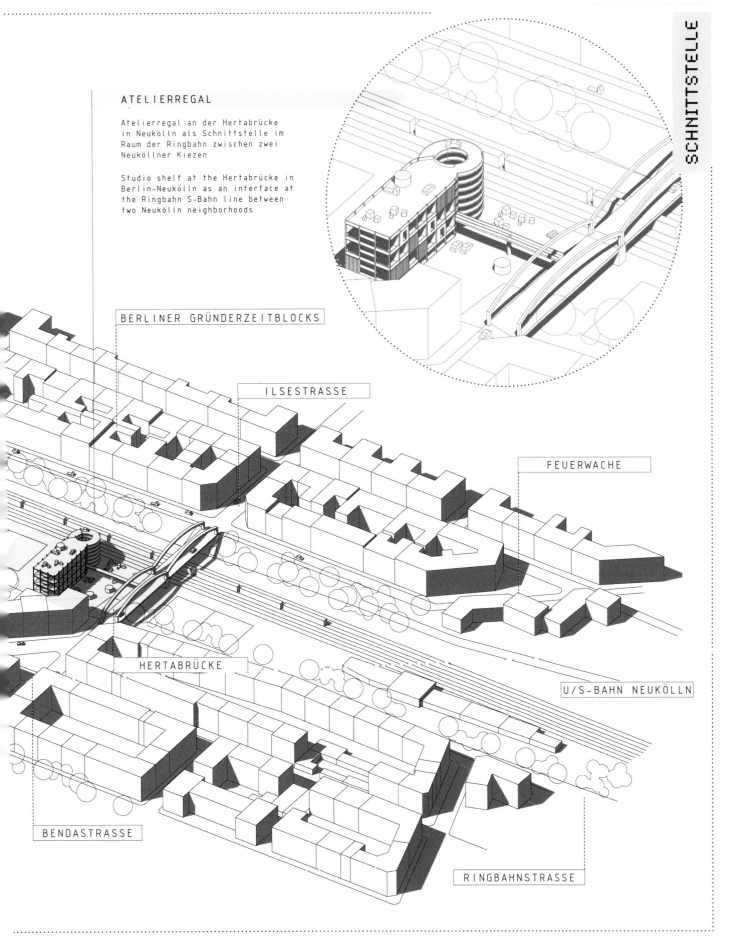

ATELIERREGAL

Atelierregal an der Hertabrücke in Neukölln als Schnittstelle im Raum der Ringbahn zwischen zwei Neuköllner Kiezen

Studio shelf at the Hertabrücke in Berlin-Neukölln as an interface at the Ringbahn S-Bahn line between two Neukölln neighborhoods

SCHNITTSTELLE

BERLINER GRÜNDERZEITBLOCKS

ILSESTRASSE

FEUERWACHE

HERTABRÜCKE

U/S-BAHN NEUKÖLLN

BENDASTRASSE

RINGBAHNSTRASSE

ATELIERREGAL

02. **NEUKÖLLN**
Ringbahn / Hertabrücke

1:500

REGELGESCHOSS
STANDARD
FLOOR

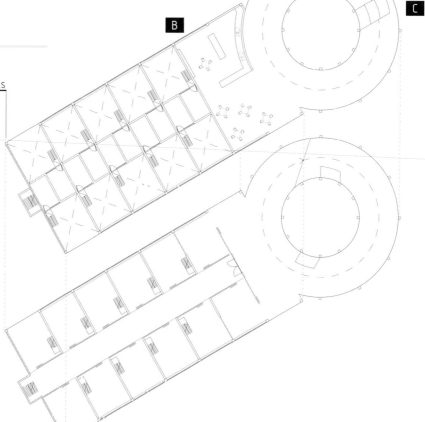

A B C

A

ATELIER
gut belichteter Atelierraum mit kleiner
Rückzugskammer

STUDIO
Well-lit studio space with a small private
chamber

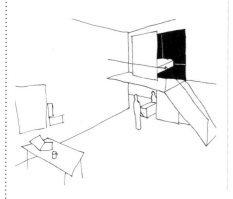

B

GEMEINSCHAFTSRAUM

LOUNGE

C

ERSCHLIESSUNGSRAMPE
vertikale Verbindung der öffentlichen
Bereiche, Lieferzone, Stauraum,
Veranstaltungsbereich usw.

ACCESS RAMP
Vertical connection of the open spaces,
delivery zones, storage and event areas, etc.

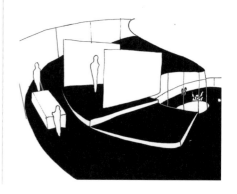

DIE ERSCHLIESSUNGSRAMPE ERSETZT DEN
AUFZUG UND DIENT ALS KOMMUNIKATIVER ORT

THE ACCESS RAMP REPLACES THE ELEVATOR
AND SERVES AS A SPACE FOR COMMUNICATION

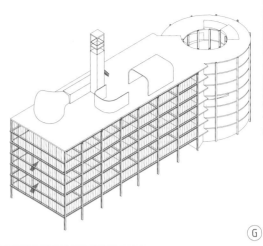

(G)

Temperaturbereiche
TEMPERATURE RANGES

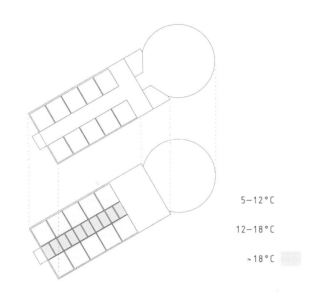

5–12°C

12–18°C

>18°C

Querschnitt
CROSS-SECTION

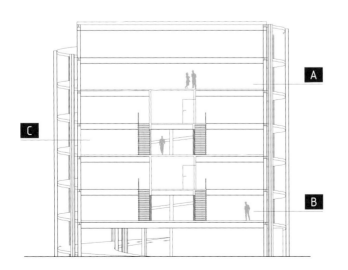

GESCHOSSE	7 (teils doppelstöckig)
FLOORS	7 (partly duplex)
GRUNDFLÄCHE GESAMT	770 m²
TOTAL AREA	
BEBAUTE FLÄCHE	770 m²
BUILT-UP AREA	
FREIE HOFFLÄCHE	–
OPEN COURTYARD SPACE	
ATELIERGRÖSSEN	36–72 m²
ATELIER SIZES	from 36 to 72 m²
ANZAHL ATELIERS	30
NUMBER OF STUDIOS	
PROJEKTRAUM	1500 m²
PROJECT SPACE	1,500 m²
ERSCHLIESSUNGSFLÄCHE	250 m²
ACCESS AREAS	
FLÄCHE RAMPE	1600 m²
RAMP AREA	1,600 m²
SIMULIERTE BAUKOSTEN	460 EUR/m² BGF
ESTIMATED BUILDING COSTS	460 EUR/m²

BESONDERHEITEN
SPECIAL FEATURES

Haupterschließung über Rampe statt Lastenaufzüge;
kollektive und öffentliche Bereiche im
Übergangsbereich über Rampe und Baukörper;
freies Erdgeschoss für Werkstätten und Projektraum;
offene, nutzbare Dachfläche

Main access ramp instead of freight elevators.
Collective and public spaces in the transition
area between ramp and building structure.
Open ground floor for workshop and project spaces.
Open rooftop space.

ATELIERHOF

03. NEUKÖLLN
Tempelhofer Feld

Das Pionierfeld für KünstlerInnen besteht aus Betonfertiggaragen, die so angeordnet sind, dass sie einen gemeinsamen Hof definieren. Der Hof wird an den Längsseiten von individuellen Ateliers und am Ende von einem gemeinsamen Projektraum begrenzt. Durch eine Reihung und Stapelung der Garagen entstehen verschiedene Räume von unterschiedlicher Größe und Raumhöhe. Durch die im System vorhandenen Tore können sich die Ateliers zum gemeinsamen Hof öffnen.

Am 25.05.2014 gab es einen Volksentscheid, der sich unter anderem gegen Neubauten jeglicher Art auf dem Tempelhofer Feld aussprach. Insofern kann ein als Künstlerkolonie gedachtes Pionierfeld hier nicht umgesetzt werden.

As a pioneer field for artists, this studio courtyard system consists of prefab concrete garages set up in such a way that they define the outline of a shared courtyard. The courtyard is bordered along its longer axis by individual studios, and at the end by a common project space. The alignment and stacking of garages creates various spaces of different sizes and heights. The doors of the system allow the studios to open up onto the common courtyard.

On May 25, 2014, a public referendum voted down the construction of any new buildings on Tempelhofer Feld. As a result, this is not currently a possible location for a pioneer field conceived as an artist colony.

TEMPELHOFER FELD

KLEINGÄRTEN

GEPLANTE S-BAHN-HALTESTELLE

GEPLANTE BRÜCKE

AUTOHAUS

RINGBAHN

OBERLANDSTRASSE

NOMADE

ATELIERHOF

Atelierhof am Rande des Tempelhofer
Feldes als nomadisches Künstlerdorf
zwischen Park, Kleingärten, Ringbahn
und Industriegebiet

Studio courtyard at the edge of
Tempelhofer Feld as a nomadic
artists area between park,
allotment gardens, Ringbahn and
industrial areas

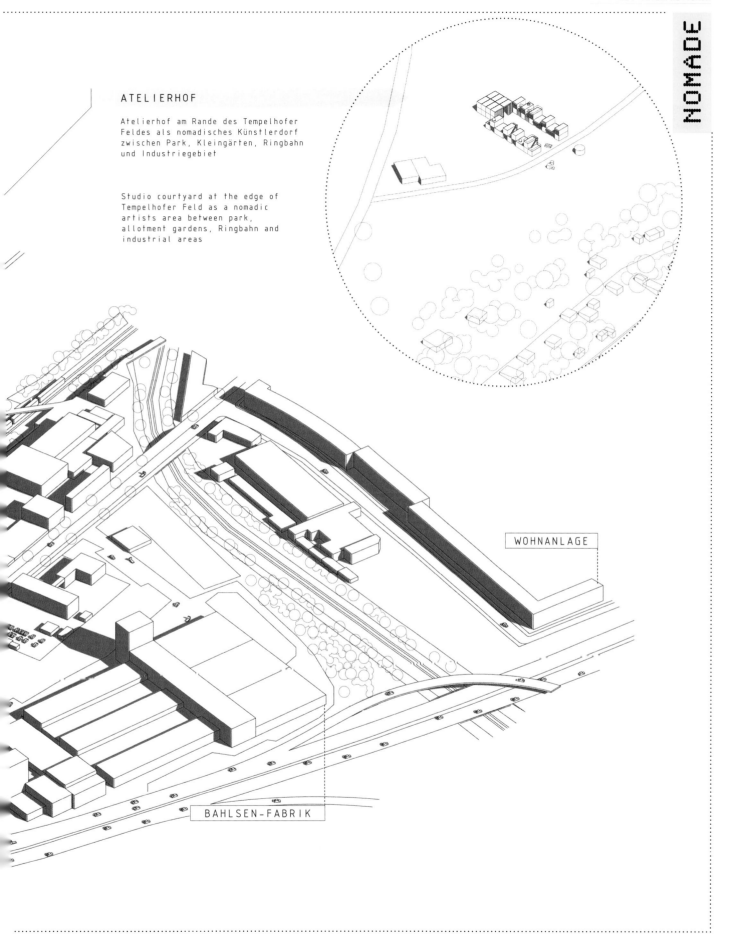

WOHNANLAGE

BAHLSEN-FABRIK

ATELIERHOF

03. **NEUKÖLLN**
Tempelhofer Feld

1:500

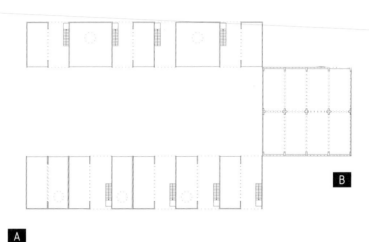

A

B

A

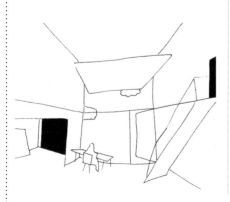

ATELIERRÄUME
abgeschlossene Raumkapseln mit
großen Öffnungen, individueller
Ausbau

STUDIO SPACES
Closed room capsules with large
openings, individualized expansion

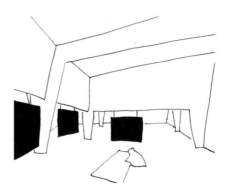

PROJEKTRAUM
gemeinschaftlich nutzbarer Raum, der sich
in kleinere Bereiche unterteilen lässt

PROJECT SPACE
Common lounge area that can be partitioned
into smaller spaces

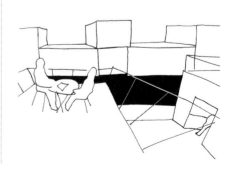

DACHLANDSCHAFT

ROOFTOP LANDSCAPE

A

B

C

NOMĀDE

DURCH EINE REIHUNG UND STAPELUNG DER
GARAGEN ENTSTEHEN VERSCHIEDENE RÄUME VON
UNTERSCHIEDLICHER GRÖSSE UND RAUMHÖHE

THE ALIGNMENT AND STACKING OF GARAGES
CREATES VARIOUS SPACES OF DIFFERENT
SIZES AND HEIGHTS

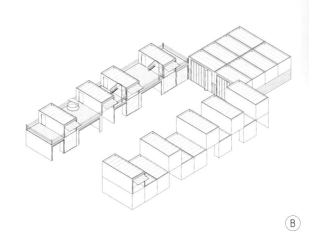

(B)

Temperaturbereiche
TEMPERATURE RANGES

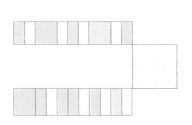

5–12°C

12–18°C

>18°C

GESCHOSSE	1–2
FLOORS	
GRUNDFLÄCHE GESAMT	1100 m²
TOTAL AREA	1,100 m²
BEBAUTE FLÄCHE	580 m²
BUILT-UP AREA	
FREIE HOFFLÄCHE	21–60 m²
OPEN COURTYARD SPACE	from 21 to 60 m²
ATELIERGRÖSSEN	36–72 m²
ATELIER SIZES	from 36 to 72 m²
ANZAHL ATELIERS	11
NUMBER OF STUDIOS	
PROJEKTRAUM	140 m²
PROJECT SPACE	
ERSCHLIESSUNGSFLÄCHE	–
ACCESS AREAS	
FLÄCHE RAMPE	–
RAMP AREA	
SIMULIERTE BAUKOSTEN	430 EUR/m² BGF
ESTIMATED BUILDING COSTS	430 EUR/m²

Querschnitt
CROSS-SECTION

A

B

BESONDERHEITEN
SPECIAL FEATURES

unterschiedliche Größen und Raumhöhen durch
Reihung und Stapelung der Garagen;
große Tore zum gemeinsamen Hof

The stacking and ordering of garages creates
various spaces with different sizes and heights.
Large doors open onto the common courtyard.

HACKING ALS ENTWURFSPRINZIP

HACKING AS A DESIGN PRINCIPLE

Das Prinzip des Hacking ist Teil der konzeptionellen Überlegung. Bei allen untersuchten Modulen und Systemen handelt es sich um alltägliche Gebrauchsarchitekturen, funktional und ohne jeden architektonischen Anspruch. Durch Umdeutung und Neukonfiguration werden räumliche Qualitäten entwickelt; Identität entsteht durch Aneignung. Hier kommt eine Methode zur Anwendung, die in den letzten Jahrzehnten in der kreativen Praxis entstand. Sie wurde hier bereits bei der Konzeption und Planung von Neubauten genutzt.

Für eine Umnutzung weisen alle zuvor untersuchten Systeme und Module Einschränkungen hinsichtlich möglicher Raumgrößen und Raumhöhen auf. Umnutzungen verhandeln gegebene bauliche und räumliche Bedingungen und setzen diese durch Interpretation in neue funktionale Zusammenhänge. In diesem Kontext müssen auch die Einschränkungen gelesen und auf ihre Funktionalität geprüft werden.

Die Kosten für eine Anpassung dürfen dabei nicht den systemimmanenten wirtschaftlichen Vorteil neutralisieren. Dies gilt nicht nur für die Herstellungs-, sondern auch für die zu erwartenden Betriebskosten. Immobilienwirtschaftliche Aspekte hinsichtlich der Verwertung von Grund und Boden finden bislang keine Berücksichtigung. Die Produktion und Verfügbarkeit von Raum hat Priorität vor dessen architektonischer Ausgestaltung, die architektonischen Mittel und deren Ästhetik folgen den ökonomischen Rahmenbedingungen. Trotzdem sollen die Räume gestaltet sein. Dafür muss eine angemessene Sprache entwickelt werden, die dieser Ästhetik architektonischen Ausdruck verleiht.

The principle of hacking is part of a conceptual idea. In all systems and modules examined here, the focus is on forms of architecture that are designed for everyday usage, i.e., functional and without any architectural standards to speak of; spatial qualities are developed through reinterpretation and reconfiguration. Identity emerges through acquisition. A method is applied that has emerged in creative practice over the past several decades. In this case, however, the method is applied earlier, in the conceptualization and planning of new buildings.

When considering a reuse of buildings, all previously examined systems and modules show restrictions with regard to the potential size and height of the spaces. By reinterpreting these spaces, potential new usages serve to transform existing structures and spatial conditions and place them in new functional frameworks. In this context, the restrictions must also be examined and tested in terms of their functionality.

The costs of a conversion should not lead to a neutralization of the economic advantages inherent in the system. This applies not only to the production costs, but also to the expected operating costs. What has not been considered thus far are real estate aspects regarding land utilization. The production and availability of space has priority over architectural design; architectural means and their related aesthetic concerns are secondary to economic conditions. Nevertheless, the spaces should be designed. An appropriate language must be developed to give this aesthetic architectural expression.

GRUNDSÄTZLICH FOLGT DIESES VORGEHEN DER PRÄMISSE, DASS DAS ANGEBOT AN GÜNSTIGEN ATELIERRÄUMEN EINE VORAUSSETZUNG FÜR DIE ENTWICKLUNG KREATIVER MILIEUS IST

THIS APPROACH FOLLOWS THE PREMISE THAT AFFORDABLE STUDIO SPACES ARE A PREREQUISITE FOR THE DEVELOPMENT OF CREATIVE ENVIRONMENTS

EIN GESPRÄCH MIT
A CONVERSATION WITH

MATTHIAS BÖTTGER

INA WUDTKE

ELLEN BLUMENSTEIN

CHRISTOF MAYER

FLORIAN SCHMIDT

JOACHIM GÜNTHER

ADRIENNE GOEHLER

BERNHARD KOTOWSKI

PHILIP HORST

DANIELA BRAHM

JULIA LAZARUS

LEONIE BAUMANN

CARMEN REIZ

Ort der Veranstaltung:
PRAXES
Center for Contemporary Art, Berlin
www.praxes.de

VORWORT · Matthias Böttger

Christof Mayer von raumlabor hatte mich eingeladen, am 8. Juli 2014 gemeinsam mit ihm ein Gespräch über neuen Atelierraum für KünstlerInnen in Berlin zu leiten. Zu dem fast fünfstündigen Expertenkarussell in der Galerie Praxes in Kreuzberg erschienen in folgender Reihenfolge: Ellen Blumenstein, Ina Wudtke, Joachim Günther, Florian Schmidt, Adrienne Goehler, Bernhard Kotowski, Philip Horst, Julia Lazarus, Daniela Brahm, Leonie Baumann und Carmen Reiz.

Gibt es so etwas wie ein ideales Atelier? Wie könnte es aussehen und welchen Ansprüchen sollte es genügen? Welche Ziele verfolgt eine liberale Demokratie mit der öffentlichen Förderung von Kunst und Kultur? Sollten Ateliers nicht nur günstig, sondern auch schön sein? Lässt sich die Frage nach günstigen Arbeits- und Wohngelegenheiten für KünstlerInnen von der allgemeinen Wohnungsfrage trennen? Wenn es zu wenige Atelierräume in Berlin gibt, gibt es dann vielleicht zu viele KünstlerInnen?

Die teilweise provokanten Fragen und provokanten Entwürfe wurden mit den wechselnden GesprächspartnerInnen kontrovers diskutiert. Es wurde deutlich, dass die Ansprüche an Ateliers sehr unterschiedlich sind und sich die Arbeitsbiografien von KünstlerInnen heute oft fundamental unterscheiden. Trotzdem gehören zu einer durchmischten Urbanität KünstlerInnen und ihre Ateliers – das gilt für Berlin und jede andere Stadt. Es stellt sich die Frage: Was können wir dafür tun?

MB Gibt es so etwas wie ein ideales Atelier? Wie sieht es aus?

BK Als wir mit dieser Studie angefangen haben, haben wir die KünstlerInnen nach ihren Wünschen für ein Atelier befragt. Wir haben in etwa zwischen 500 und 600 Antworten bekommen, und darin kamen der Wunsch nach einer gewissen räumlichen Flexibilität und nach einer Möglichkeit, sich erweitern zu können, des Öfteren vor. Da geht es aber um eine selbst gesteuerte Flexibilität. Wenn Flexibilität heißt: dein Raum ist dir nicht sicher, du bekommst eine Mieterhöhung, die du dir nicht leisten kannst, du musst umziehen etc., ist das natürlich für niemanden wünschenswert. KünstlerInnen müssen auch planen können.

MB Geht es darum, die Stadt als Kulturstandort weiterzuentwickeln? Oder ist das eine gesellschaftspolitische Annahme, dass wir denken, man braucht KünstlerInnen und folglich auch KünstlerInnenateliers, um eine liberale Demokratie zusammenzuhalten? Ist der Hintergrund also ein kommerzielles oder vielmehr ein soziokulturelles Interesse?

IW Bei einer Studie wie dieser sollte es nicht um kommerzielle Interessen gehen, sondern vielmehr um die Produktions- und Lebensverhältnisse der KünstlerInnen. Zeitgenössische Kunst entsteht auch nicht zwingend im Atelier; heute arbeiten viele KünstlerInnen konzeptuell, beispielsweise am Rechner zu Hause am Schreibtisch. Deswegen fehlen für mich in diesem Buch auch Überlegungen, die die Schaffung kostengünstigen Wohnraums mit einbeziehen.

MB Heißt das, dass wir gar keine Ateliers brauchen, sondern eigentlich nur bezahlbare Wohnungen?

IW Genau. Es wäre doch zumindest als Ergänzung zu den Inhalten in *Art City Lab* gut, wenn man sich auch mit günstigen Wohnmodellen für KünstlerInnen beschäftigen würde. Wohnungen etwa, die drei Euro pro Quadratmeter kosten.

MB Warum sollten KünstlerInnen bevorzugt günstige Wohnungen bekommen und andere Menschen nicht?

IW So meine ich das nicht. Natürlich können in diesem Zusammenhang auch Konzepte erdacht werden, die übertragbar auf die Allgemeinheit sind. Das ist ja auch keine ausschließlich architektonische Frage, sondern eher eine sozialpolitische und finanzorganisatorische.

EB Ich glaube, es gibt zwei Gründe dafür, warum sich die Politik inzwischen für das Thema KünstlerInnenateliers interessiert: Zum einen hat sie – nachdem sie die bildende Kunst über Jahrzehnte ignoriert hatte – den Künstler/die Künstlerin als Marketinginstrument zur Aufwertung des städtischen Images entdeckt; und etwa zur gleichen Zeit ist die Lage für KünstlerInnen so prekär geworden, dass die AkteurInnen die Verantwortung der Politik einfordern. Und PolitikerInnen reagieren auf eine Problematik in der Regel dann, wenn öffentlicher Druck da ist. Grundsätzlich würde ich sagen, dass ökonomische Interessen sich immer stärker vor politisches Handeln schieben. Die Situation lässt sich gut am Beispiel der Atelierförderung des bbk (Berufsverband Bildender Künstler) beschreiben: Als die ersten subventionierten Studios eingerichtet wurden, konnte nahezu jedem Antrag stattgegeben werden – offenbar waren die Angebote auf dem freien Markt bezahlbar – oder es gab einfach nicht so viele KünstlerInnen. Inzwischen bewerben sich auf ein attraktives Atelier bis zu 100 BewerberInnen.

MB Liegt das daran, dass es heute weniger Ateliers oder mehr KünstlerInnen gibt?

EB Ich vermute, dass sich sowohl die Zahl der KünstlerInnen vervielfacht hat als auch der freie Markt zu teuer geworden ist. Früher gab es überall Ateliers für unter fünf Euro pro Quadratmeter, aber das ist vorbei. Deshalb sind immer mehr KünstlerInnen auf geförderte Ateliers angewiesen. Die Vergabekriterien berücksichtigen einerseits die Qualität der Arbeit, aber genauso zählt die Bedürftigkeit der Antragstellerin – ist er oder sie ein sozialer Härtefall? Wie hoch

oder gering ist das jährliche Einkommen? Ist er oder sie alleinerziehend, krank, behindert? Und so weiter. Abgesehen davon, dass ich den erzwungenen Wettbewerb um die schlimmsten Lebensumstände für zynisch halte, geht es auch nicht darum, nur die „guten" KünstlerInnen in der Stadt zu halten, weil diese deren Image aufwerten. Sondern es geht auch darum, Kunst in einer „liberalen Demokratie", wie Matthias sagte, weiterhin als einen Bereich zu begreifen, der für eine Stadt und für eine Gesellschaft als Ganzes lebensnotwendig ist. Gleichzeitig sind KünstlerInnen aber keine Ausnahmesubjekte, die Räume anders – oder andere Räume – benötigen als alle anderen EinwohnerInnen der Stadt. Die Frage nach Atelierräumen ist auch eine strukturelle: Wie lassen sich Arbeits- und Privatbereich verbinden? Welche Zwischenformen kann das annehmen? Wie kann die Nutzung einer Stadt politisch so konzipiert werden, dass dies auch ihrer Urbanität zugutekommt?

CM Im Prinzip haben wir ja schon angesprochen, dass man die Strategie natürlich auch auf Wohnraum ausweiten kann, und wir hatten intern immer wieder darüber diskutiert. Aber wir haben das als Thema bewusst ausgeklammert. Auch wenn es nicht explizit dargestellt ist, kann man solche Räume natürlich zusätzlich für Wohnzwecke nutzen. Wir haben uns ja einige Atelierhäuser angeschaut und dabei hat uns besonders eine Frage interessiert: Welche Art und Qualität von Kommunikationsraum gibt es sowohl innerhalb des Mikrokosmos Atelierhaus als auch mit der Stadt? Und da gibt es als gutes Beispiel ExRotaprint, denn hier wird thematisiert, was Ellen gerade angesprochen hat: dass die KünstlerInnen eben keine besondere Gruppe sind, die sich abnabelt oder abgrenzt, sondern sich als einen ganz normalen Teil der Stadt sieht. Sie geht, wie andere Berufsgruppen auch, ihren Tätigkeiten nach. Zum Beispiel finde ich bei ExRotaprint sehr angenehm, dass es über die Kantine eine Schnittstelle in die Nachbarschaft gibt. ExRotaprint hat sich bewusst entschieden, auf dem Gelände Ateliers, Handwerksbetriebe und soziale Projekte zu beheimaten – in einem ganz normalen, aber eben auch ein Stück weit gelenkten Nebeneinander. Es ist viel fruchtbarer für die Stadtentwicklung, sich für derartige Mischformen einzusetzen. Allerdings passen diese dann

natürlich nur schwer in eine bestimmte Förderschiene und man stößt auf bürokratische Hürden.

EB Das ist natürlich auch eine Frage der Zuständigkeit. Warum zum Beispiel sind Sie, Herr Günther, dafür nicht zuständig?

JG Wir bauen ja beispielsweise selbst keine Wohnungen. Ich stimme aber zu, dass man an der Wohnungsfrage ansetzen muss. Wir müssen uns etwas einfallen lassen: Was mache ich in einer Situation, in der es eine dramatische Nachfrage nach Wohnraum gibt, und in der nun noch weiterer Bedarf dazukommt, nämlich nach spezielleren Wohnformen, wie etwa Atelierwohnungen. Das war ja der Ursprung dieses Buchprojekts. Der bbk hat an den Senator geschrieben, er wolle jetzt den Neubau von Atelierwohnungen in der Innenstadt – was ja angesichts der allgemeinen Entwicklung eine Herausforderung ist. Früher war das anders: In den 70er Jahren wurden im Märkischen Viertel Ateliers oben auf den Dächern gebaut – nicht schlecht. Die Frage ist nur: War das eigentlich für KünstlerInnen auf Dauer interessant? Für die Betreiber war es das jedenfalls nicht, weil es zu wenig eingebracht hat. Inzwischen hat sich die Situation vollständig geändert, und es ist klar, dass es viel mehr KünstlerInnen in Berlin gibt; und die wollen in urbaner Umgebung wohnen und arbeiten und nicht irgendwo abgehängt weit draußen. Deswegen haben wir angefangen, nach Räumen zu suchen, die jetzt interessant sind. Ich glaube, das ist die Herausforderung und dafür müssen wir ein Bewusstsein schaffen. Man muss jetzt Orte finden und die AkteurInnen zusammenbringen – KünstlerInnen, Unternehmen, Verwaltung usw. – und eruieren, wie man neue Räume für KünstlerInnen am besten realisieren kann. Das kann man in der gegenwärtigen Situation gar nicht von der Wohnungsfrage trennen.

EB Bildende Kunst hat heute grundsätzlich eine Nähe zum Markt, weil sie, anders als eine Theaterproduktion, in der Regel auch eine Ware schafft, die verkauft werden kann – und soll. Die entscheidende Einkommensquelle für bildende KünstlerInnen ist zunehmend der Verkauf ihrer Werke; Stipendien und Preise unterstützen vor allem junge oder bereits erfolgreiche KünstlerInnen, staatliche Aufträge haben nicht mehr die

Budgets wie in den vergangenen Jahrzehnten. In anderen kreativen Genres ist das anders: Im Theater erhalten alle Beteiligten normale, wenn auch selten sehr hohe Gehälter, in der Literatur oder Musik werden zumindest für jeden Auftrag Honorare gezahlt. Vielleicht ist deshalb der Druck, aber auch die Attraktivität in der bildenden Kunst so groß: Die Schere der Einkommen geht immer weiter auseinander und nur einige wenige werden richtig reich mit dem, was sie tun. Dadurch ist dieses Feld für Sammler und Celebrities interessant: Mit Kunstwerken lässt sich spekulieren, sie taugen als Konsumobjekt und Statussymbol. Es ist kein Zufall, dass die Berlin Art Week und die Kunstmesse Art Berlin Contemporary nicht aus dem Kultur-, sondern aus dem Wirtschaftsetat gefördert werden. Gleichzeitig übt Kunst diese Anziehung auf Menschen aber nur aus, weil sie, anders als Immobilien, Mode oder andere Konsumartikel, im Kapitalismus eine Art Sinn und ein Mehr an Genuss verspricht. Wenn man dieses Potenzial ernst nimmt und es trotz der Gefahr, sofort politisch oder ökonomisch instrumentalisiert und vereinnahmt zu werden, erhalten will, werden wir alle nicht darum herumkommen, uns unserer Verantwortung zu stellen. Wie können wir als PolitikerInnen, aber auch als KünstlerInnen, KuratorInnen, KritikerInnen und sogar als Publikum Kunst als einen der letzten Bereiche unserer Gesellschaft schützen, der sich der Logik des Kapitals teilweise noch entgegen stellt? Was kann es heute noch bedeuten, lebendig zu sein? Wie ist ein Miteinander vorstellbar, das nicht durch Konsum strukturiert ist? Wenn wir von Räumen und Ateliers sprechen, sollten wir deshalb erst darüber sprechen, was jeder von uns dazu beitragen kann, und erst danach, welche finanziellen Konsequenzen das hat.

MB Das ist völlig richtig, aber widerspricht das nicht der Forderung, vor allem in der Innenstadt Räume zu schaffen? Man könnte doch sagen, es ist die Aufgabe des Staates, diese kommerzfreien Räume überall flächendeckend einzurichten. Neben Wohnraum braucht die Gesellschaft auch immer diese Gegenräume, die Freiheit bieten.

EB Das gilt für die Innenstadt besonders, weil ja gerade dort in den letzten Jahren so intensiv „entmischt" wird. Aber die Räume verschwinden überall. Wenn sie nicht geschützt werden –

und das empfinde ich als ein wichtiges Argument in der Analyse – gehen sie verloren. Die Zeiten, in denen sich das in Berlin von allein eingependelt hat, sind vorbei. Wir müssen *jetzt* handeln.

CM In vielen Innenstadtbezirken Berlins haben schon massive Verdrängungsprozesse stattgefunden und ich denke, dass diese Bereiche größtenteils uninteressant geworden sind. Ich finde den Innenstadtbegriff inzwischen eher zweitrangig, weil meine eigene „Benutzeroberfläche" in der Stadt auch größer geworden ist. Auch die Art wie ich die Stadt sehe und denke wird größer. Vom bbk gab es eigentlich nur die Forderung, dass Ateliers innenstadtnah liegen sollten, da sich sonst keine Abnehmer für sie finden.

FS Wir haben da eine laufende Bedarfsanalyse, denn die Leute melden sich bei uns an, wenn sie über die Ausschreibungen des Atelierbüros informiert werden möchten. Eine stabile Tendenz herrscht dabei vor allem in der Nachfrage nach Ateliers in der Innenstadt, also innerhalb des S-Bahnrings. Wenn ich dann mit KünstlerInnen spreche, gibt es zwei Haltungen zu der Thematik: Die einen sagen, sie wollen und können nicht in die Außenstadt, weil sie wohnortnah arbeiten müssen. Man darf nicht vergessen, dass viele KünstlerInnen weiterhin in Stadtteilen wie Prenzlauer Berg oder Kreuzberg leben. Diese KünstlerInnen haben oft bereits Kinder und sind etwas älter. Die andere Gruppe ist eher jünger und sieht es so wie Christof. Man ist sehr mobil und – solange die ÖPNV-Anbindung ok ist – für vieles offen, also auch für Pionierarbeit in der Außenstadt. Ich denke, man sollte beide Perspektiven anerkennen. In der Konsequenz muss man sowohl um die Ateliers in der Innenstadt kämpfen – als auch neue Ateliers in der Außenstadt schaffen. Insgesamt muss die Summe an bezahlbaren Ateliers in der Stadt stimmen. Der bbk und ich fordern deshalb, in den nächsten Jahren 2000 bezahlbare Ateliers zu schaffen. Wir brauchen sie dringend. Denn wenn auf dem freien Markt Ateliers nahezu unbezahlbar werden, dann bedeutet das, dass die ca. 7000 bildenden KünstlerInnen in Berlin der Stadt den Rücken zukehren werden. Die Bedarfsanmeldungen beim Atelierbüro sind übrigens seit vier Jahren stabil, von Wegzug kann also noch nicht die Rede sein. Aber ein Zeichen ist es schon, wenn solche Zahlen stagnieren.

CM Du meinst, aus den Zahlen kann man ablesen, dass nicht mehr KünstlerInnen kommen werden? Hat Berlin seine Attraktivität verloren?

FS Das ist die Frage. Ich sehe Indizien hierfür, muss da aber noch mehr nachforschen. Für die meisten internationalen KünstlerInnen ist Atelierraum wohl noch eher günstig. Die Mieten für Studios in der Innenstadt liegen ja mittlerweile bei rund zehn Euro pro Quadratmeter. Viele KünstlerInnen reduzieren also ihre Räume. So kann eine höhere Miete gestemmt werden.

CM Dies ist eine Entwicklung, die wir in die Studie einbezogen haben. Eine Strategie könnte sein, Lagerflächen zusätzlich und günstiger als Ateliers zur Verfügung zu stellen. So kann der reduzierte private Atelierraum durch temporär zuschaltbare Flächen kompensiert werden, ebenso wie durch gemeinschaftlich genutzte Räume. Auch haben wir versucht, den Anforderungen der ENEV gerecht zu werden bzw. die Energiekosten im Betrieb gering zu halten. Wir haben also eher kompaktere, gut beheizbare, gedämmte Einheiten vorgeschlagen oder auch Raumerweiterungen, die nur saisonal nutzbar oder weniger komfortabel sind.

EB Das wären also Räume, die in verschiedenen Konstellationen funktionieren, was ich als Möglichkeit interessant finde. Meine Erfahrung aus dem Atelierbeirat ist aber eher, dass die meisten KünstlerInnen das Bedürfnis haben, Wohnen und Arbeiten zu trennen. Mithilfe der Beispiele aus Japan stellt Ihr in Eurem Buch ja auch die Frage, wo das Private aufhört und welche Tätigkeiten aufgrund des Platzmangels anderswo hin ausgelagert werden müssen. Es bestehen offenbar bereits verschiedene Konzepte nebeneinander, aber keine öffentliche Diskussion darüber, wie die veränderten Raumbedürfnisse produktiv gemacht werden könnten. Das betrifft auch die Wohnungsfrage.

JG Wir waren in Lichtenberg in dem Gewerbegebiet an der Herzbergstraße. Dort haben sich KünstlerInnen angesiedelt. Jetzt sollen sie weg. Warum? Weil sie in der Lage gewesen wären, gegen den Lärm des angrenzenden Gewerbes zu klagen. Die Definition der Nutzung ist also auch eine rechtliche Frage. In einem Gewerbegebiet kann ich grundsätzlich schlecht eine Wohnnutzung etablieren, weil die Anforderungen, was etwa die Lärmbelastung angeht, ganz andere sind, jedenfalls nach der Logik der Flächennutzungspläne. Und das ist immer noch so rechtlich fixiert, obwohl sich die Nutzungen heute völlig anders organisieren und wieder zusammenrücken. Insofern ist diese wünschenswerte Mischung in der Praxis nicht so einfach. Für mich ist daher immer die Frage: Ist es eigentlich ein kollektives Bedürfnis, auf eine bestimmte Art und Weise zu leben und zu arbeiten oder ist es individuell? Oder ist es von beidem etwas, was ich glaube.

MB Ich denke, wir wollen alle eine Stadt mit Diversität und Durchmischung. Dazu gehört, dass unterschiedliche Lebensweisen nebeneinander existieren und auch Menschen mit unterschiedlichen Einkommen in räumlicher Nähe zueinander leben können. Das wäre eine Grundanforderung an die Stadt.

EB Ich glaube, dass die Funktion eines Ateliers vor allem symbolisch ist: ein Raum für mich, in dem ich alles stehen und liegen lassen kann, wo ich die Tür zumache und die Zeit anders tickt, wo ich ins Denken kommen kann …

AG Richtig. Einfach mal die Tür hinter sich zu schließen, ist ein Bedürfnis, das wir in diesen entgrenzten modernen Lebensläufen haben: Es gibt keinen Feierabend mehr, rund um die Uhr werden Mails geschrieben, dauernd wird gearbeitet, – und genau das soll unterbrochen werden. Die Frage ist aber: Geht es dabei eigentlich um den Raum oder passiert das nicht eher im Kopf? Ich will damit nicht sagen, dass bildende KünstlerInnen keine Ateliers mehr brauchen und wir sie abschaffen können. Ich blicke nur anders auf die Situation, ich sehe auch die ArchitektInnen, die für 1000 Euro brutto in einem Büro arbeiten und dann zuhause weiterarbeiten müssen. Oder die SchriftstellerInnen, die alle einen Ort brauchen, an dem sie das Gefühl haben, hier kann ich jetzt nicht rausgeschmissen werden. Das hängt doch alles zusammen. Das Gefühl ist mittlerweile existenziell: Ich brauche einen sicheren Ort für mich. Also ist es zu kurz gegriffen, wenn wir sagen: Wir brauchen jetzt mal ein vernünftiges Atelierprogramm.

MB Ich finde das sind alles sehr wichtige Forderungen. Ich finde ein Atelierprogramm wichtig, ich finde es wichtig, dass dieses von staatlicher Seite geför-

dert wird. Aber wahrscheinlich sind wir uns alle darüber einig, dass die Wohnungsfrage von noch größerer Relevanz ist als Atelierprogrammme.

CM Die Sicherheit, die Du ansprichst, scheint mir schon ein wichtiger Aspekt zu sein. Egal ob Wohnungen oder Ateliers. Ich finde, beides sind Räume, die perspektivisch gesichert werden müssen. Generell begrüßen wir natürlich die Möglichkeit der flexiblen Nutzung von Räumen.

PH Im ZKU in Moabit haben wir Wohnateliers. Wir stellen Arbeitsräume mit Schlafmöglichkeiten zur Verfügung. Das liegt daran, dass das Grundstück in einem Gewerbegebiet angesiedelt ist. Es ist also nicht zum Wohnen gedacht. Deshalb kann man dort arbeiten und dazu ein bisschen wohnen.

AG Dürfen sich bei Dir nur bildende KünstlerInnen einmieten?

PH Nein, wir kommen auf verschiedenen Wegen zu den Leuten mit denen wir wohnen und arbeiten. Das heißt: Residency for... und es sind alles eigentlich Experten, die sich mit der Stadt auseinandersetzen, weil wir Zentrum für Kunst und Urbanistik heißen. Ich selber bin auch gar nicht so interessiert an den KünstlerInnen. Kunst in ihrem eigenen Kosmos finde ich gar nicht so spannend, sondern es sind die Sachen, die sich so in den Alltag reinbohren, ihre Arbeit außerhalb des Ateliers.

BK Man kennt den Standardsatz: Es gibt keine richtige Kulturpolitik in einer falschen Stadtentwicklung. Oder zumindest sehr schwer. Gäbe es eine Stadtentwicklung, die stärker auch die Lebens- und Wohnbedürfnisse der finanzschwächeren Bürger berücksichtigen würde, gäbe es auch weniger einen spezifischen Bedarf für KünstlerInnen und bildende Kunst allgemein. Eine bildende Künstlerin hat zumindest mal einen Handwerksbetrieb. Wenn man einen Handwerksbetrieb hat, braucht man auch einen Platz, an dem man das Handwerk ausüben kann. Es ist dann ganz klar: Wenn ich wenig Mittel habe und demgegenüber einen relativ hohen Raumbedarf, habe ich ein Problem. Vor allem wenn ich das in einer Stadt realisieren will, in der viele andere Leute mit wenig Geld und einem geringeren Flächenbedarf – nämlich allein für das Wohnen – bereits Schwie-

rigkeiten haben. Vielleicht könnte man unsere Grundidee auch umgekehrt denken: Wir haben uns überlegt, wie man kostengünstig Produktionsflächen für KünstlerInnen schaffen kann. Dabei hat raumlabor unter anderen das Beispiel von *Elemental* (siehe Seite 86) dokumentiert. Das Konzept dieses Projekts besteht darin, quasi Baugruppen von echten „Proletariern" an die zur Verfügung gestellten Rumpfbauten anzudocken. Sie können diese dann weiterbauen und nach ihren Bedürfnissen und Mitteln einrichten. Es ist so gedacht, dass sie sich das auch leisten können. Solche Ideen können weiterentwickelt werden und wären dann nicht nur für KünstlerInnen relevant. Ich bin ja Verbandsfunktionär, habe aber auch kein schlechtes Gewissen, dass ich mich für dieses Thema einsetze, auch wenn es natürlich weit größere Probleme in unserer Gesellschaft gibt. Denn wir sollten nicht sagen: Weil wir ganz große Probleme haben, verzichten wir darauf, die kleinen anzugehen. Wir haben also einen konkreten Lösungsvorschlag erarbeitet und der lautete schlicht, kostengünstig zu bauen. Fünf Euro, Schluss, aus!

CM Die Latte lag wirklich extrem niedrig, deshalb haben wir in der Studie zu Anfang hauptsächlich nach ökonomischen Kriterien recherchiert.

MB Und das führt dann zu dem Ergebnis, dass KünstlerInnen in Parkhäusern, Garagen und Containern arbeiten?

CM Alles was an kostengünstiger Alltagsarchitektur existiert, kommt infrage.

MB Ich finde das ja interessant; die direkte Umnutzung von Neubauten sozusagen. Ob das urban gesehen eine sinnvolle Strategie ist, sollten wir vielleicht nochmal diskutieren. Leider ist es eine Sondernutzung und keine, die in die Stadt integriert ist.

CM Das glaube ich gar nicht. Das hängt eher davon ab, wie man die Programmierung diversifiziert, wie manche Beispiele auch zeigen. Das urbane Leben hängt ja nicht allein von der baulichen Form ab – sprich Block erzeugt Urbanität. Wir haben auf unserer Fahrrad-Erkundungstour unter anderem das Dong Xuan Center in Lichtenberg angeschaut. Eine Aneinanderreihung von banalen Industriehallen. Dennoch wirkte dieser Ort auf mich wie eine sehr urbane Insel.

Da ist ja nicht nur shoppen angesagt, da gibt es Suppenküchen, Frisöre, Sport etc.

FS Urbanität ist ein sehr schwammiger Begriff. Ich glaube, wenn wir von einer Metropole sprechen, dann kann es auch Zonen geben, in denen komische Orte existieren, wo auf irgendeine Art Lebendigkeit da ist, vielleicht auch überraschende Orte. Das kann auch ein Ateliercontainerkomplex sein. Und die Beispiele im Buch sind doch ein guter Ausgangpunkt für eine Diskussion, die geführt werden sollte.

MB Ich bin ja gar nicht dagegen, dass man das probiert oder macht, aber ich finde, wir sollten trotzdem überlegen, was das mit der Wohnungsfrage in einer insgesamt gemischten Stadt zu tun hat.

BK Da sehe ich keinen Widerspruch. Es muss doch in einer Stadt möglich sein, ein Dach über den Kopf zu bekommen, zum Arbeiten, zum Wohnen oder beides. Ein Dach, das ich mir auch leisten kann, wenn ich mich in der unteren Hälfte der Einkommensverteilung bewege, auch ohne mit langen Formularen, Einkommensnachweisen, Kontoauszügen gegenüber irgendeiner Behörde meine Bedürftigkeit nachweisen zu müssen. Irgendwo muss man doch auch einmal Gegenentwürfe machen. Die Überlegungen, die wir in diesem Zusammenhang gehört haben, gehören sicher in die Kategorie der Gegenentwürfe. Und es gibt sicher städtebauliche Situationen, in denen auch solche baulichen Lösungen wie zum Beispiel ein neu gebautes umgenutztes Parkhaus gut funktionieren.

CM Ich glaube schon, dass Orte nur durch die Art der Nutzung eine Qualität haben können. Es hängt nicht ausschließlich von der Bautypologie ab. Außerdem dachten wir, es ist vielleicht auch so ein romantischer Blick auf die alten Bauten und die Lofts. Kann man denen nicht was Alltägliches entgegensetzen? Also wenn man das eben nicht rein ökonomisch betrachtet, sondern auch inhaltlich. Aber ich wollte eigentlich auch noch mal etwas von Philipp Horst wissen: Wie seid Ihr eigentlich zu dem Ort gekommen? Der liegt ja eher außerhalb der üblichen Bereiche, habt Ihr Euch darum bemüht?

PH Wir waren in Kreuzberg und Mitte unterwegs, auf der Suche nach einem langfristigen Standort. Da hat sich dann

ergeben, dass wir uns bei der Ausschreibung beworben haben. Das war also ein reiner Zufall.

CM Und empfindet Ihr den Ort jetzt als Nachteil? Er wird ja jetzt noch als Randlage bezeichnet.

PH Ja, es ist auf jeden Fall eine Randlage als Kunststandort, aber an der Versorgungsader der Stadt – der Westhafen, der Großmarkt, alles kommt dort rein. Ich selber wohne hier in Berlin-Kreuzberg und bis dort ist es immer ein weiter Weg und es fühlt sich auch ganz anders an. Aber in den vier Jahren, seit wir da sind, hat sich der Stadtteil sehr verändert.

BK Man hat leider auch sehr viel verkauft; selbst die Wohnbaugesellschaften waren dabei aktiv, was ja eigentlich ihrem Zweck zuwiderläuft …

PH Ja, das ist das Problem der Marktliberalisierung. Es gibt aber hier und da auch Tendenzen, das ein Stück weit zurückzunehmen. Und ich glaube, die Aufgabe ist, klar zu formulieren, welche Modelle es noch gibt. Ich meine, wir sprechen ja jetzt über KünstlerInnen im weitesten Sinne.

AG Eine Bürgerin, eine Bürgschaft. Ja, ich würde das eben schön finden. Ihr wisst, das ist so eine kleine Kontroverse, die ich mir mit Florian leiste, wenn ich sage, ich möchte die Zielgruppe öffnen, weil ich auch an die Designerin denke, die ihre Kollektion zu Hause entwirft – die gehört da genauso rein wie die bildende Künstlerin. Es ist die Schriftstellerin, es ist die Nachtkritikschreiberin, all diese Leute, die einfach munter am Existenzminimum leben, die aber die Stadt zu dem machen, was sie ist.

BK Es gibt Künstlergenossenschaften, am Breitscheidplatz etwa. Im Grunde ist auch ExRotaprint nicht ganz weit weg von so einer Genossenschaftslösung.

MB Daniela, kannst Du vielleicht mal erzählen, wie Ihr das macht. Euer Projekt ist im Buch ja als das gelungenste Beispiel hervorgehoben.

DB Wir gehen mit ExRotaprint auf die Idee von gemischten Quartieren ein und es ist natürlich ein Projekt im Bestand, kein Neubau. Wir haben die Idee einer gemischten Nutzung aus den Bereichen „Arbeit, Kunst, Soziales" zum Konzept

ausgebaut und beschlossen, das langfristig festzulegen. Damit wir nicht doch eine Monokultur für KünstlerInnenateliers werden, haben wir in unserem Erbbaurechtsvertrag festgeschrieben, dass ein Drittel der Nutzflächen an soziale Projekte vermietet wird, ein Drittel an Handwerksbetriebe und eben ein Drittel an kulturelle Nutzungen, darunter Ateliers.

CM Das, was uns besonders gefallen hat, ist, dass Ihr durch Eure Herangehensweise eine Vielzahl von Berührungspunkten und Vernetzungen schafft.

DB Auch längerfristig ist das viel spannender, es geht ja zugleich darum, was hier in zehn oder 15 Jahren stattfindet. Und da ist das Potenzial mit mehreren Nutzungen, die im Austausch stehen können, deutlich größer, als wenn es nur eine spezifische Klientel betrifft. Allerdings ist das mit der Förderlogik ressortübergreifend tatsächlich sehr schwierig, weil die verschiedenen Bereiche auch in Politik und Verwaltung immer separat gedacht werden. Die Abhängigkeit von Fördergeldern hält auch immer wieder NutzerInnen davon ab, sich aktiv in politische Prozesse einzubringen, um es sich nicht mit Fördergebern zu vermiesen.

CM Das scheint mir für unser Anliegen auch ein wichtiger Aspekt zu sein: dass es nicht nur um das Initiieren, sondern um das längerfristig aktive Betreiben geht.

LB Wenn wir eine gemischte Stadt wollen, vertikal und horizontal, dann müssen die Förderkriterien bzw. die Ausschlusskriterien in den Förderrichtlinien aufgeweicht werden. Spartenspezifische Fonds behindern die zeitgenössische Entwicklung und behindern Begegnung. Projektproduktion führt zu immer größerem und kurzfristigem Aktionismus. Es muss um die Etablierung ungebundener finanzieller Ressourcen gehen, weil nur so wirklich langfristige Veränderungen befördert werden können. Ziel müsste sein, dass künstlerischer Sachverstand immer mit im Boot ist, egal, um welche Planungs- oder Entscheidungsprozesse es geht. Kunst und Wissenschaft, aber auch alle Disziplinen müssen sich begegnen, um ernsthaft gemeinsam etwas entwickeln zu können.

BK Meine persönliche Erfahrung ist, dass die Förderlogik ein Problem sein mag, das Hauptproblem ist aber die planungsrechtliche Logik und das Baurecht.

Es gibt Wohnen, es gibt Arbeiten; es gibt für das eine Anforderungen an den Grad der Wärmedämmung, für das andere eine andere Anforderung mit ganz anderem Kostenfaktor. Das eine darf ich miteinander mischen, das andere nicht. Wenn ich eine gewerbliche Nutzung in einem Wohngebiet implantieren will, muss ich damit rechnen, dass jemand kommt und dagegen klagt – und ich muss plötzlich wieder weg – solche Dinge. Also ich glaube, dass das in der Praxis viel größere Probleme sind.

AG Es ist auch so, dass potenzielle Geldgeber entmutigt werden, weil sie sagen: Jetzt muss ich entweder in diese Schachtel oder in diese Schachtel, aber da will ich gar nicht rein und das ist mir zu viel Arbeit. Viele gute Projekte scheitern an dieser „Logik".

MB Richtig. Doch muss ich sagen, dass das Baurecht auch flexibel ist. Man kann unterschiedlichste Sachen festschreiben. Flächennutzungspläne sind allerdings oft veraltet und unterliegen noch der Logik der möglichst weitgehenden Funktionstrennung. Auf jeden Fall kann man daran arbeiten. Das ist kein von außen zu betrachtendes Problem.

LB Jede Vorschrift kann man ändern, da jede Vorschrift gewachsen ist. Wir sitzen nicht hier, um über diese Vorschriften zu lamentieren, sondern um Ziele zu formulieren – oder Ideen. Woraus dann logischerweise der Wunsch entsteht, bestehende Regeln zu ändern. Wenn man keine Ideen hat, wo man inhaltlich hinwill, dann muss man auch das bestehende Baurecht nicht ändern. Im Moment hat alles, was diese Stadt auch einmal ausgemacht und geprägt hat, gar nicht mehr so richtig Bestand. Ihr habt in Eurer Broschüre – ich konnte sie nur flüchtig durchblicken – ja geschichtlich erst in den 1960er Jahren angefangen. Ich finde es sehr wichtig, dass wir uns die alte Baustruktur Berlins angucken: In jedem Häuserblock haben alle sozialen Schichten gemeinsam gewohnt. Die wirklich Wohlhabenden in den Beletages, die Gewerbetreibenden im Erdgeschoss, die mittleren Schichten irgendwo darüber und direkt dahinter. Während ganz oben wieder Arme oder manchmal Atelierräume beherbergt waren, wie auch im zweiten und dritten Hinterhaus. Das heißt, es gab ein gemeinsames Wohnen. Diese Struktur haben wir in vielen Stadtarealen immer noch. Die berühmte

„Kreuzberger Mischung" aus Gewerbe, Wohnen, Konsum und Kunst strahlt heute die spürbar andere Atmosphäre aus, die diesen Bezirk attraktiv macht. Was ich sagen will: Diese Stadt hat mal anders funktioniert, weil Menschen aufeinander angewiesen waren und das gesellschaftliche Gefüge ein gemeinsames Wohn- und Arbeitsmodell verlangte. Während früher Herrschaften, Dienstboten und Zulieferer auf engstem Raum zusammenwohnten, ist man heute eher ganz privat, vereinzelt und alleine. Das waren natürlich andere gesellschaftliche Bedingungen, aber wir haben heute noch diese gebauten Welten. Die daraus gewachsene Tradition sollte man ernst nehmen, denn sie begründet das Anderssein von Berlin. Die Verpflichtung daraus hat vielfältige Folgen für Ziele und Planungen.

JL In dem Gespräch, das Ihr mit dem Künstler Eric Göngrich geführt habt, sagt er ja, dass er in einem Atelier wohnt, das in der DDR gebaut wurde, wo es diese Idee gab, dass in jeder Wohnanlage auch KünstlerInnenateliers sein sollten. Oben im Dachgeschoss, quasi als Krone oben draufgesetzt. Das gibt es ja auch in Wien und in Westberlin – im Märkischen Viertel zum Beispiel. Eigentlich eine tolle Idee: KünstlerInnen mit normalen BewohnerInnen zu mischen. Das ist doch viel besser als KünstlerInnenghettos. In unseren Gesprächen mit der Politik, also mit dem Senat, sind dessen Diskussionsbeiträge von der totalen Anonymisierung der Stadt geprägt. Stadtpolitik hat meines Erachtens nicht in erster die Linie die Aufgabe für Wohlstand und Reichtum ein paar weniger zu sorgen, sondern dafür, dass die BürgerInnen mit ihren unterschiedlichen Bedürfnissen und Potenzialen gut zusammenleben können.

LB Das macht mich immer ein bisschen nervös, wenn ich feststelle, dass wir zwar oft fordern, aber zu wenig betonen, dass wir auch etwas bieten. KünstlerInnen können für gemischte Quartiere Impulsgeber für Prozesse sein, die sich nicht von selbst vollziehen. Es gibt ja auch einige Gruppen in der Bevölkerung oder gesellschaftliche Initiativen, mit denen man sich zusammenschließen kann. Für diese Entwicklungspotenziale sollte Raum geschaffen werden, damit sich künstlerischer und kreativer Humus entfalten kann. Beispiele gibt es viele, aber systematisch denkt niemand daran, von vornherein transdisziplinär zu denken

und zu planen. Da müssen wir auch ein bisschen mehr von uns fordern.

JL Es ist aber auch nicht die Aufgabe von KünstlerInnen, die StadtplanerInnen zu belehren, oder?

DB Na ja, so ein Stück weit sind wir hier ja schon auch im Aufgabenbereich der StadtplanerInnen. Wir äußern hier Ideen zur Verbesserung der Stadtentwicklung. Da fordere ich eine gewisse Konsequenz ein.

MB Eine Vorstellung von Stadt zu formulieren ist wichtig. Ich bin mir aber nicht sicher, ob Du Recht hast, dass alle in der Logik denken, dass Wohlstand für breite Bürgerschichten Priorität in der Stadtpolitik haben sollte. Trotzdem ist es natürlich sinnvoll, die Stimme zu erheben und sich einzubringen. Wenn man als KünstlerIn eine Sonderbehandlung einfordert, geht damit schon auch die Verantwortung einher, ein aktiver Teil der Stadt zu sein.

FS Ich würde gerne nochmal was zu dieser Sonderbehandlung sagen, weil Adrienne jetzt weg ist und mir nicht widersprechen kann. (lacht) Dieses Kulturprekariat gibt es ja in Berlin. Mit günstigem und bezahlbarem Wohnraum in ausreichender Menge – hätte man die Thematik natürlich mit abgedeckt. Die meisten im Kulturprekariat arbeiten tatsächlich am Schreibtisch. Vielen, die von der Kreativwirtschaft leben, die eben nicht sehr viel verdienen, die sich kein eigenes Büro leisten können und deshalb entweder zu Hause oder in einem Coworking-Szenario arbeiten, geht es nicht besser als den vielen KünstlerInnen. Sie verdienen wohl so in etwa 800– 1000 Euro pro Monat. Das wäre jetzt kurz gesagt die These von Adrienne. Ich glaube nur, dass wir da einen Unterschied zur bildenden Kunst haben. Und auch einen Unterschied zwischen bildender Kunst und anderen Kunstsparten. Das sollte man doch wieder trennen; wir müssen uns dann teilweise kulturell überlieferter Klischees bedienen. Wir können hier theoretisieren und alles ganz genau beschreiben, Systemtheorie und -kritik betreiben, aber am Ende des Tages, wenn wir diesen Raumbedarf erfüllen wollen, dann kommen wir nicht darum herum, zu differenzieren. Erstens: Bildende KünstlerInnen haben einen erhöhten Raumbedarf gegenüber den anderen Kreativen und Kulturschaffenden.

Malerei zum Beispiel kann nicht im Kämmerlein stattfinden. Zweitens: Qualitativ besteht da schon ein Unterschied zu dem gewerblich aktiven Kulturprekariat. Kunst ist zwar ein Beruf, aber in der Regel kein Gewerbe. Davon geht auch das Ateliersofortprogramm aus. Denn wir fördern berufliche und soziale Bedürftigkeit, es geht nicht darum, der Karriere auf die Sprünge zu helfen, damit die Künstler aus dem Tal des Niedriglohns herausfinden, wie man es doch bei Kreativwirtschaftlern dezidiert anstrebt. Am Erkennen dieser besonderen Bedürftigkeit sollte man auch festhalten. Wenn wir uns darauf einigen können, dass bildende Kunst jenseits des Marktes funktioniert und wir bezahlbaren Arbeitsraum mit einer gewissen Brechstangenhaltung im politischen Raum durchsetzen wollen, dann sind diese Spezialbedarfsfälle ein Argumentationsinstrument, an dem wir nicht vorbeikommen. Vorhin, als wir mit Adrienne darüber geredet haben, hat sich alles so verwischt.

LB Ich finde, Adrienne hat Recht, weil künstlerische Produktionsweisen und andere kreative Arbeitsprozesse sich so ausdifferenziert haben, dass man heute eigentlich nicht mehr sagen kann: Die KünstlerInnen brauchen mehr Raum als die DesignerInnen oder umgekehrt. Es gibt KünstlerInnen, die am Rechner ihre Werke entwerfen, ebenso kann es sein, dass eine Modedesignerin sehr viel Platz für die Produktion einer Kollektion braucht. Da zu differenzieren bzw. zu sagen, dass KünstlerInnen privilegiert behandelt werden müssten, halte ich für falsch. Auch ArchitektInnen müssen jahrelang unglaublich produzieren, ohne überhaupt nennenswert Geld zu verdienen. Worauf ich hinaus will: Jede Form von Homogenisierung halte ich stadtpolitisch für falsch. Es dürfen keine KünstlerInnenghettos, keine Hotelghettos, keine Luxuswohnghettos und so weiter entstehen. Eine vernünftige Stadtplanung kann man nur in Modulen realisieren, die Flexibilität für verschiedene Lebensabschnitte, für Arbeits- und Wohnformen bieten. KünstlerInnen müssen elementarer Bestandteil dieses Modulkonzepts sein – immer. Es muss Bereiche geben, in denen alle sich in Bezug auf Raumbedarf bedienen und austauschen können.

DB Das wäre total gut, ist aber baulich ein schwieriger Punkt. Wir sind bei ExRotaprint auch damit konfrontiert. Wir haben viele kleine Ateliers, viele

werden zeitweilig wenig genutzt, weil das Künstlerleben einfach so sein kann: Sie sind unterwegs mit einem Stipendium, sind unterwegs wegen einer Ausstellung, dann sind sie wieder da, dann unterrichten sie in Zürich, dann sind sie wieder da, dann müssen sie jobben. Wir denken oft: „Raum ist eigentlich genug da. Dennoch suchen alle Raum." Wir vermieten viel an junge KünstlerInnen oder KünstlerInnen, die hauptsächlich konzeptuell arbeiten und gar nicht soviel Raum benötigen. Aber für jeden und jede ist die Logik: „Ich bin KünstlerIn, solange ich ein Atelier habe." Das Atelier ist der Beweis für die Professionalität. Ob ich viel ausstelle oder nicht – ich habe ein Atelier, ich bin dabei. Das ist total wichtig, und ich finde auch, dass man das so akzeptieren muss. Aber gleichzeitig denke ich, dass nicht alle durchgängig einen Arbeitsraum brauchen. Manchmal ist er monatelang nur Lager. Lager brauchen KünstlerInnen permanent. Und dann muss es für eine Produktion plötzlich ein richtig großer Raum sein, eine Halle. Das ist alles ein und dasselbe KünstlerInnenleben, dieses Expandieren und Zusammenziehen: mal brauchst du eine Halle, mal einen Küchentisch, mal einen Raum für Besprechungen und das Lager die ganze Zeit. Ihr sprecht in eurem Buch die Thematik der Klimazonen an. Ich würde das nicht nur saisonal denken, sondern als permanente Bewegung betrachten.

CM Wir haben da ähnliche Sachen herausgefunden und auch versucht, darauf zu reagieren. Auch vor dem Hintergrund, wie man das ökonomisch sinnvoll integrieren kann. Wenn wir bei uns am Flutgraben eine größere Installation bauen, können wir die Halle besetzen. Die funktioniert so wie ein Dorfanger im Haus. Und ich denke, das überschneidet sich schon mit den Klimazonen. Es gibt Orte, die müssen nicht unbedingt beheizbar sein. Wenn du den ganzen Tag am Schreibtisch sitzt, sieht das anders aus. Das war schon ein Versuch, darauf eine adäquate Antwort zu finden. Wir wissen nicht, wie weit da die Bereitschaft unter den KünstlerInnen geht zu sagen: Ich habe jetzt hier mein Miniatelier, und wenn ich mehr Platz brauche, teile ich mir den Zusatzraum beispielsweise mit fünf anderen, also wie in einer WG.

MB Es gibt auch große Unterschiede in Sozialkompetenz und Bereitschaft für so ein WG-Modell.

DB Wir werden häufig gefragt: Habt ihr nicht noch einen Raum für die nächsten drei Wochen?

CR Ich kann das aus meiner Erfahrung bestätigen. Zu mir sind damals viele Leute gekommen, die Räume gesucht haben, und es gab verschiedene Dinge, die wir berücksichtigt haben. Einmal haben wir die Räume absichtlich nicht ganz so billig gemacht, sozusagen künstlich verteuert. Wenn sie zu günstig waren, standen sie tendenziell eher leer und wurden nicht genutzt. Zwar sind die Räume immer noch vergleichsweise günstig, aber am Anfang, als wir nur Betriebskosten verlangt hatten, hast du die Leute nie mehr gesehen. Das zweite: Wir hatten mehrere große Räume, die wir nicht permanent vermieten wollten. Das erschien uns irgendwie nicht sinnvoll. Die haben sich dann sehr gut gemacht für gemeinsame Ausstellungen oder Kooperationen. Wir hatten zum Beispiel Besuch von Studierenden der New York University. Die haben dann dort Projekte gemacht.

BK Unsere Erfahrungen zeigen auch, dass KünstlerInnen gerne mit ihresgleichen in der Umgebung arbeiten. Aber nicht etwa in KünstlerInnenghettos mit 500 KünstlerInnen, sondern so zwischen 20 und 30 an einem Ort. Am Flutgraben sind es ja etwa 50, das sind schon sehr viele. Die Voraussetzung ist aber immer, dass alles bezahlbar sein muss. Dafür brauchen wir eine Bautechnik, die mit geringen Mitteln Raum produziert.

MB Das geht ja auch. Meistens entstehen aus Knappheit die besseren Ideen.

BK Na umso besser!

LB Mit der Aufforderung, sich selbst Raum anzueignen, sich den Raum weiter auszubauen oder zu verändern, stellt sich mir aber auch die Frage der Nachhaltigkeit. Billigbauweise zum Selbstaneignen klingt nicht gerade danach, dass die Ateliers auch länger Bestand haben können. Muss ich dann mein Gewächshaus nach fünf Jahren wieder für 200 Euro pro Quadratmeter sanieren?

CM Es gibt konstruktive Bauteile – zum Beispiel aus Stahl –, die haben eine entsprechend lange Lebensdauer und es gibt Baustoffe, die haben einen Lebenszyklus von ca. 15 Jahren und müssen in der Folge ersetzt werden. Es ist bei herkömmlichen Bauweisen nicht so, dass es keine Instandhaltungs- und Sanierungskosten gibt. Uns ging es nicht nur darum, die Baukosten günstig zu halten, sondern auch die Betriebskosten. Daher kam unter anderen auch die Idee für die klimatische Zonierung.

LB Das ergibt für mich in Kleininfrastrukturen Sinn, in Zwischenräumen in der Stadt. Wenn man Derartiges in großem Maßstab denkt, landet man doch automatisch in Randgebieten, das fände ich auch wieder problematisch.

CM Das Titelbild unserer Studie ist inspiriert von der Arbeit des Künstlers Jan Vormann. Es transportiert die Idee, mit Modulen in Nischen und Lücken hereinzugehen. Ich denke, dass das eben gerade in innerstädtischen Gebieten funktionieren kann.

MB Sicher. Auch ich bin überzeugt davon, dass man so anspruchsvolle und schöne Lösungen finden kann. Ich denke auch, dass es so etwas wie „soziale Schönheit" geben kann. Aber das setzt ein hohes Maß an Engagement und kreativem Potenzial voraus – und auch Mut. Davon abgesehen frage ich mich, ob es sinnvoll ist, Abstand zu nehmen von Möglichkeiten staatlicher Förderung. Im Gegensatz zu Amerika beispielsweise finde ich gerade gut an Deutschland, dass wir hier eine grundsätzliche Einigung haben, dass Kultur durch die öffentliche Hand gefördert werden soll. Wir sollten uns gut überlegen, ob wir das wirklich freiwillig aufgeben wollen, weil wir denken, wir könnten das alles auch ohne Subventionen stemmen.

LB Man muss das ja nicht als Alternative verstehen. Die Förderungen von staatlicher Seite sind prinzipiell unumstritten. Eigentlich sagen doch alle – inklusive unseres Regierenden Bürgermeisters – dass sie eine strukturelle Förderung befürworten, die sogar eher noch ausgebaut werden sollte. Dazu kann man aber Ideen entwickeln, wie man sich mit Eigeninitiative, vielleicht mit begrenztem Risiko, eine Existenzsicherung schaffen kann.

DB Wir arbeiten ja mit ArchitektInnen zusammen, die wir ausgewählt haben, weil sie die Mieterperspektive einnehmen. Es gibt keine andere Zielsetzung als eine günstige Miete. Es ist aber einfach sehr schwer, in einem Bereich der Baukosten unter etwa 1400 Euro pro Quadratmeter zu landen. Ich kenne nur zwei Projekte, bei denen das gelungen ist. Das eine ist auf einem Dach in der Uferstraße und das andere in der Malmöer Straße.

CM Das Mietshäusersyndikat-Projekt …

DB Ja, die liegen preislich so um die 1000 Euro pro Quadratmeter. Ich kenne kein Projekt, das so eine Schallgrenze bricht. Das wäre mal ein sinnvoller Forschungsauftrag der Stadt an ArchitektInnen: Wie können wir das hinbekommen? Wie viele Balkone müssen wir dafür weglassen?

MB Ich denke, dass die NutzerInnen einfach oft zu hohe Ansprüche haben. Hauptsächlich treibt genau das die Kosten in die Höhe.

CM Der Anspruch ist immer, kostengünstig zu bauen. Der Appetit kommt dann aber beim Essen.

DB Das trifft allerdings eher auf dieses typische „Eigentumswohnungsklientel" zu, das es sich eben auch leisten kann. Einen Aufruf „KünstlerInnen bauen!" fände ich toll. Frage: Wie günstig können wir ein Atelierwohnhaus für KünstlerInnen bauen? Und ich glaube, es sollte einen Schulterschluss mit kleinen Handwerks- und Gewerbebetrieben geben. Die haben eine ganz ähnliche Lebenssituation wie die KünstlerInnen. Sie tragen auf ähnlichem Niveau unternehmerisches Risiko, sind fürs Alter auch nicht besser abgesichert und leben von der Hand in den Mund. Diese Arbeitsplätze und den damit verbundenen hohen Identifikationsgrad in den Kiezen sollte man unbedingt in der Stadt erhalten.

MB Damit käme man auch von so einer starren Planungsperspektive weg. Es geht dann eher um die Frage, wie wir Diversität in der Stadt erhalten oder erzeugen können. Und auch darum, welche Gemeinschaften und welchen Gemeinsinn wir wollen.

LB Wie sollte das funktionieren? Da muss doch jemand die Moderation übernehmen und die Organisation, das Coaching. Wer würde die Kontrolle übernehmen bzw. in welche Modelle könnte das eingebunden werden?

FS Wir brauchen einfach ein Modellprojekt, in dem die hier Beteiligten und die interessierten KünstlerInnen involviert sind. Für das Modellprojekt bräuchte es eine Anschubfinanzierung. Wenn allerdings KünstlerInnen an so einer Planungsgruppe beteiligt sind, können sie das auf Dauer nicht ohne eine Finanzierung leisten, weil so etwas natürlich sehr zeitintensiv ist.

CM Les hat in unseren Gesprächen ja auch immer betont, dass er ExRotaprint als künstlerisches Projekt sieht. Was die praktischen Aspekte angeht – Finanzierungsoptionen und auch mögliche Organisationsformen – gab es ja auch schon einen vom bbk initiierten Workshop, an dessen Ergebnisse wir anknüpfen könnten. Ich denke, dass wir jetzt an einem Punkt angekommen sind, bei dem wir praktisch und mit einem konkreten Ziel beginnen könnten und auch sollten.

MB Das nehme ich jetzt einfach mal als Schlusswort für unsere Diskussion. Lasst uns also anfangen!

Location:
PRAXES
Center for Contemporary Art, Berlin
www.praxes.de

INTRODUCTION · Matthias Böttger

Christof Mayer of raumlabor invited me to join him in leading a discussion, on July 8, 2014, about new studio space for artists in Berlin. The almost five-hour panel discussion at the Galerie Praxes in Kreuzberg featured, in the following order: Ellen Blumenstein, Ina Wudtke, Joachim Günther, Florian Schmidt, Adrienne Goehler, Bernhard Kotowski, Philip Horst, Julia Lazarus, Daniela Brahm, Leonie Baumann and Carmen Reiz.

Is there such a thing as an ideal studio? What would it look like and what requirements must it meet? What goals does a liberal democracy pursue with its public funding of art and culture? Should studios be not only cheap, but attractive as well? Is the demand for affordable work and living spaces for artists separable from the overall demand for housing? If there are too few studios spaces in Berlin, does this perhaps mean that there are too many artists?

These somewhat provocative questions and provocative proposals were discussed with the various conversation partners in a contentious debate. It is clear that the requirements of studios are very diverse and the professional biographies of artists working today differ fundamentally from one another. In any case, artists and their studios are inherent to a diverse and integrated urbanity, which applies to Berlin as well as every other city. What can we do to support this?

MB Is there such a thing as an ideal studio? What does it look like?

BK When we began this study, we asked artists about their wishes for a studio. We received between 500 and 600 answers, which frequently included the desire for a certain spatial flexibility and the potential for expansion. But this flexibility should be at the discretion of the artist. If flexibility means your space is not secured, and your rent is raised to a level you can't afford and you have to move, this is of course not desirable for anyone. Artists must also be able to plan.

MB Is it about further developing the cultural aspects of the city? Or is it a sociopolitical assumption that we think artists, and thus artist studios, are necessary to maintain a liberal democracy? Is the backdrop thus a commercial interest or more of a sociocultural one?

IW A study like this one should not be about commercial interests, but much more about the production and living conditions of artists. Contemporary art does not necessarily originate in a studio; many artists today work conceptually, for example, in front of a computer on a desk at home. So, for me this book could also include thoughts on creating cost-effective housing.

MB Does that mean that we don't need studios at all, but really just affordable apartments?

IW Exactly. It would at least be a useful complement to Art City Lab, if cheap housing models for artists were also considered, for example, apartments that cost three euros per square meter.

MB Why should artists get cheap apartments while other people don't?

IW That's not what I mean. In this regard, concepts can of course be developed that are also applicable to the general public. And this is certainly not an exclusively architectural question, but a sociopolitical and budgetary one as well.

EB I believe there are two reasons why policymakers have become interested in artist studios: first off, after ignoring the visual arts for decades, they have discovered the artist as a marketing tool for enhancing the city's image; and at roughly the same time the standing of artists has become so precarious that the stakeholders are calling for political intervention. And, as a rule, politicians react to an issue if there is public pressure to do so. In general, I would say that economic interests are increasingly what is driving political action. A good example of this situation is the studio promotion carried out by the bbk (Berufsverband Bildender Künstler): when the first subsidized studios were built, virtually every application was accepted – evidently the offers were affordable on the free market, or there simply were not so many artists. Today, an attractive studio gets up to one hundred applicants.

MB Is this because there are now too few studios or too many artists?

EB I presume both that number of artists has multiplied, and that the free market has become too expensive. Early on, there were studios everywhere for less than five euros per square meter, but those times are over. Thus, more and more artists rely on subsidized studios. The allotment criteria include both the quality of the work, as well as the financial condition of the applicant: is he or she in social hardship? How high or low is the applicant's yearly income? Is he or she a single parent, sick, or disabled? Et cetera. Apart from the fact that I find it cynical to encourage competition over who has the most miserable living conditions, it's also not about keeping only the "good" artists in the city because it enhances its image. Instead, it's also about continuing to understand art in a "liberal democracy," as Matthias said, as a sphere that is essential for a city, and for society as a whole. At the same time, however, artists are not special exceptions that need spaces differently – and different spaces – than all other residents of the city. The demand for studio spaces is also structural: how can workspace

and private space be connected? What intermediate forms does this take? How can the use of a city be conceived politically so that urbanity benefits as well?

CM In principle, we have already addressed the fact that the strategy can, of course, also be applied to housing, and we had discussed this internally again and again. But we deliberately excluded this as a theme. Even if it is not explicitly stated, people can of course use such spaces for residential purposes. Indeed, we looked at several studio buildings, and one question was of particular interest to us: what type and quality of communication space is there, both within the microcosm of the studio building as well as with the city? FxRotaprint is a good example here, as it thematizes what you've just addressed: that the artists are not some entirely special group, setting out on its own and isolated from the rest of us. No, they see themselves as a totally normal part of the city. They conduct their activities just like any other professional group. For example, I think it's great that there's a cafeteria that provides an interface to the neighborhood. ExRotaprint consciously decided to become a home for studios, craft enterprises and social projects in a fully normal, albeit somewhat controlled coexistence. Fostering such hybrid forms is remarkably fruitful for urban development. Of course, it can be difficult to find an appropriate funding framework and to navigate the various bureaucratic hurdles.

EB Of course, there is also a question of responsibility. For example, why are you, Mr. Günther, not responsible for it?

JG Well, for instance, we're not building any apartments ourselves. But I agree that the housing question must be addressed. We have to come up with something: what do I do in a situation where there's a dramatic need for housing, and where the demand is continuing to rise – say, for particular forms of housing such as studio apartments. This was the very genesis of the book project. The bbk wrote to the senator that it wanted to create a new studio building in the inner city, which is indeed a considerable challenge in light of current overall developments. Earlier on it was different: in the nineteen-seventies studios were built on top of roofs in the Märkisches Viertel. Not bad. But the question is: was

that actually interesting for artists in the long run? In any case, for the people in charge it wasn't, because it didn't earn enough. In the meantime, the situation has completely changed, and it's clear that there are now many more artists in Berlin, and they want to live and work in an urban setting, not somewhere on the outskirts of the city. So, we began to search: where are the spaces that are interesting now? I believe that's the challenge and we have to create awareness of this fact. We now have to find locations, assemble the stakeholders – artists, companies, authorities, etc. – and determine how new spaces for artists can best be realized. In the current situation, this cannot be addressed in any way that is separate from the housing question.

EB Today, visual art has a fundamental proximity to the market, because, as opposed to a theater production, it generally has a product that can – and should – be sold. The determining source of income for visual artists is increasingly the sale of their works; stipends and prizes support primarily young or already successful artists. State commissions no longer have the budgets they once did in past decades. It's a different story in other creative genres: in the theater, all participants receive normal – if seldom very high – salaries; in literature and music, fees are paid, at least for every commission. Perhaps that's why the pressure, but also the attraction, of visual art is so great: the income disparity is growing ever wider, while a limited few are becoming rich from what they do. Thus, this field is interesting for collectors and celebrities: works of art allow for speculation; they act as objects of consumption and status symbols. It's no accident that Berlin Art Week and Art Berlin Contemporary are two art fairs funded not through the cultural budget, but through the department of economic affairs. At the same time, art exerts this attraction on people, but only because – as opposed to real estate, fashion and other articles of capitalist consumption – it promises significance and increased pleasure. If we take this potential seriously and try to preserve it, despite the danger of right away becoming politically or economically instrumentalized and entangled, we all should not avoid facing our responsibilities. How can we as politicians, but also as artists, curators, critics and even as spectators, protect art as one of the last areas of our society that still somewhat defies the logic of capital? What can it possibly mean to be alive today? How can we conceive of cooperation that is not structured by consumption? So, if we're talking about spaces and studios, we should first talk about what each of us can contribute, and only then about what financial consequences it has.

MB That is absolutely right, but is it not counter to the requirement of creating spaces above all in the inner city? One could say that it is the obligation of the state to build these spaces – which are free from commercial interests – wherever possible. In any case, alongside housing, society needs these alternative spaces that offer freedom.

EB This applies especially to the inner city, because it's precisely this area that has become so intensively "unmixed" in recent years. But spaces are disappearing everywhere. If they're not protected – and I find that to be an important point in the analysis – they will all be lost. The times in which it would level off on its own in Berlin are over. We must act *now*.

CM In many of Berlin's inner-city districts, severe displacement processes have already run their course, and I think that these areas have become largely uninteresting. I now find the inner-city idea to be rather secondary, because my own "user interface" in the city has also become larger. And the way I see and think the city is growing larger. The bbk only required that the studios be located close to the inner city because otherwise no one would be interested in them.

FS We have an ongoing needs market analysis there, as people notify us if they would like to be informed of tenders by the studio office. There is a steady trend, especially in the demand for studios in the inner city, i.e., within the S-Bahn ring. When I talk with artists, there are two approaches to the subject: one group says that they don't want to and are unable to go the outskirts of the city, because they have to work close to where they live. One should not forget that many artists continue to live in areas like Prenzlauer Berg and Kreuzberg. These artists often have children or are somewhat older. The other group is younger and has an outlook much like Christof's. They are very mobile and – as long as the public transport network is

running – are open to many ideas, including pioneering in the outer city. I think we should recognize both perspectives. Consequently, we must fight for the studios in the inner city as well as create new studios in the outer city. Collectively, the number of affordable studios in the city must add up. The bbk and I are thus calling for 2,000 affordable studios to be built in the coming years. We need them urgently: if studios on the free market are becoming virtually unaffordable, this means that the approximately 7,000 visual artists in Berlin will turn their backs on the city. Applications at the studio office have been steady for four years, so it's too early to talk about an exodus. But it's already a sign when these numbers begin to stagnate.

CM You mean you can read from the numbers that no more artists will come to Berlin? Has Berlin lost its appeal?

FS That's the question. I'm seeing indications that point to this eventuality, but there's still more research to be done. For most international artists, studio space in Berlin is still rather cheap. Studio rent in the inner city is now around ten euros per square meter, causing many artists to downsize their spaces. That's one way to combat higher rents.

CM That's one development that we've included in the study. One strategy could be to make storage spaces more cheaply available as studios. Such a plan would allow for downsized private studio space to be offset by temporarily connectible areas, as well as by collectively used spaces. We also tried to fulfill the ENEV requirements, and to keep energy costs at a minimum. We proposed considerably more compact, well-heated, insulated units as well as spatial expansions that are only usable or more convenient to use in the warmer months.

EB So there would be spaces that function in various constellations, something I find interesting as a possibility. But my experience from the studio advisory board is rather that most artists have the need to separate living and working. By means of the examples from Japan, your book poses the question of where private space ends and which activities must be relocated elsewhere due to lack of room. There already seem to be a range of concepts coexisting side

by side, but no public discussion of how the varied spatial requirements could be made to be productive. This also pertains to the housing question.

JG We were in Lichtenberg in the industrial park at Herzbergstrasse. Artists have settled there. Now they have to go. Why? Because they would have been in a position to complain about the noise from the neighboring industry. Thus, the definition of use is also a legal question. In an industrial park, I can establish a residential use under fundamentally bad conditions, because the requirements – e.g., with regard to noise pollution – are entirely different; in any case, they follow the logic of land-use planning. And that is still legally prescribed, even though the uses are organized entirely differently today and are converging again. In this respect, this desired mix is not so simple in practice. For me, the question is always there: is it actually a collective need to live and work in a certain manner, or is it individual? Or is it both, which I suspect.

MB I think we all want a city with diversity and mix. Part of this idea is that various ways of living exist side by side, and that people with varying incomes can live in close proximity to one another. That would be a basic requirement of the city.

EB I believe that the function of a studio is above all symbolic: a space for myself where I can drop everything, where I close the door and time passes differently, where I can get to thinking…

AG Right. Simply to be able to close the door behind you is a requirement that we have in our modern lives without boundaries: there's no more downtime, e-mails are written around the clock, work never stops. And it's precisely this that should be interrupted. But the question is: is it actually about the space or does it not all happen in the mind? By this I don't mean to say that visual artists no longer need studios and we can do away with them. I'm just looking at it differently; I'm looking at the architects who work in an office for 1,000 euros gross cold rent, and then have to work more when they get home. Or the writers, who all need a space where they can say: "now they can't throw me out." It's all connected. The feeling is an existential one: I need a safe place for myself. Perhaps it's an oversimplification if we say: we just need a reasonable studio program.

MB I find all the requirements to be very important. I find a studio program important; I find it important that it be funded by the state. But we are all probably in agreement that the housing question is of even greater relevance than the studio program.

CM The security that you mention seems to me to be an important aspect. Whether it's an apartment or studio, each is a space that must be perspectively secured. In general, we naturally welcome the possibility of flexibly inhabiting spaces.

PH We have live-in studios at ZKU in Moabit. We provide workspaces with sleep accommodations. This is because the property is in an industrial zone, so it was not intended as housing. As it is, you can work there and you can live there a bit, too.

AG Are only visual artists allowed to rent from you?

PH No, we have various ways of finding the people we live and work with. This means: Residency for dot dot dot; we're all experts that grapple in some way with the city, because we call ourselves the Center for Art and Urbanistics. I myself am not at all interested in artists. Art in its own cosmos is not something I find very exciting; what interests me are the things that impact everyday life – i.e., their work outside the studio.

BK We're all familiar with the statement: there's no right cultural policy in misguided urban development. Or at least it's very difficult. If there were urban development that focused more intently on the living, working and housing conditions of the financially disadvantaged, there would be less of a specific need for artists and visual art. At the very least, a visual artist has a craft enterprise. If you have a craft enterprise, you also need a place where you can operate it. Then it becomes all too clear: if I have few means, yet need a relatively high amount of space, I have a problem, especially if I want to realize it in a city where many other people are already struggling to get by with little money and a modest need for space – even just

for housing. Perhaps we can consider our idea in reverse as well: we've thought about how affordable production spaces can be created for artists. raumlabor has documented, among others, the example of Elemental (see page 86). This project's concept consists of quasi building groups made up of real "proletarians" who attach themselves to building shells made available to them. They can then expand these shells and arrange them according to their own requirements and means. The idea is that the participants can also afford to be involved. Such ideas can be further developed and could then be relevant not only for artists. Sure, I'm an official of an association, but I don't have a bad conscience for promoting this theme, even if our society certainly has more pressing problems. We shouldn't just say: because we have really big problems, we're not going to address the small ones. So, we worked out a concrete proposal for a solution, and it sounded simple to build cost-effectively. Five euros, end of story!

CM The bar was set extremely low, so we started the study by focusing our research on economic criteria.

MB And that led to the conclusion that artists work in parking facilities, garages and containers?

CM Anything that comprised cost-effective, everyday architecture was examined.

MB I find that interesting, the direct repurposing of new buildings, so to speak. Whether this is a sensible strategy from an urbanistic perspective is perhaps something we should discuss once more. Unfortunately, it's a special use, and not one that is integrated into the city.

CM I don't believe that at all. It just depends on how the programming is diversified, as many examples also show. Urban living is not solely dependent on the structural form – that is to say: the block creates urbanity. Our bicycle exploration tour included a stop to look at the Dong Xuan Center in Lichtenberg: a concatenation of banal industrial buildings. Nevertheless, this location struck me as a very urban island… It's not just shopping that happens there; there are soup kitchens, barbers, sports, etc.

FS "Urbanity" is a very spongy term. When it comes to a metropolis, I think there can also be zones where odd locations exist, where somehow or other there's vitality, maybe surprising locations as well. A studio container complex, for instance. And the examples in the book are a good point of departure for a discussion that should take place.

MB I'm not at all against trying it out, or doing it, but I think we should nevertheless consider how it relates to the housing question in an altogether mixed city.

BK I see no contradiction there, but it must be possible in a city to get a roof over your head for working, living, or both. Something I can also afford, even if I'm on the lower half of the income scale, and without having to prove my poverty to some authority with long forms, income statements, and bank account summaries. But at some point we have to create alternatives. The ideas we've heard in this context certainly fall into the category of alternative proposals. And surely there are urban development situations in which such structural solutions – like a newly built, converted parking garage – can function well.

CM I do believe that locations gain quality by means of the way in which they are used. In other words, it doesn't just depend on the building typology. Plus, we also thought we might perhaps be dealing with a romantic ideal of those old buildings and lofts. We wanted to know if it was possible to set "everyday" elements against that ideal. For example, if we were to take a content-based approach rather than a purely economic one. There's something I wanted to ask Philipp Horst: How did you find your place? It's quite outside the usual areas; did you actually have to make an effort to find it?

PH We were looking in Kreuzberg and Mitte for a long-term location. It just happened that we took part in the call for tenders. So it was a pure coincidence.

CM And do you see the location as a disadvantage for you now? It's still considered to be one of the outermost areas.

PH Yes, it's definitely one of the outermost areas, but it's still connected to all of the city's supply chains – the Westhafen, the wholesale market, everything comes in there. I live around the corner from where we are right now, so it's quite a ways away and things feel very different there. But in the four years we've been there, the area has changed in incredible ways.

BK So much was sold, too, even the housing companies were very active in that respect, which actually runs counter to their general purpose...

PH Yes, that's the whole issue of market liberalization. Now and again, we see some movement in the direction of taking that back. And I think the task is to formulate as clearly as possible the models that are still available. I mean, we're talking here about artists in the broadest sense.

AG One citizen, one guarantee. Yes, I would like that. You know, that's a small issue I'd like to bring up with Florian. When I say I want to open up the target group, I'm also thinking of the designer who creates her collection at home – she belongs there just as much as an artist. It's the writers, the critics, all these people who live happily at subsistence levels and, by doing so, make the city what it is.

BK There are artist cooperatives, for example, at Breitscheidplatz. Basically, even ExRotaprint isn't so far away from a cooperative solution like that.

MB Daniela, can you tell us more about how you do it? Your project is highlighted in the book as the most successful example.

DB At ExRotaprint, we're committed to the idea of mixed neighborhoods. Plus it's a refurbishment project, not a new building. We took the idea of a mixed use in the fields of "work, art, social projects" and expanded it into a concept that we decided to commit ourselves to over the long term. We did this so that we wouldn't become a monoculture for artist studios. We enshrined in our leasehold contract that one-third of the effective area would be rented out to social projects, one-third to craft enterprises and one-third to cultural uses, including studios.

CM What we liked in particular was that your approach created a number of points of contact and networking opportunities.

DB It's much more exciting in the long term, as well. It's all about what's going to take place here in ten or fifteen years. In that sense, the potential associated with multiple uses that operate in exchange with one another is much greater than if we were dealing with one specific form of clientele. However, the funding logic is indeed very difficult across the board, because the different areas are thought of as being separate by administrative and policymaking bodies. Time and again, the dependence on funding discourages users from getting involved in political processes, lest they ruin things for themselves in terms of the funding.

CM That seems to be an important aspect here, that it's not only about initiating something but much more about operating something in the longer term.

LB If we want a mixed city both vertically and horizontally, then we're going to have to soften the funding criteria and the exclusion criteria in the funding guidelines. Sector-specific funds hinder contemporary development and impede interaction. Project production always leads to ever-greater short-term actionism. It should be about the establishment of unbound financial resources, because only in this way can real long-term changes be advanced. Our goal would have to be that artistic expertise is always on board, no matter what decision-making process planning is involved. Art and science, but all other disciplines as well, must meet and interact to seriously develop something together.

BK My personal experience is that, although this funding logic may be a problem, the main issue is much more the logic of planning and building laws. There's living and there's working; for the one, there is a requirement in terms of the degree of thermal insulation, and for the other, there is a requirement with a much different cost factor. The first one I'm allowed to mix, the second one I can't. If I want to implant a commercial use in a residential area, I can be pretty sure that someone is going to come and complain about it, meaning that I will have to leave again. Things like that. In other words, I believe that there are much bigger problems in practice.

AG It's also the case that potential donors are discouraged because they say: now I have to go either into this box or that box, but I don't want to go there at all, and it's all too much work anyway. Many good projects fail due to this "logic."

MB Right. But I would have to say that building law is also flexible. You can establish a wide variety of things. Usage plans are, however, often out of date and subject to the logic of the most far-reaching functional separation. In any case, you can work on it. That's not a problem you should observe from the outside looking in.

LB Every rule can be changed, because every rule grew out of something. We're not sitting here to lament these rules; we're here to formulate goals – or ideas. Out of which then, as logic would have it, the desire emerges to change the existing rules. If we have no idea where to go in terms of content, then we don't need to change existing building laws. At the moment, everything that once made up this city and shaped it hardly exists any longer. In your brochure, which I was only able to leaf through, you started only in the nineteen-sixties. I find it very important that we look at the old building structure of Berlin: all social strata lived together in each city block. The truly wealthy lived on the floor known as the *bel étage*, the people operating a business lived on the ground floor, the middle class somewhere above and directly behind them. All the while, way up above you found the poor again, or sometimes studio spaces were housed there, just like in the second and third rear buildings. In other words, there was a system of joint housing. We still have this structure in many city districts. Today, the famous "Kreuzberg mix" of commercial, residential, consumer, and art spaces exudes the tangibly different atmosphere that makes this district attractive. What I want to say is that this city functioned differently in a different time, because people were dependent upon one another and because the social fabric demanded a joint model of living and working together. Previously, members of the establishment lived in close quarters with servants and suppliers; today, people are much more private, isolated and alone. Those were, of course, much different social conditions, but we still have these built worlds today. The tradition that arose from them should be taken seriously because it established the unique nature of Berlin. The obligation that stems from them has various consequences for planning and goal setting.

JL In the interview you did with the artist, Eric Göngrich, he says that he lives in a studio that was built in the GDR, where there was this idea that every community should have artists' studios. Up in the attic, like a crown on top. You find that in Vienna and West Berlin, too – in the Märkisches Viertel, for example. It's actually a great idea: mixing artists with normal residents That's indeed much better than artist ghettos. In our talks with policymakers – i.e., with the Berlin Senate – their contributions to the discussion are shaped by the total depersonalization of the city. In my opinion, the task of city politics is not to first and foremost ensure wealth and prosperity for a few people, but much more to make sure that citizens – each with their own different needs and potential – can live together well.

LB It makes me a bit nervous when I notice that, although we often ask for a lot, we don't emphasize enough that we also offer something. Artists have the potential to be drivers of processes for mixed quarters that don't happen on their own. There are also some groups among the population – and social initiatives as well – that you can work together with. We should make room for this development potential so that artistic and creative hummus can unfold. There are many examples, but no one takes the systematic approach of thinking and planning in a transdisciplinary manner from the very beginning. In this case, we are obliged to ask a bit more of ourselves.

JL But it's not up to artists to teach urban planners, right?

DB Well, at this point we are indeed to some extent within the scope of urban planning. We are expressing ideas on the improvement of urban development. I would expect a certain level of follow-up here.

MB It's important to formulate an idea of what a city is. But I'm not sure if you're right that everyone thinks in terms of the logic that prosperity for large groups of citizens should have priority in city politics. Still, it is, of course, useful to raise your voice and get involved. If you call for special treatment as an artist, then it's only fitting that you have a responsibility to take an active role of the city.

FS I would like to say something with regard to this special treatment, because Adrienne is gone now and can't contradict me. (laughs) This Kulturprekariat (a group of cultural workers who live a precarious existence) can be found in Berlin. A sufficient quantity of affordable housing would go a long way to covering the issue. Most members of the Kulturprekariat actually work at a desk. Many of the people who live off the creative industries – i.e., those individuals who don't earn very much, who can't afford their own office and therefore work at home or in a co-working scenario – aren't much better off than many artists. They earn roughly 800 to 1,000 euros per month. That would be a brief description of Adrienne's thesis. But I believe that there's a difference to the visual arts. And there's also a difference between the visual arts and other artistic fields. The two should be separated from one another again, and we would have to make use of long-existing cultural clichés. If we wanted to, we could theorize and describe everything in detail, we could apply systems theory and criticisms, but at the end of the day, if we want to meet this need for space, then we're not going to be able to avoid differentiating. First of all, visual artists have a larger need for space than other creatives and cultural professionals. Painting, for example, cannot take place in a small chamber. And, secondly, there is a qualitative difference to the commercially active Kulturprekariat. Art is indeed a profession, but it's usually not considered a trade. This is the assumption made by the *Ateliersofort-programm*. We assist people with professional and social needs; it's not about helping boost artists' careers so they can find their way out of valley of low wages, which is what is being done with creative professionals. We should stick to recognizing these special needs. If we could agree that the visual arts operate beyond the market and that we want to generate affordable work spaces with a certain crowbar attitude in the political sphere, then these special needs are a good arguing tool that we can't ignore.

Before, when we were talking with Adrienne about that, it all became a blur.

LB I think Adrienne's right because artistic modes of production – just like other creative working processes – have differentiated themselves to such an extent that today we can no longer say that artists need more room than designers, or vice versa. There are artists who create their work on computers, and it's just as possible that a fashion designer needs extensive space to create a collection. I think it's wrong to differentiate and say that artists need to receive privileged treatment. Architects are also obliged to produce all year long at an incredible pace without earning any money to speak of. What I'm getting at is that I consider all forms of homogenization to be wrong. We can't allow the emergence of artist ghettos, hotel ghettos, luxury apartment ghettos, and the like. Rational urban planning can only be implemented in module form, which offers flexibility for different stages of life and various forms of living and working. Artists must form an elementary part of this module concept – always. There must be areas where everyone can help themselves and exchange ideas with regard to their spatial needs.

DB That would be totally great, but it's a difficult point in terms of space. At ExRotaprint, we're also confronted with this issue. We have many small studios, many of which are temporarily unused, because an artist's life is like that: they might have received a stipend somewhere, or they've gone abroad to take part in an exhibition, then they're back, then they're off to teach in Zürich, then they're back, then they have to work part-time. We often think: "There's actually plenty of space, but still, everyone's looking for it." We rent to many young artists who work conceptually and don't need very much room. But the logic is always the same: "I'm an artist as long as I have a studio." The studio is proof of their profession. Whether artists exhibit their work a lot or not at all – they have a studio, they're part of the community. That's very important and I think we have to accept it. But I also think that not everybody needs a workspace all the time. Sometimes these spaces act as warehouses for months. Artists have a permanent need for warehouse space. And then they suddenly need a really big space for a production, maybe even an entire hall. This expanding and contracting is part and parcel of an artist's life. Sometimes you need a big hall, sometimes a kitchen table, sometimes a meeting room and a warehouse space the entire time. In your book, you touch on the issue of climate zones. I wouldn't think of that in terms of seasons, but as a year-round thing.

CM   We came across similar things and also tried to react to them. Especially bearing in mind how we could possibly integrate that into an economical and meaningful way. When we build a larger installation at Flutgraben, we are able to fill the hall. It functions much like a village green. And I think that does indeed relate to climate zones. There are locations that don't necessarily need to be heated. The situation is different if you're sitting at a desk all day. That was an attempt to find an adequate answer to the question. We don't know to what extent artists would be prepared to say: I have here a mini-studio, and if I need more space, I'll share it, for example, with five other people, just like roommates in an apartment.

MB   There are also significant differences in terms of social competence and the willingness to enter into that roommate-based model.

DB   We are often asked: Do you have a room for the next three weeks?

CR   I can confirm that based on my own experience as well. Many people approached me back then while looking for space, and there were different things we considered. First of all, we intentionally offered the space at a rate that was not altogether cheap; in other words, they were artificially expensive. If they were too affordable, the tendency was for them to remain empty and unused. The rooms are indeed still comparably affordable, but at the beginning, when we were only asking for renters to cover the operating costs, we never saw the people again. Secondly, we had many large spaces that we didn't want to rent out permanently. They were ideal for joint exhibitions and collaborations. For example, we had a visit from students from New York University and they used the space for projects.

BK   Our experience also shows that artists like to work in environments where their peers are nearby, but not in artist ghettos with 500 artists. They prefer between twenty or thirty at one location. At Flutgraben, there are roughly fifty, and that's already a lot… However, the prerequisite is always that everything has to be affordable.

BK   For that, we need building technology that generates space with limited means.

MB   That works, too. The best ideas are usually born out of scarcity.

BK   All the better!

LB   When we talk about acquiring space, expanding it, and changing it ourselves, I have to bring up the issue of sustainability. Low-cost construction that enables artists to appropriate their own space doesn't exactly sound like it would foster studios with any long-term chance. Am I going to have to renovate my greenhouse again after five years for 200 euros per square meter?

CM   There are constructive building parts – for example, made of steel – that have a long life span, and there are also building materials that have a life cycle of roughly fifteen years and need to be replaced as a result. It is not the case in conventional building methods that there are no maintenance and renovation costs. Our goal was to keep both the building costs *and* the operating costs as low as possible. That's where we got the idea, among others, for climate zoning.

LB   That makes sense to me in small infrastructures and in temporary spaces in the city. But if we think about that on a larger scale, we automatically find ourselves at the outskirts of the city, which I would find problematic.

CM   The cover of our study was inspired by the work of Jan Vormann. It transports the idea of taking modules to niches and gaps. And I think this can work, especially in urban areas.

MB   Sure. I'm also convinced that we can find sophisticated and beautiful solutions. I also think that there can be something along the lines of "social beauty." But that requires a high level of commitment and creative potential – and courage, too. That being said,

I ask myself whether it makes sense to take a step back from the possibility of state funding. In contrast to the United States, for example, I think it's great that here in Germany, we all fundamentally agree that culture should be supported by the state. We should first think long and hard about whether we are willing to give that up, if we think we can do it all without subsidies.

LB   We don't need to see that as an alternative. Funding from the state is uncontroversial. In fact, everybody – including our governing mayor – says that they are in favor of structural funding, which should be expanded even more. It's possible to develop ideas with regard to how to create a livelihood based on personal initiative, perhaps even with a limited risk.

DB   We work with architects that we've selected, because they've taken on the rental perspective. There is no other objective besides affordable rent. But it's difficult to end up with building costs under roughly 1,400 euros per square meter. I know of only two projects where that was successful. One of them is on a roof on Uferstrasse and the other on Malmöer Strasse.

CM   The "Mietshäusersyndikat" project.

DB   Yes, the prices there are around 1,000 euros per square meter. I don't know of any project that breaks such a barrier. That would be a meaningful research assignment for the city pass on to architects: How can we do that? How many balconies do we have to discard to achieve that?

MB   I think the demands of users are often much too high. It's that, most of all, which drives up the costs.

CM   The objective is always to build in an affordable manner. As they say, however, "the appetite comes with the eating."

DB   But that applies more to that typical "condo clientele" that can afford it. I would consider a call-to-arms in the vein of "Artists build!" to be fantastic. Question: How affordably can we build a residential studio complex for artists? And I think there should be solidarity with small-scale craftsmanship and trade operators. They have a living situation very similar to artists. They have an entrepreneurial risk similar to artists; they're no better set up in terms of retirement and they often live hand to mouth. We should make it a priority to keep these jobs and the related high level of recognition in neighborhoods.

MB In this case, we would also move away from a rigid planning perspective. It's more about the question of how to maintain and foster diversity in the city. And also about what community and sense of commonality we want to have.

LB How is that supposed to work? Someone would have to take over moderating duties and the organization, the coaching. Who would take control and into which model could that be integrated?

FS We simply need a model project in which all participants and interested artists can take part. For the model project, we would need startup capital. However, if artists are involved in such a planning group, they won't be able to achieve this in the long term without financing, since something like that is very time-consuming.

CM In our discussions, Les always emphasized the fact that he sees ExRotaprint as an artistic project. In terms of the practical aspects – financing options as well as possible organizational forms – there was already a workshop initiated by the bbk that produced results we were able to draw on. I think we've arrived at a point where we can and should begin in a practical manner and with a concrete goal.

MB I'll take that as the final word of our discussion. Let's get started!

TEILNEHMER UND TEILNEHMERINNEN
PARTICIPANTS

MB   MATTHIAS BÖTTGER
DAZ Berlin

CM   CHRISTOF MAYER
raumlaborberlin

EB   ELLEN BLUMENSTEIN
Chefkuratorin · Chief Curator
KW Berlin

IW   INA WUDTKE
Künstlerin · Artist
Haben & Brauchen

JG   JOACHIM GÜNTHER
Senat der Stadt · Berlin Senate

FS   FLORIAN SCHMIDT
Atelierbeauftragter und Leiter
des Atelierbüros im Kulturwerk
des bbk berlin

AG   ADRIENNE GOEHLER
Kuratorin · Curator

BK   BERNHARD KOTOWSKI
GF bbk Berlin und Kulturwerk des bbk

PH   PHILIP HORST
Kollektiv KUNSTrePUBLIK & ZK/U

DB   DANIELA BRAHM
Künstlerin · Artist
ExRotaprint

JL   JULIA LAZARUS
Künstlerin · Artist
Haben & Brauchen

LB   LEONIE BAUMANN
Rektorin · President
weißensee kunsthochschule berlin
Academy of Art

CR   CARMEN REIZ
Geschäftsführerin · CEO
Beletage Immobilienkultur

ANHANG
APPENDIX

ABBILDUNGSNACHWEIS
PHOTO CREDITS

Alle abgebildeten Luftbilder sind dem Onlineangebot „FIS-Broker > Digitale farbige Orthophotos 2011" der Senatsverwaltung für Stadtentwicklung und Umwelt entnommen.

Alle Fotos, Zeichnungen und Illustrationen, die nicht im Abbildungsverzeichnis aufgeführt werden, sind im Rahmen der Studie entstanden. Urheber dieser Abbildungen ist raumlaborberlin.

Allen, die durch Überlassung ihrer Bildvorlagen, durch Erteilung von Reproduktionserlaubnis und durch Auskünfte am Zustandekommen der Publikation mitgewirkt haben, sagen die AutorInnen aufrichtigen Dank.

Trotz intensiven Bemühens konnten wir einige Urheber der Abbildungen nicht ermitteln, die Urheberrechte sind jedoch gewahrt. Wir bittem um dementsprechende Nachricht.

All aerial photographs are from the online archive "FIS-Broker > Digital Color Orthophotos 2011" provided by the Berlin Senate Department for Urban Development and the Environment.

All photos, drawings and illustrations not included in the list of illustrations were created as part of this study. raumlaborberlin owns the copyright to these images.

The authors would like sincerely to thank all of those individuals who have contributed to this publication by licensing their images, granting us permission to reproduce images or providing other information.

Although we have taken great effort to do so, we were not able to determine some of the copyright holders of the images. The copyright in these cases belongs to the copyright holders. We ask that you contact us if you are one of them.

COVER · Dispatchwork by Jan Vormann, www.dispatchwork.info; raumlaborberlin, PHOTO: Luna Catteeuw, Federica C. Teti **(13)** Schema; raumlaborberlin **(17)** Der Arme Poet; Carl Spitzweg; Inv. Nr. 7751, Bayerische Staatsgemäldesammlungen, München; © bpk – Bildagentur für Kunst, Kultur und Geschichte **(18)** Tacheles; raumlaborberlin **(19)** Märkisches Viertel; raumlaborberlin · Platz der Vereinten Nationen; raumlaborberlin **(20)** Kreativquartier München; Teleinternetcafe und TH Treibhaus Hamburg **(21)** Leipziger Baumwollspinnerei; © Nils A. Petersen; **(23)** Brachfläche; raumlaborberlin **(25)** Dispatchwork by Jan Vormann, www.dispatchwork.info; raumlaborberlin, Luna Catteeuw, Federica C. Teti **(30·32·33)** Kunstfabrik am Flutgraben; raumlaborberlin **(34)** Kunstquartier Bethanien; raumlaborberlin · Uferhalle-Uferstudios; unbekannt **(35)** Parkhaus Project; Fachgebiet Baukonstruktion und Entwerfen, Prof. Regine Leibinger; Clemens Klein · Blo-ateliers; raumlaborberlin **(36)** Wagenhallen; raumlaborberlin · Kaus Australis; www.rair.nl; Lorenzo Casali **(37)** · Inner City Arts; unbekannt **(38)** ExRotaprint; raumlaborberlin **(40)** Werkstatt im Erdgeschoss; raumlaborberlin **(41)** Kantine; raumlaborberlin · Arbeitsraum; Hanna Pietzcker Möbeldesign; raumlaborberlin, **(42)** ZK/U; www.zku-berlin.org; unbekannt · Leipziger Baumwollspinnerei, www.spinnerei.de; unbekannt **(43)** NDSM-werf; PHOTO: Michiel van Raaij · Kaapeli; Jean – Pierre Dalbéra, https://www.flickr.com/photos/dalbera/2768446714/in/photolist-8vNADu-5dD1KU-7PK9L4-46WjP-7hBscC-6LaFoN-6L6tAe-6L6rf2-7hxvx6-MbZvQ-5fKDt7-n9bco-8Nf4Ur-ohqEok-6LaKEh-6LaNbh-79S1NY-bEyuB3-7v1biB-4bAFNJ, Creative Commons Attribution 2.0 Generic License, http://creativecommons.org/licenses/by-sa/2.0/de/legalcode, Desaturated from original **(44, 46)** Platoon; raumlaborberlin **(47)** Alter Standort; Manuel Matamoros · Artist Labs; raumlaborberlin **(48)** Wagenhalle Waggons; raumlaborberlin · Das Letzte Kleinod; Jens-Erwin Siemssen **(49)** Basislager; www.basis-lager.ch **(51)** Kaus Australis; www.rair.nl; Lorenzo Casali **(53)** Platoon Kunsthalle; raumlaborberlin **(57)** Kunstszene; raumlaborberlin **(58)** Kriegszerstörung Luftbild; Senatsverwaltung für Stadtentwicklung und Umwelt **(60)** Berliner Mauer Luftbild; Senatsverwaltung für Stadtentwicklung und Umwelt **(61)** Falkplan; Falk Stadtkartografie Deutschland Hyperboloid, Region Berlin Kreuzberg 34. Ausgabe ca. 1972; © Falk Verlag, D-73760 Ostfildern **(62)** Potenzialräume; raumlaborberlin **(63)** Planungsraum; raumlaborberlin **(64)** Freifläche; raumlaborberlin **(65)** Definition Zentrum; raumlaborberlin **(66)** Entwicklungsrichtung; raumlaborberlin **(67)** Synthese; raumlaborberlin · Ostkreuz; raumlaborberlin · Hertabrücke; raumlaborberlin · Tempelhofer Feld; raumlaborberlin **(68, 69, 70)** Luftbilder; Senatsverwaltung für Stadtentwicklung und Umwelt **(76)** Container Temporary Housing; Shigeru Ban Architects **(77)** Container Temporary Housing; Shigeru Ban Architects; PHOTO: Hiroyuki Hirai **(78)** Tempohousing Keetwonen; © www.tempohousing.com · Olympic Village; Student Residence; bogevischs buero; PHOTO: Christoph Stepan **(79)** · Micro Compact Home; Horden Cherry Lee Architects, Sascha Kletzsch; PHOTO: Sascha Kletzsch· Rolling Masterplan; Jägnefält Milton, www.jagnefaltmilton.se **(80, 81)** Pet Architecture; Atelier Bow-Wow, www.bow-wow.jp · Pet Architecture Guidebook; Atelier Bow-Wow, ed. World Photo Press, 2001 **(82, 83)** Option Lots; Berlin, 2010; Brandlhuber+, www.brandlhuber.com **(84)** Moriyama House; PHOTO: antjeverena, https://www.flickr.com/photos/antjeverena/2172042682/in/photostream/, Creative Commons Attribution 2.0 Generic License, http://creativecommons.org/licenses/by-sa/2.0/de/legalcode, Desaturated from original · WikiHouse; www.wikihouse.cc **(85)** Haus Neumann; Peter Grundmann · Minimum Impact House; Drexler Guinand Jauslin Architekten, Daniel Jauslin **(86)** Elemental Housing; ELEMENTAL, Tadeuz Jalocha **(87)** Elemental Housing; PHOTOS: ESTUDIO PALMA **(88)** Domino House;

Le Corbusier, Maison Dom-Ino, 1914, Plan FLC 19209, ©FLC/Bildkunst, 2014
· Grundbau und Siedler; BeL Sozietät für Architektur, Köln im Rahmen des IBA
Hamburg Modellvorhabens Smart Price Houses **(89)** Architekturschule Nantes;
Lacaton & Vassal **(90)** Zugang zum Dach; PHOTO: Philippe Ruault · Espace Tampon;
Lacaton & Vassal **(91)** Wohnungsbau Mulhouse; Lacaton & Vassal; PHOTO: Philippe
Ruault · Atelierwohnung; Heberle Mayer Büro für Architektur und Städtebau; PHOTO:
Philippe Ruault Frank Hülsbömer **(92, 93)** AVL-Ville; Atelier Van Lieshout **(94, 95)**
Wohnungsbau Gentener Str.; Steidle Architekten; PHOTO: Klaus Kienold **(96)** Inter-action
Center; Cedric Price, architect, Unknown photographer, Aerial view of Inter-Action
Centre, London, England, n.d., gelatin silver print, 12.8 x 17.7 cm, DR2004:1211:003
· Wohnregal Kreuzberg; raumlaborberlin **(97)** Open-House; raumlaborberlin **(98)**
Plattenvereinigung; zukunftsgeraeusche, Annekatrin Fischer, Robert K. Huber; **(99)**
Plattenpalast; Wiewiorra Hopp Architekten **(100)** Plattenbaukasten; Holger Schmidt
(101) Arbeitsraum Darmstadt; Brandlhuber+ · Officina Roma; raumlaborberlin
(107) Astronaut; design by juliana lliteras from the thenounproject.com **(108, 109)**
Wohncontainer; Wikipedia, lizenzfrei, Immanuel Giel · Wohncontainer (INFO);
raumlaborberlin · Zeichnungen; raumlaborberlin **(110, 111)** Fertiggarage; PHOTO:
Cschirp, http://dc.wikipedia.org/wiki/Beton-Fertiggarage#mediaviewer/File:Fertiggaragen_auf_LKW.
jpg, Creative Commons Attribution 3.0 Deutschland, http://creativecommons.org/licenses/
by-sa/3.0/de/deed.en, Desaturated from original · Fertiggarage (INFO); raumlaborberlin ·
Zeichnungen; raumlaborberlin **(112, 113)** Industriebauhalle - Industriebauhalle (INFO);
raumlaborberlin · Zeichnungen; raumlaborberlin **(114, 115)** Reithalle - Reithalle (INFO);
Zaugg AG Rohrbach, www.zaugg-rohrbach.ch · Zeichnungen; raumlaborberlin **(116,
117)** · Gewächshaus; Gewächshaus (INFO) - Zeichnungen; raumlaborberlin **(118,
119)** Discounter - Discounter (INFO) - Zeichnungen; raumlaborberlin **(120, 121)**
Parkhaussystem; raumlaborberlin · Parkhaus P20 am Flughafen München; Architektur:
K+P Architekten und Stadtplaner GmbH, Koch·Voigt·Zschornack, München, Bildnummer
SM302-010, © Stefan Müller-Naumann Fotodesign · Zeichnungen; raumlaborberlin
(122) PHOTO: Musucbag, www.musucbag.com **(123)** Skizze VW Bus, Wohnmobil; Mario
und Susi, www.traumtrips.de **(124-145)** Zeichnungen; raumlaborberlin **(149)** Gespräch
in Praxes; raumlaborberlin **(173)** PHOTOs; raumlaborberlin

IMPRESSUM
IMPRINT

UMSCHLAGMOTIV · COVER
Dispatchwork by Jan Vormann, www.dispatchwork.info
UMGESETZT · REALIZED   Luna Catteeuw & Federica Teti
LEGO BLOCKS   Anton & Luisa

AUTOREN UND HERAUSGEBER · AUTHORS AND EDITORS
raumlaborberlin
IM AUFTRAG DER · COMMISSIONED BY
Senatsverwaltung für Stadtentwicklung und Umwelt, Berlin
IN KOOPERATION MIT · IN COOPERATION WITH
berufsverband bildender künstler berlin (bbk berlin)
Atelierbüro im Kulturwerk des bbk berlin
REDAKTION · EDITING
raumlaborberlin
Andrea Hofmann, Christof Mayer, Axel Timm
MIT Andreas Krauth, Luna Catteeuw, Adrian Pöllinger, Paula Strunden,
Federica C. Teti, Lucyle Wagner
GESTALTUNG UND SATZ · DESIGN AND SETTING
raumlaborberlin
Federica C. Teti

LEKTORAT · TEXT EDITING
Lothar Berndorff
ÜBERSETZUNG · TRANSLATION
Jonathan Lutes, Julie Hagedorn
KORREKTUR ENGLISCH · ENGLISH PROOFREADING
Inez Templeton
LITHOGRAFIE · LITOGRAPHY
Bild1Druck, Berlin
DRUCK UND BINDUNG · PRINTING AND BINDING
Graspo CZ, a. s., Zlín

Bibliografische Information der Deutschen Nationalbibliothek
Die Deutsche Nationalbibliothek verzeichnet diese Publikation in der Deutschen Nationalbibliografie;
detaillierte bibliografische Daten sind im Internet über http://dnb.d-nb.de abrufbar.
Bibliographic information published by the Deutsche Nationalbibliothek
The Deutsche Nationalbibliothek lists this publication in the Deutsche Nationalbibliografie;
detailed bibliographic data are available on the Internet at http://dnb.d-nb.de

jovis Verlag GmbH
Kurfürstenstraße 15/16
10785 Berlin
www.jovis.de

jovis-Bücher sind weltweit im ausgewählten Buchhandel erhältlich. Informationen zu unserem
internationalen Vertrieb erhalten Sie von Ihrem Buchhändler oder unter www.jovis.de.
jovis books are available worldwide in selected bookstores. Please contact your nearest
bookseller or visit www.jovis.de for information concerning your local distribution.

ISBN 978-3-86859-303-7